法的支援ネットワーク

吉岡すずか

法的支援ネットワーク
―地域滞在型調査による考察―
エスノグラフィー

学術選書
87
法社会学

信 山 社

はしがき

　近年，法律専門家が地域社会の支援ネットワークと積極的に連携を図り，セーフティーネットワークの網の目を強化する動きが報告されている。例えば，司法過疎地では，ひまわり基金法律事務所に代表される地域で新規開業する弁護士が，さまざまな相談機関との連携に取り組み有益性が報告されているし，都市部においては，より市民のニーズに接近し法的サービスを供給するために設立された都市型公設事務所が，地域の関係機関との連携を強化しようと動いている。また，日本司法支援センターは，情報提供業務をはじめ地域社会のさまざまな相談機関・団体との連携を重視しているが，総合法律支援の担い手であるスタッフ弁護士も福祉・行政機関との連携構築において意欲的な活動をみせている。

　このように法律専門家が支援のネットワークに接続することで，従前より実効的な支援が達成されたり，あるいは，ネットワーク自体の生成・発展において法律専門家が果たしうる役割への注目が高まっている。しかしながら，わが国では，これまで地域社会において法律専門家が果たす役割が十分に検討されてきたとはいえない。司法改革の一つの理念たる総合法律支援の実現を念頭におくとき，法律専門家によって提供される中核的な法的支援供給のみならず，行政あるいは地域に基盤をおく民間的団体等による周縁的な法的支援供給にも広く目を向け，地域における法的支援供給の社会制度を解明することが不可欠の作業となろう。

　本書は，1つの地域社会を対象として，法的支援供給の社会制度のあり方を総合的に解明することを目的として実施した滞在型調査（エスノグラフィー）の結果をもとに書かれたものである。各種の法的支援供給を行う諸機関が相互に関係し合う総体としていかに住民の法的ニーズに応えているかを分析するため，"ネットワーク"という語を用いている。ここでいう"法的支援ネットワーク"は，動的な関係構造であり，その特性や，それがいかにして形成，維持されたりするかについて，広範囲の支援供給者へのインタビューや参与観察を主とする質的データと，

はしがき

公式・非公式の統計資料等を用いて，具体的かつ包括的に描出することを目指している。

　本書は，2010年3月に神戸大学で受理された博士学位論文「社会慣行と地域司法──離島社会における法的支援供給のエスノグラフィー」を加筆修正したものである。第6章の1節から4節までを除くと，ほぼ全ての部分が初出の書き下ろしとなっている。

　全体を通じて，法社会学研究において重要な学問的課題である地域固有の法秩序がいかなるものかという問題，そして，司法機関へのアクセスのメカニズムや非公式紛争処理を巡る問題について，質的データを呈示して検討を加えた。法的支援供給動態をある地域社会の中で関連し合いつつ制度化されるものとして総合的に捉える際に，地域特性や地理的要因を考慮することが，とても有益である点を示した。また，法社会学方法論からみると，これまで司法過疎対策事業が地域社会にどのような効果を与えているかについては，サーベイの方法によるいくつかの先行研究があるにとどまり，本書のような長期間の参与観察を基にした調査研究は，必要性が唱えられながらも実際には殆ど行われてはこなかったものである。

　本書の問題関心は，筆者が2003年7月に指導教官を中心とする研究グループの司法過疎地への訪問調査に同行する中で芽生え，2004年にかけて滞在型調査を単独で実施することとなった。出版までに，約9年の歳月を要したが，その間，司法制度改革の流れからわが国の法サービスを取り巻く環境は大きく変貌を遂げてきた。弁護士人口の増大，それに派生して生じた若手弁護士の就職問題と活動の多様化，2006年の日本司法支援センターの設立等は，本研究で扱う司法過疎，弁護士偏在，そして法律相談事業等へ多くの影響をもたらしたといえる。本書は，これらの政策的課題に対して実践的寄与をなすものでもある。

　　2013年3月

　　　　　　　　　　　　　　　　　　　　　　　　　　　　吉岡すずか

〈目　次〉

はしがき（v）
本書における調査の概要（xii）
仮名の表記について（xiii）

◆ 第 1 章　本書の枠組みと構成 ──────────── 3

第 1 節　本書の課題………（3）
第 2 節　総合法律支援の理念の生成………（6）
　（1）　総合法律支援法の成立（6）
　（2）　司法ネットという構想の出現（7）
　（3）　「司法ネット」構想の要素──ネットワーク性（8）
　（4）　総合法律支援の立法化（9）
第 3 節　本書の構成と概要………（10）
第 4 節　用語の説明………（14）
　（1）　ネットワーク（15）
　（2）　配置（コンステレーション）（18）
　（3）　〈法的支援供給〉と〈法的支援ネットワーク〉（20）
　（4）　〈法的支援供給〉における〈ネットワーキング活動〉（21）
　（5）　〈連携〉（21）

◆ 第 2 章　調査対象と方法 ──────────── 23

第 1 節　離島の規定………（23）
第 2 節　離島地域の現況………（26）
　（1）　懸隔するイメージと実像（26）
　（2）　離島地域の役割（28）
　（3）　離島地域の多様性（29）

目次

　第3節　研究対象としての離島地域………(29)
　第4節　本書で対象とする理由………(31)
　第5節　調査方法………(34)
　　(1)　調査対象(34)
　　(2)　進行形態(37)
　　(3)　現場での振舞い(39)
　第6節　分析手法………(40)

◆第3章　地域社会における法的支援供給 ──── 45

　第1節　弁護士偏在という問題………(45)
　第2節　弁護士偏在現象の原因と対策──1980年代まで………(47)
　第3節　弁護士偏在現象の原因と対策──1990年代以降………(50)
　第4節　弁護士偏在の原因と解消施策………(52)
　第5節　地域司法計画………(54)
　第6節　法社会学的研究………(56)

◆第4章　〈法的支援ネットワーク〉(1)── 既存のサービス ── 61

　第1節　1999年以前の状況………(61)
　第2節　市役所………(62)
　第3節　社会福祉協議会………(64)
　第4節　裁判所………(68)
　第5節　警察………(73)
　第6節　司法書士………(75)
　第7節　人権擁護委員………(77)
　第8節　民生委員・児童委員・「地区プロパー」………(81)
　第9節　調停委員………(82)
　第10節　地元の弁護士………(83)
　第11節　その他の助言者………(83)

viii

第5章　〈法的支援ネットワーク〉(2)──新規の法的サービスと〈連携〉　　87

第1節　法律相談センター………(87)
第2節　ひまわり基金法律事務所………(92)
第3節　新規の法的サービスと地域社会………(96)
第4節　〈ネットワーキング活動〉と〈連携〉の諸態様………(99)
　(1)　情報の共有・交換 (100)
　(2)　〈つなぎ〉(101)
　(3)　協働での事案対応・処理 (102)
第5節　〈連携〉の意義・効果………(105)

第6章　〈法的支援ネットワーク〉の形成要因と構造　　109

第1節　〈法的支援ネットワーク〉の特性………(109)
　(1)　〈ネットワークの必要性〉(110)
　(2)　〈ネットワーク〉の形成──機会と誘引 (110)
　(3)　〈ネットワーク〉の維持・再生産およびアカウント (110)
第2節　公式的次元での既存の提供者による〈ネットワーク〉形成
　　　　　　　　　　　　　　　　　　　　　　　………(111)
第3節　非公式的次元での業務遂行者による〈ネットワーク〉形成
　　　　　　　　　　　　　　　　　　　　　　　………(114)
第4節　〈法的支援ネットワーク〉の形成における個人の役割………(118)
第5節　〈連携〉の形成と〈ネットワーク〉への参入………(121)
第6節　相談利用者の評価と〈法的支援ネットワーク〉………(123)

第7章　地域社会と〈ネットワーク〉結合　　127

第1節　「知り合い」という社会関係………(127)

目　次

　　第 2 節　シマ社会・ネットワーク結合度………（128）
　　第 3 節　多重的関係・紐帯の強さ………（132）
　　第 4 節　シマ社会での〈法的支援〉供給と獲得………（138）

◆第 8 章　「知り合いの本島（から）の弁護士」への依頼 ——— 149

　　第 1 節　着目の背景………（149）
　　第 2 節　データにみる「知り合いの本島（から）の弁護士」………（150）
　　第 3 節　小　括………（156）

◆第 9 章　法律相談のサービス性と購買行動 ——— 159

　　第 1 節　地理的空間とサービス購買行動………（159）
　　第 2 節　法的サービスの性格と購買行動………（162）
　　第 3 節　サービス購買指標としての価格………（164）
　　第 4 節　法律相談の無料性………（171）

◆第 10 章　弁護士利用における紐帯と空間 ——— 181

　　第 1 節　ユイマール・門中………（181）
　　第 2 節　同郷的結合………（183）
　　　（1）　郷 友 会（183）
　　　（2）　郷友会の活動と機能（185）
　　　（3）　県人会・自治会との差異（186）
　　第 3 節　金銭と相互扶助・模合………（187）
　　第 4 節　「知り合いの本島（から）の弁護士」カテゴリーと
　　　　　　郷友会結合………（188）
　　第 5 節　紐帯と空間………（192）
　　第 6 節　ま と め………（194）

◆ 終　章　総合法律支援の実効化に向けて ──────── 197

引 用 文 献 (巻末)
あ と が き (巻末)

〈本書における調査の概要〉

　本書は，調査地である沖縄県 J 市（仮名）において以下 1 から 4 の時期に実施された調査を通じて得られた知見にもとづいているが，下記表記による個別調査名に言及している場合は当該調査によって得られた知見である。

1. **基礎調査**（2003 年 8 月 17 日より 8 月 22 日，補助者として同行）
　科学研究費基盤研究（B）15330004 研究代表者：樫村志郎（2003～2005 年度）「弁護士過疎地における法的サービス供給の構造 —— 事例調査と大量調査を通じて」が実施した司法過疎地 4 箇所における訪問調査のうち本調査対象地もその対象であった。当時，筆者は研究補助者として同行し記録を採取したほか，本調査地では単独で図書館司書の女性らに聞き取りを行った。※当該科学研究費調査において実施した大量意識調査について，本書では「6 地域調査」と記す。

2. **予備調査**（2003 年 12 月 1 日より 12 月 9 日，単独実施）
　当該調査の目的は，本調査を計画するにあたっての調査協力者の獲得や調査中の滞在先・調査協力先について情報を得ることにあった。実施にあたって，神戸大学神戸大学大学院法学研究科 21 世紀 COE プログラム「市場化社会の法動態学」研究センター（CDAMS）から援助を受けた。

3. **本調査**（2004 年 1 月 25 日より 3 月 17 日，単独実施）
　本書で分析の中心となる一定期間の滞在型調査であり，基礎調査の一部として計画された。実施にあたっては，神戸大学神戸大学大学院法学研究科 21 世紀 COE プログラム「市場化社会の法動態学」研究センター（CDAMS）から若手研究者自発的活動研究経費の助成を受けた。

4. **追跡調査**（2005 年 12 月 2 日より 12 月 6 日，単独実施）
　当該調査は，本調査以降の相談業務をめぐる状況および変化の有無について，ひまわり基金法律事務所，法律相談センターその他の諸法的支援供給者の担当者から聞き取ることを目的として実施された。

〈仮名の表記について〉

　調査対象地は，沖縄県Z群島の中心島であるJ島であり，地方自治体としてはZ郡，J市と仮称する。その他の地名も，対象地に直接にかかわるものについては，仮称を用いた。ただし，沖縄県，那覇市等は，仮称にすることができないため，実名を用いている。

　また，インタビューに答えて情報を提供してくださった個人の方々は，いずれも仮名で表記している。同一の仮名は，同一の地名や人名を示す。

法的支援ネットワーク

第1章　本書の枠組みと構成

第1節　本書の課題

　今日の社会においては，トラブルの当事者たる個人は，その解決のため，多くの場合，法的・専門的助言を得ようと努力する。法的支援とは，かかる努力に応じて，法によって提供される，多かれ少なかれ専門性をもった助力や助言である。法システムとは，地域社会において，このような法的支援を供給する能力に応じて，評価されうると言えよう。法的支援は，最終的には裁判所に代表される公式法システムによって供給される。しかし，トラブルに直面する地域の人々にとって重要なのは，弁護士，司法書士，行政書士等の法専門職により主として提供されるサービスである。これらのサービスは，トラブルの当事者による支援等の探索を機縁とし，また事件を基盤とする法的支援供給である。また，これらの司法専門職的サービス供給にならんで，地域社会の資源として提供される専門的あるいは非専門的支援もまた重要である．とりわけ，わが国では行政的主体によって提供される法的支援供給が充実していると言われている。これらは，地方自治体の各種相談，民生委員，人権擁護委員，消費生活センター等によって提供される。これらの主体は，弁護士等による中核的な法的支援供給者へのアクセス情報を提供し，また，時には，簡易な仕方で法的支援に関する情報を提供したり，自主的な仕方でトラブルを解決するための独自の支援を行う。

　近年，法律専門家が地域社会における資源と積極的に〈連携〉をとる等の動きが活発である[1]。例えば，司法過疎地域において新規開業した弁護士らからは，さまざまな相談業務従事者，法律専門家等の既存の法的支援供給者との

〈連携〉においてイニシアティブをとっていたり，そのように〈連携〉をとることの有用性が報告されている[2]。都市部においても，より市民のニーズに接近し法的サービスを供給するために都市型公設事務所が単位弁護士会と賛同する弁護士らによって設立され，地域との〈連携〉を強化しようと精力的に活動している[3]。

地域社会における法的支援供給拡大の動きは，司法的主体に限定されるものではなく，司法的支援を中核としながらも，伝統的なあるいは新規の非司法的支援供給システムもまた拡大している。例えば，総合法律支援法の実施のため設立され，2006年秋以来活動している日本司法支援センターは，地域社会のさまざまな法的支援供給者との連携を重視している。総合法律支援法第30条1項1号で情報提供業務が，同1項6号で連携の確保・強化業務が規定されたことによって，弁護士会，地方自治体，警察等で縦割りに行われてきたものについてネットワーク化が可能となったことも大きい（宮本2007：216頁）。

総合法律支援法に象徴される法的支援サービス供給における変化は，法的支援供給における，司法型と非司法型のいずれかを強化するというものであるというより，むしろ，両者を結合し総合化しようとするものと言える。例えば，総合法律支援の担い手であるスタッフ弁護士には，地域内に存在するさまざまな相談・医療・行政機関との連携関係を構築することを積極的に役割として位置づけようとする動きがみられる（吉岡2010）。そのような考え方は，司法アクセス研究における「正義の綜合システム」（小島1989）の提唱等に理念的起源をもち，近年の司法改革においては，事実的かつ規範的概念としての「法化社会」（佐藤幸2002）へと引き継がれたと見ることができる。

ところで，わが国では，地域社会において法律専門家が果たす役割がこれま

---

(1) 本書では，正面から司法書士の活動については取り上げないが，司法書士は高齢者や障害者の権利擁護活動や成年後見に関する取り組みを全国的に展開してきた。また，地域連携は司法書士の活動においても関心が高まっている。
(2) 例えば，松本（2004），田岡（2005）。
(3) 2012年9月末時点で，全国に設置された都市型公設事務所は15ヶ所であり，都市部での司法アクセス障害解消のため，地域ネットワーク活動に重点をおいた活動を行っている．都市型公設事務所設立の背景については，丸島（2008）を参照されたい。

で十分に検討されてきたとはいえない（佐藤2004，岡山リーガル・ネットワーク研究会2006）。しかしながら，司法改革の一つの理念たる総合法律支援の実現を念頭におくとき，法律専門家によって提供される中核的な法的支援供給のみならず，行政あるいは地域に基盤をおく民間的団体によって担われ，いわゆるADRに属するような周縁的な法的支援供給にも広く目を向け，地域における法的支援供給の社会制度を解明することが不可欠の作業となる。

　本書は，ある離島の地域社会を対象として，総合法律支援の理念を念頭におき，地域社会における法的支援供給の社会制度のあり方を総合的に解明することを目的とするものである。具体的には，2つの課題を追求する。第1に，一つの地域社会に存在するさまざまな法的支援供給者が，その社会に生起する法的なさまざまなトラブルに対して，総体として，いかなる仕方で反応しているのかを，複数の支援供給者に目を向けつつ，そのネットワークとしての諸相において描き出すこと，そして，そうしたネットワークの動的な形成維持のため支援供給者がいかに活動しているかを記述することである。

　第2に，法的支援供給が高度に専門的なサービスである以上，その提供者は社会的に希少であり，すべてのそうしたサービスが地域社会の内部で提供されると期待することはできないことに鑑みると，地域社会住民に対する法的支援供給サービスの供給のあり方の一つとして，地域社会の外において，法的支援供給者を探索し，それを獲得するという可能性が無視できない。実際，地域社会の内部に存在する法的支援供給者は，その外に法的支援供給者が存在するということを意識し，語るのである。そこで，本書の第2の課題は，地域社会の住民へと地域社会外から法的支援供給が実現されるあり方を記述することである。

　本書は，この2つの課題に答えることを通じて，現代の地域社会における法的支援供給のあり方を詳細に明らかにすることとともに，——比較的に他から隔絶した離島のような社会においてさえも——，それが一つの地域社会内部では完結しない広がりをもつありさまを総合的に解明しようとするものである。

第1章　本書の枠組みと構成

◆ 第2節 ◆ 総合法律支援の理念の生成

　法は，地域社会において，このような法的支援供給を提供する能力に応じて，評価されうる。こうした理念は，現行法上，総合法律支援とよばれる概念に表現されている。そこで，本書が地域社会の法的支援供給システムに関心をむける基盤の一つは，総合法律支援の理念であると言うこともできる。そこで，第1章では，法的理念としての総合法律支援の内容を明らかにしたい。もともと総合法律支援の理念は，「司法ネット」という考え方として呈示された経緯があるため，まず，「司法ネット」という考え方がどのように出現し，それがいかにして立法に取り入れられたかを検討しておくことが必要である。

(1)　**総合法律支援法の成立**

　はじめに，司法制度改革の過程を背景として確認する。周知のように，司法改革論議において，司法へのアクセス問題は，大別して「豊かな法曹養成・確保」，「正義へのアクセス・ユビキタス社会の実現」，「国民の司法参加」という三方面から検討がなされた。その成果の一つとして結実した総合法律支援制度は，裁判員制度に並ぶ，大きな収穫であると評価されている（司法アクセス検討2005：64頁）。総合法律支援とは，「裁判その他の法による紛争の解決のための制度の利用をより容易にするとともに弁護士および弁護士法人並びに司法書士その他の隣接法律専門職者のサービスをより身近に受けられるようにするための総合的な支援」と定義される（総合法律支援法第1条）。総合法律支援の実施および体制の整備については，「民事，刑事を問わず，あまねく全国において，法による紛争の解決に必要な情報やサービスの提供が受けられる社会を実現する」（同法第2条）ことを目指して行われるとともに，情報提供の充実強化，民事法律扶助事業の整備発展，国選弁護人の選任態勢の確保，被害者等の援助等に係る態勢の充実，関係する機関・団体等の間における連携の確保強化が図らなければならないものとされている[4]（同法第3条ないし同法第7条）。

　上記のような総合法律支援の基本理念にのっとり，国，地方公共団体，法律

---

(4)　古口（2005：36頁，瀧澤一弘と古口による分担執筆）。

専門家，法律専門家の団体に対してそれぞれの役割に応じた責務が規定された。第1に，国は，総合法律支援の基本理念にのっとって，総合法律支援の実施及び体制の整備に関する施策を総合的に策定し，実施する責務を有する（同法第8条）。第2に，地方公共団体は，その地域における総合法律支援の実施及び体制の整備に関し，国との適切な役割分担を踏まえつつ，必要な措置を講ずる責務を有する（同法第9条）。第3に，弁護士等の法律専門家，弁護士会等の法律専門家団体は，総合法律支援の基本理念にのっとり，総合法律支援の実施及び体制の整備のために必要な協力ないし支援をするよう努める責務を有する（同法第10条）。

(2) **司法ネットという構想の出現**

　総合法律支援法の独特の基本理念（第2条）はいかにして成立してきたのだろうか。司法制度改革の論議において「司法ネット」という言葉が初めて公的に用いられたのは，2003年2月6日の第9回司法制度改革推進本部顧問会議の開始にあたり，小泉首相（司法制度改革推進本部長である）が報道陣を前に述べた以下のような発言である。

　「司法は『高嶺の花』にとどまらないで『手を伸ばせば届く』というだれにとってもそういう存在にならなければならないと思います。そこで，法的紛争を抱えた市民が，気軽に相談できる窓口を開設し，きめ細やかな情報や総合的な法律サービスを提供することにより，全国どの街でも，市民が法的な救済を受けられるよう，司法ネットの整備を進める必要があると思います。」[5]

　これは，公的に初めて「司法ネット」という言葉が用いられた場面であり[6]，上掲の提言が司法ネット構想としての議論をリードしていく[7]。議事記録をたどると，意見の多くは司法ネットの提唱を評価しつつもその現実化には難色を示しており[8]，会議参加者らは司法ネット構想に対してのイメージが必ずしも共有できていないようにみてとれる[9]。このような傾向は，第12

---

(5) 司法制度改革推進本部（2003 a）
(6) 司法アクセス検討会（2005：65頁）より。また司法制度改革推進本部における司法ネット構想の検討開始からの状況を概括しているものとして，古口（2004）も参照。

第1章　本書の枠組みと構成

回顧問会議（2003年7月30日）にて，アクセス検討会座長により「リーガルサービスセンター（仮称）」の第一イメージ図が資料として配布され，設立の方向性が固まったと確認された以降もみられる[10]。これは，首相による「司法ネット」という用語のみが提唱というかたちで先行し，明確な定義がなされないままにその呼称を用いて具体的仕組みを構築する議論へと流れたことにあると推測できる[11]。

(3) 「司法ネット」構想の要素――ネットワーク性

司法ネット構想の一つの重要な特徴は，それが，法的サービスの提供をネットワークの構築を通じて行おうという考えを含んでいたことである。

司法制度改革推進本部における司法ネット構想の検討開始からの状況を概括している古口（2004）によれば，司法ネットは，「民事・刑事を問わず，国民

---

[7] もとは，2002年に政府により具体化に向けての動きが発表された「リーガルサービスセンター構想」（2002年11月4日朝日新聞朝刊）が，司法制度改革推進本部で「司法ネット構想」として引きつがれるかたちになった。「リーガルサービスセンター構想」は，弁護士やADR機関（裁判以外の紛争解決機関）を紹介する窓口となり，また公的刑事弁護，民事法律扶助を担うほか，家庭内暴力や消費者問題等の幅広い相談を受け付ける等の役割を担う法人を，政府が設立して運営するというものであった。また，首相の「司法ネット」提唱の前から，司法アクセス検討会では司法ネット構想の背景となる問題（相談窓口整備，民事法律扶助，司法過疎対策）について検討が進められていた（第11回検討会，2002年11月28日開催）。

[8] 司法制度改革推進本部（2003b），司法アクセス検討会（2003b）。

[9] 例えば，同日の首相発言以降の議論をみると，座長による「司法ネット」提唱への評価ののち，3人の顧問が意見を述べているが，議論の前提としての「司法ネット」のイメージが茫漠として描けないとして可視化を要求している。しかし，当日の議論内にIT，法務省，地方自治体というキーワードはでている（司法制度改革推進本部2003a）。他方で，新聞報道がなされることから，日弁連は早急な対策を迫られたことがわかる（司法アクセス検討会2003a）。

[10] 司法制度改革推進本部（2004）。なお，その後の顧問会議および司法アクセス検討会での審議を通じて司法ネット構想のイメージ図は改訂がなされた。最終的にコールセンターによる情報提供業務という方針が法務省準備室から確定的に示されるのは2006年に入ってからである（小倉2006）。

[11] 宮本（2007）は，総合法律支援の立法過程分析から，司法ネットの制度づくりの方向性を示していったのは司法アクセス検討会による独創性の発揮ではないとして，司法ネットという発言（発案）も検討会よりも先行して顧問会議に場を借りて首相が制度のイメージを明らかにしたものの，現実的には首相自身による発案ではなく官僚の作ったしきりに全体として乗ったものではないかと憶測する（宮本2007：208頁）。

8

が全国どこでも法律上のトラブルの解決に必要な情報やサービスの提供がうけられるような仕組みが司法ネット構想とよばれるようになった」(古口2004：45頁）と定義される。2003年12月1日に司法制度改革推進本部事務局が公的にしめした「司法ネット」構想[12]は，「民事，刑事を問わず，全国どの街でも，法律上のトラブルの解決に必要な情報やサービスの提供が受けられるようにするために，新たに設ける運営主体を中核として，現在ある様々な窓口のネットワーク化等を行う仕組みを整備しようとするもの」と説明されていた。さらに，参考資料の「司法ネット構想の概要」[13]には，国民に利用しやすい司法の実現というコンセプトのもとで司法ネット構想が具体的に説明されているが，それによれば，「司法へのアクセス障害の原因となっている問題を抜本的に解決し，国民が，司法の場に容易にアクセスすることができるようにするとともに，必要な法律サービスの提供を受けられるようにするための総合的なシステムを構築することにより，司法制度をより国民に利用しやすいものにしようという構想」と定義されている。また，「司法ネット構想の具体的な内容」として，「特に，司法に関する相談については，運営主体において総合的な相談窓口を整備するとともに，弁護士会，地方公共団体等の既存の各種相談機関等との連携・協力を図ることにより，アクセスポイントのネットワーク化を進めていくことを考えています。また，法律サービスの提供についても，運営主体を中核としつつ，弁護士会等と協力してネットワークを構築し，ネットワーク全体として，国民が必要としている多様なサービスを提供していけるようにしていくことを考えています。」として，明確にネットワーク概念が打ち出されていた。

(4) 総合法律支援の立法化

このようにして，総合法律支援という概念の基礎には，法的支援供給者のネットワーク化を通じて，支援を供給していくという構想があった。「新たに設ける運営主体を中核として，民事・刑事を問わず，国民が全国どこでも法律上のトラブルの解決に必要な情報やサービスの提供が受けられるような総合法律支援体制を整備する」[14]と総合法律支援概念が用いられるようになった[15]

---

(12)「司法ネット」についての意見募集においてのものである。
(13) http://www.kantei.go.jp/jp/singi/sihou/pc/1201 net/siryou 2.html

(濱野 2006 b：2 頁，18 頁)。

「司法ネット」は，総合法律支援体制の重要な側面を表現する概念である（濱野 2006 a，濱野 2006 b，濱野 2007 b）[16]。本書は，地域社会に存在する〈法的支援ネットワーク〉[17]が，法理念としての司法ネット構想にどれほど近づきうるかという関心にもとづいているということができる。

◆ 第3節 ◆ 本書の構成と概要

　第2節に述べたように，本書は，地域社会におけるさまざまな法的支援供給者が提供する法的支援供給を〈法的支援ネットワーク〉という概念でとらえ，ある地域社会におけるその現状を記述し，一定の説明を与えようとする。より具体的に言うと，本書では，専門的中核的な法的支援を与える弁護士等の法律専門家と，周縁的な法的支援を与える行政や地域に基盤をおく民間の団体がどのような関係にあるか，また，地域社会の人々が法律専門家を利用するパターンがいかに形成されるかに注目していく。

---

(14) 司法アクセス検討会（2003 c）第22回司法アクセス検討会資料「司法ネットについて（概要）」。
(15) この点について，司法制度改革推進本部（つまり立法段階で）に設けられた司法アクセス検討会での総合法律支援に関する制度設計の議論は，他の困難な課題にはさまれ十分な時間を割けず内容は深まりを経ず印象批評的なものに終わった。そして，検討会が主導力を発揮するものとならず，事務局主導のとりまとめであった，という指摘もある（宮本 2007：201 頁）。
(16) 濱野（2006 a）および濱野（2006 b）は，日本司法支援センターをはじめとする総合法律支援体制の構築にあたって，利用者の視点に立った制度設計と運用に向けて，原理的な問題点を指摘し，多角的に整理している。また，イギリスのCLSPでの実践等を紹介し，ケースの振り分けや人的組織のあり方，多極水平型ネット等さまざまな提言を行っている。
(17) 本書でいうネットワークは，社会的行為者の間のネットワークという意味で社会的ネットワークである。そこで，〈法的支援ネットワーク〉は，法的支援供給者のネットワークであると言うのがより正確であるかもしれない。しかし，本書では，法的支援という社会機能に着目して，それが，個々の法的支援者によってのみならず，それ以上に，法的支援者のネットワーク化された全体によって供給されるという特性をもつことに注目しているため，〈法的支援ネットワーク〉という語を主として用いている。ネットワークの概念を含めた，〈法的支援ネットワーク〉の概念の説明は，本章第4節および第6章において行う。

第3節　本書の構成と概要

　この目的を達成するため，筆者は，司法支援センターが設立される以前の2003年から2004年にかけて「滞在型調査(エスノグラフィー)」を実施した。これは，司法過疎現象が生じている，ある地域社会に滞在することを通じて参与観察を実施することを意味している。この過程では，地域社会で活動する各種の法律相談業務所掌者（法律専門家を含む）の活動を詳細に観察するとともに聞き取りを行い，地域社会の慣行と考え方との関連性を把握することに努めた。

　本書は，この観察とデータを素材として，11の章から構成される。

　第1章では，総合法律支援法が地域社会の住民への普遍的な法的支援供給を法的理念として掲げたことを確認し，本書の課題の記述にあたって重要な〈ネットワーク〉，〈法的支援供給〉，〈ネットワーキング活動〉，〈連携〉といった概念の説明を行う。

　第2章では，本研究における調査対象と方法について述べる。第1節から第4節までで，地域における法的サービス供給問題を考えるにあたり，離島という地域に着目する理由と背景について記述する。まず，わが国における離島地域の多面的役割および現況を整理し，実像とイメージのずれを指摘し，その多様性について説明する。また，地域としての離島の重要性を確認し，諸領域からの離島を対象とした研究動向を概観する。最後に，本論文における考察の対象として地域としての離島を選定する理由を整理する。

　第5節からは，本研究で主要なデータを採取した方法である滞在型調査の概要について説明する。調査において設定された課題とその目的，調査対象地選定の背景や理由，採取できた聞き取り対象及び内容，調査の進行形態，訪問対象ごとのスケジュール，記録法，フィールドエントリーと現場での身分について説明する。そして，第6節で，本論文で採用したフィールドノーツの記述・分析手法，調査対象サンプリングおよび技法に対する問題点について述べている。

　第3章では，地域社会における法的支援供給を考察する前提において，わが国の弁護士の大都市集中および地方における過疎という現象についての変遷についてレビューする。その上で，それに対する国家および日本弁護士連合会や単位弁護士会による取り組みがいつからどのようになされたかを振り返る。そして，弁護士の大都市集中に関する仮説要因を整理し，日本の法社会学研究に

第1章　本書の枠組みと構成

おける弁護士偏在および司法過疎問題を概観し，司法過疎問題を捉える前提を明確にする。

　第4章と第5章では，調査地で観察されたさまざまな〈法的支援ネットワーク〉の実態について記述する。調査地には，司法過疎解消のために法律専門家による新規法的サービスが導入されたが，その導入前から存在している行政および民間の法的支援供給者等や相談助言者がどのようなものか，また新規の法的サービス提供がいかになされているかについて，調査地での聞き取りおよび参与観察をもとに説明する。そして，新規法的サービスの利用者がどのような経路をたどって到達していてきているかをしめす。とりわけ，その効果的作用をもたらす要因の一つが，地域社会においてそれらが相互に関係し合い，連携していること――〈法的支援供給〉のネットワーク構造――であることを具体的にしめす。

　第6章では，第4章および第5章でしめした〈法的支援ネットワーク〉におけるさまざまな〈法的支援供給〉を総合的に捉え，それらの間を結合する〈つなぎ〉ないし〈ネットワーク〉という機能に着目し，それがいかにして形成・維持されているかを検討する。まず，〈法的支援供給〉の特性について若干の検討を加え，公式的次元での〈ネットワーク〉構築の仕方，非公式的次元での〈ネットワーク〉構築の仕方を記述する。さらに，本研究の対象たる地域社会の特性がこれらの〈ネットワーク〉構築の仕方に部分的に寄与していることをしめす。また，新規法的サービスが地域の〈ネットワーク〉とどのような関係にあるか，また組み込まれるための要因とは何かについて考察する。

　第7章から第10章までは，法的支援供給サービスの中核たる弁護士利用をあらためてとりあげ，そのサービス探索が，2つの点で，地域社会内部の各種の法的支援供給とは異なる，独特な性質を示す場面について探求する。ここで注目する第1の性質は，地理的な自由さと呼ぶことができる性質である。すなわち，弁護士サービスの探索が地域社会の外部にまでも拡大しており，また，ときには地域社会の外部においてそれが獲得できることが望ましいとみなされているのである。第2の性質は，弁護士サービスが有料で提供されること，しかし地域社会ないしその住民の間で緊張が生じていることである。相談が無料であるべきだという住民の意識は，地域社会の互助慣行に基礎をもっている。

第3節　本書の構成と概要

　他方，弁護士サービスが私的主体としての開業弁護士によって提供されるかぎり，そこには適切な価格が設定されなければならないのも事実である。この問題を理解するためにも，法的支援供給の〈ネットワーク〉的性質，また地域社会とその〈ネットワーク〉の間の関係が解明される必要がある。

　第7章から第8章では，人々の弁護士利用・調達パターンについて「知り合いの本島（から）の弁護士」という説明の仕方（アカウント実践）に注目する。第7章では，まずこのようなアカウントが行われる背景として，「シマ社会」というアカウントによって記述される社会の特性を記述する。

　第8章では，「知り合いの本島（から）の弁護士」という法律専門家利用パターンを，そのようなアカウントが行われる場面に即して理解する。

　第9章では，「知り合いの本島（から）の弁護士」への法律専門家利用パターンを，サービス購買行動研究から生活圏域および購買圏域と購買行動に関する知見を検討することで理解しようとする。ここではまず，法的サービスの性格と購買について考察する。そして，サービス購買指標としての価格について検討した上で，データをもとに法律相談の有料性および価格についての住民の意識および説明の仕方を考察する。

　第10章では，「知り合いの本島（から）の弁護士」というアカウント実践が，J市社会の，空間性と人的紐帯との結合的作用を表現するものであることを示す。この知見は，J市が，他の社会から隔絶した自足的コミュニティではなく，その内部に高度なネットワークを備える「シマ社会」であること，そして，その延長として，地理的区域としての「島」を超えて拡張される生きた紐帯を資源としてもつ開かれた社会であることを示唆する。

　終章では，地域社会に存在する法的支援供給サービスが，「司法ネット」の理念に接近していくため，本書で明らかになったことをまとめつつ，いくつかの実践的示唆を行う。

　なお，本書の設計に由来する限界について，以下の2点を指摘しておきたい。

　第1に，本書では，とりあげる法律問題が限定されている。民事法分野の問題を中心とし，また，司法アクセスの中でも，相談・支援サービス，ネットワーク構築，法的専門家の利用について論じることを中心としている。その他の総合法律支援の対象である民事法律扶助，刑事国選弁護，犯罪被害者支援につ

13

第1章　本書の枠組みと構成

いては正面から取り上げていない。

　第2に，本書では，法的支援供給者の行為と意識を直接の対象として議論している。支援供給主体に焦点をあてる本書の方法論（本章第5節で詳しく論じる）においては，被支援者の状況は，支援供給者の行為にかかわる要因としてのみ，観察可能になっている。法的支援供給の全体像を描き出すには，受け手である被支援者の行為と意識の分析が不可欠であることはいうまでもないが，本書が採用する方法によっては，外部の研究者が観察することは容易ではない。その意味で，本書の分析は，支援供給者の行為を中心とした分析となっている。この一面性は，次の理由から不可避なものと考える。第1に，支援探索者（被支援者）にかかわるデータを系統的に収集することは，紛争事例研究法のような別の方法論がより適当である。第2に，支援探索者（被支援者）の行為を規定する要因は，支援供給制度にかかわるもののほか，コミュニティの生活体系の全体にかかわるものがあるため，より複雑なものになっていると想定されるため，本書の枠内では，十全な取り扱いが困難だと判断したことである。

◆ 第4節 ◆　用語の説明

　本書は，地域社会において法的支援供給を行う諸機関の作用を総合的に分析するために，〈ネットワーク〉という語を用いる。すなわち，地域社会の住民による法的支援探索は，個々の住民が行うものであるが，その対象は，孤立的に存在・作用する法的支援供給者ではなく，複数のそれらの供給者からなる，相互に関連する総体（ネットワーク）であると考えるのである。また，本書では，地域住民による法的支援獲得行動は，個々の供給者への接近と接触によって完結するものではなく，その法的支援そのものの獲得にいたって完結するものと理解する。このことから，法的支援供給者が地域社会に存在するか否かではなく，その接触によって，その〈ネットワーク〉を構成するさまざまな供給主体からのサービス供給またはその可能性が高まることが重要だと考えることになる。法的支援とは，そうした〈ネットワーク〉を通じて流通するものととらえるのが適切だということになる。このような視角は，本書を通じ，データに即して理論的に展開されるが，ここでは，そのような観点から重要になって

第 4 節　用語の説明

くる中核的概念のいくつかを説明する。具体的には，供給主体間の関係そのものとしての〈ネットワーク〉，供給主体の存在からなるパターンをあらわす「〈配置〉」（コンステレーション），ネットワークを通じて流通するサービスとしての「〈法的支援供給〉」，法的支援供給者のネットワークとしての「〈法的支援ネットワーク〉」，ネットワークを構成する各供給主体によるネットワークの維持発展のための活動としての「〈ネットワーキング活動〉」，そして，「〈連携〉」という諸概念を導入する。

(1)　ネットワーク

A. 日常用語における意義

情報化社会となって久しい現在，ネットワークという語は日常的に用いられているといってよい。その語の意味するところは，大別して，放送あるいは通信上の伝達媒体や回路網を，また，同じ目的によって繋がっている網状の組織や相互に連結あるいは個々に協働しているグループというものであろう。前者は，コンピューターやテレビ等の情報通信技術を駆使したもの，後者はおもに何らかの目的によって人々が繋がりあう関係性のパターンと捉えることが可能である。

ネットワークという語は，異業種交流に代表される情報交換や互助を目的とした活動，地域ボランティア，臓器移植，被災者支援といったソーシャル・サポートの文脈においても積極的に用いられており[18]，その意味効果は人々を強く惹きつけるものである[19]。昨今では，社会におけるインターネット利用の浸透や高度情報通信の普及も相俟って，ネットワークおよびネットという語は，特定分野の専門用語としてではなく，物・情報・人々の間をとりまく「関係」や「つながり」や「網」をイメージするものとして広範囲にかつ日常的に用いられている傾向が強い。

---

(18)　ソーシャル・サポートとネットワークの古典的研究としては，Caplan（1974），Hirsh（1979），Tolsdorf（1976），Fischer（1982）等がある。
(19)　例えば，組織や地域レベルで繁栄するネットワークの特徴として，「普通では想像もつかない『飛んだ』人間間，組織間，地域間関係で，『遠距離交際』のルートをいくつか持っていて，必要に応じ容易にそうした関係を活性化（activate）することができ，それによってスモールワールド化したネットワークから利得を得られる」（西口 2007：64 頁）ということがある。

B. 社会人類学における用例

社会人類学者バーンズは，ある島嶼社会における，稠密な，親族関係，友人知人，近隣における紐帯を分析する際に，network（ネットワーク）という用語を用いた（Barns 1954）[20]。バーンズによれば，この島の重要な社会的な場面の一つは，島で育った者ならば親から受け継いだ，また大部分は自分で築いた紐帯から成立するものである。バーンズによれば，個々の人々は一定数の他者と接触を保っていて，その者たちの一部は相互に直接接触しているが，相互に接触のない人々同士もいる。同様に，個々の人々は一定数の友人を有しており，その友人たちもそれぞれに自身の友人を有している。これらの友人のうち何人かは相互に知り合っているが，そうではない人たちもいる。これが，ネットワークと呼ばれるのは，点が人あるいは集団を表すものとしてあるときに，その一組のうち一部が相互に線で結ばれていれば，そこはどの人（集団）とどの人（集団）が相互作用していることを示しているというものである（Barns 1954：43頁）。

エリザベス・ボット（Bott 1955）は，バーンズのネットワーク概念を発展させ，ネットワーク結合度という概念を提案した（Bott 1955, Bott 1957）。かれらの研究は，次のCに見る，ネットワーク分析とよばれる視角の基礎となった。

C. 社会学における用例

ネットワーク分析（Network Analysis）は構造社会学の伝統の上に立つ。この視角では人々が行う行為は，その人が埋め込まれた外的環境としての社会関係——誰が行為者を取り囲んでいるのか，そして，行為者がその行為者をとりまく社会構造の中でいかなる位置を占有しているのか——に依存するとされる。つまり，行為の規定要因について，行為者をとりまく他者の存在および複数の他者により形成された社会的なネットワークと対応させて考えるのである（安

---

[20] バーンズによれば，ブレムネスの社会システムには3つの異なる場（social field）がある（Barns 1954：42-43頁）。第1のものは，地域性に基づく社会的な場で，永続性のある行政管理の組織体があり，あるものが別のものに包含されるヒエラルキーをなし，成員の入れ替わりはない。第2のものは，産業システムによって生み出された場であり，これは表面的には自立しているようみえるが機能的に結合したもので，必ずしも長期存続せず，成員も固定化されてはない。第3のものが，本文で説明する，ネットワークと表現されるものである。

田 2001：10-16 頁)[21]。

D. 本書における概念

地域社会で展開されるさまざまな支援プログラムには，余り利用されないものがある一方で，多くの人々によって利用されているものもある。司法過疎地に設置される公設法律事務所が扱う事件の構成は必ずしも同一ではないし，むしろかなり相違があると推測されている[22]。アメリカにおいては，Mayhew & Reiss（1969）が，法的助言機関等の利用が法律問題に遭遇する個人と助言機関等を結合する社会構造によって媒介されていることを指摘している。これらの事象や研究を機縁として，近年に至ってようやく日本においても，相談プログラムと地域社会との関係は経験的探究の対象となってきた（樫村 2000，村山・濱野 2003，佐藤 2008）。

本書では，同一の地域社会において地域住民に法的支援を供給する主体の行為が，それらの主体からなる〈ネットワーク〉によって規定されていると考える。本書が対象とする地域社会は，比較的孤立的である小社会（第 2 章参照）としての特徴をもつが，バーンズらのネットワーク概念が念頭においていると思われる社会よりは，規模も大きく，産業化もしている。しかし，かかる社会においても，法的支援サービス供給者は，相互に顔見知りでありうる程度に少数であって，その相当の部分において親密な関係が築かれる条件を備えていると考えることができる。また，かかる少数の供給主体は，同一の地域社会環境において，法的支援供給という目的を共有しているために，それぞれの主体の行為は，相互的制約のなかにあると考えてよい。また，日常用語としても，これらの供給主体は，相互に，公式，非公式な意味での，〈ネットワーク〉の存在や作用によく言及している。

以上の点から，本書では，調査地社会における法的支援供給者の行為は，〈ネットワーク〉の規定性のもとにあるという想定をおくことが，さしあたり

---

[21] ネットワーク分析は，ネットワークの生成と機能について活発な議論を展開するが，とりわけ既に安定した構造の分析に威力を発揮するとされる。一方，ネットワーキング（論）およびそれに関する研究は，ネットワークの生成や崩壊といったネットワークの動的側面を考察するために有効である（安田 1997：41-42 頁）。
[22] 全国の公設事務所弁護士の業務状況や所見をまとめたものに，日本弁護士連合会（2007 a）。

第1章　本書の枠組みと構成

適当である，と考える。

　司法過疎地域において，法的支援を供給する主体の間の関係を〈ネットワーク〉という用語で表現することは，先行研究において既に行われている。本調査は，より大きな司法過疎調査[23]（以下，本書では基礎調査という）の一部として計画された。基礎調査では，司法過疎地において法律問題がどのように解決されているのかにつき4箇所にて訪問調査を実施し，地域社会において「警察，市役所，県の出張所等の機関が相互にネットワークを組んで問題を処理する」という現象を観察し，それを「相談者ネットワーク」と名付けた（樫村 2005，樫村 2006，樫村 2007 b）[24]。

(2)　配置（コンステレーション）

　〈ネットワーク〉という表現は，実践者により，政策論や法律のなかでも用いられている。その一定の実践的表現（アカウント）[25]は，供給者間の配置（コンステレーション）として表現される。

　〈ネットワーク〉は動的な関係構造であるが，配置（コンステレーション）は，その一定の実践的表現（アカウント）である。吉岡（Yoshioka 2008）は，基礎調査における対象地の一つを研究対象とし，地域社会で利用可能な相談機関および制度的紛争解決者がどのような位置付けにあり相互に作用するかにつき，相談機関の関係構造を配置として捉え説明した（表1を参照）。

　本書でいう法的支援供給者の配置（コンステレーション）とは，調査地社会において利用可能な法的支援供給者および制度的紛争解決者が相互に作用した

───

[23]　科学研究費補助金基盤研究（B）「弁護士過疎地における法的サービス供給の構造──事例調査と大量調査を通じて」（研究年度 2003-2005 年度，研究代表者＝樫村志郎，研究分担者＝菅原郁夫，阿部昌樹，大塚浩，課題番号＝15330004），詳細についてはviii頁〈本書における調査の概要〉を参照。

[24]　当該調査のデータを用いた分析として既に公表されているものとして，樫村（2005），樫村（2006），阿部（2007），樫村（2007 a），樫村（2007 b）。

[25]　アカウントは，エスノメソドロジーにおいて使用される概念である。一般に，エスノメソドロジーにおいては，人々の行為はその行為の具体的状況のもとで実践的にその意味が説明可能（アカウント可能）であると考える。人々が用いる説明（アカウント）とは，この説明可能性のもとで，具体的状況の意味を実践的に操作する──強調したり，組織したり，その他いっさいの実践的に重要な働きかけを行う──方法として理解される（樫村 1989：94 頁を参照）。

18

第4節　用語の説明

<表1>調査社会における相談機関相関図

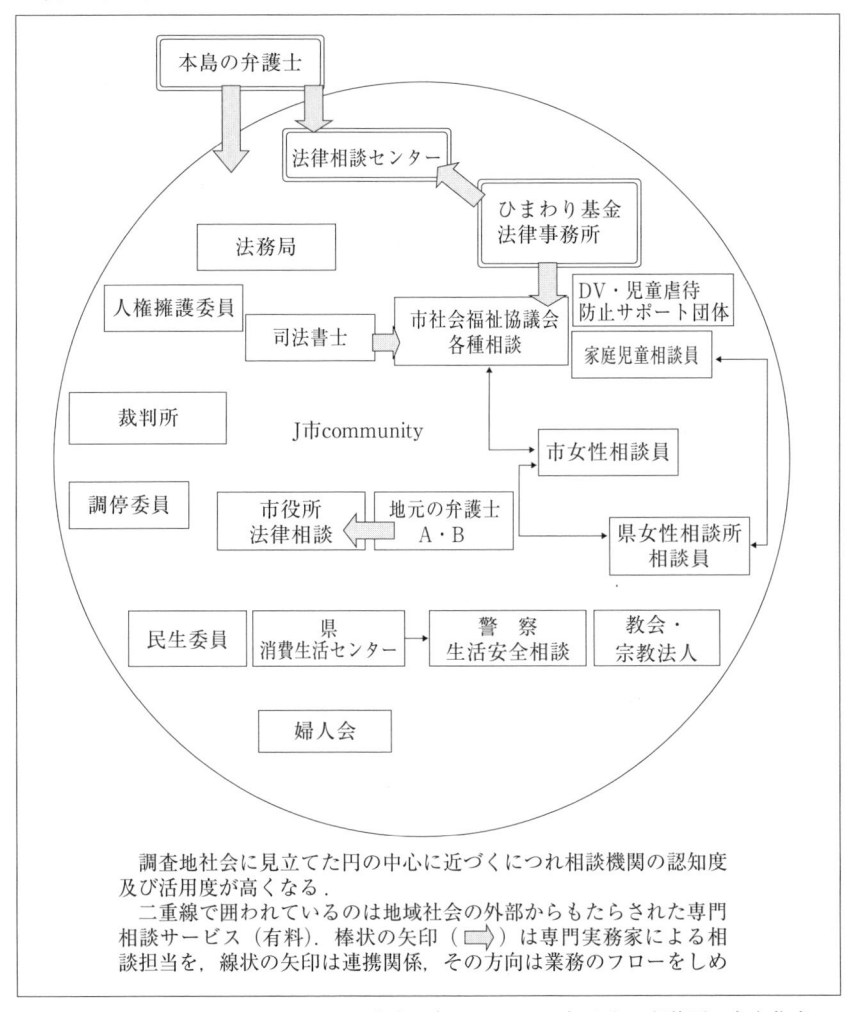

```
                    ┌─────────┐
                    │ 本島の弁護士 │
                    └─────────┘
                      │    │
                      ↓    ↓
                 ┌─────────┐
                 │ 法律相談センター │←─┐
                 └─────────┘    │
  ┌──────┐                ┌──────┐
  │ 法務局 │                │ ひまわり基金 │
  └──────┘                │ 法律事務所 │
                          └──────┘
  ┌────────┐              │
  │ 人権擁護委員 │  ┌───────┐ ↓   ┌──────────┐
  └────────┘  │市社会福祉協議会│   │DV・児童虐待   │
          ┌─────┐│ 各種相談  │   │防止サポート団体│
          │司法書士│└───────┘   └──────────┘
          └─────┘                ┌──────────┐
                                 │ 家庭児童相談員 │←
                   J市community   └──────────┘
  ┌──────┐                   ┌─────────┐
  │ 裁判所 │                   │ 市女性相談員 │
  └──────┘                   └─────────┘
              ┌───────┐ ┌──────┐
  ┌──────┐  │ 市役所  │ │地元の弁護士│  ┌──────────┐
  │調停委員│  │ 法律相談 │←│ A・B   │  │ 県女性相談所  │
  └──────┘  └───────┘ └──────┘  │  相談員    │
                                 └──────────┘
  ┌──────┐┌─────────┐┌──────┐┌──────┐
  │ 民生委員 ││   県    ││ 警察  ││ 教会・ │
  └──────┘│消費生活センター││生活安全相談││宗教法人│
          └─────────┘└──────┘└──────┘
          ┌──────┐
          │ 婦人会 │
          └──────┘
```

　　調査地社会に見立てた円の中心に近づくにつれ相談機関の認知度
　　及び活用度が高くなる．
　　二重線で囲われているのは地域社会の外部からもたらされた専門
　　相談サービス（有料）．棒状の矢印（⇨）は専門実務家による相談
　　担当を，線状の矢印は連携関係，その方向は業務のフローをしめ

出典：(Yoshioka 2007) より一部修正のうえ作成．

り，〈連携〉のさまざまな態様［(5)および第5章第4・5節にて詳述する］をとったりするさまを自ら俯瞰する際に，その視座を組織する重要な要素である．

(3) 〈**法的支援供給**〉と〈**法的支援ネットワーク**〉

　トラブルの当事者たる個人は，その解決のため法的・専門的助言を得ようと

19

努力することがある。〈法的支援〉とは，かかる努力に応じて支援供給者の〈ネットワーク〉を通じて獲得される，多かれ少なかれ専門性をもった助力や助言である。それらは，裁判的解決から行政的相談等を広く含みうるものであるが，全体としていかなる意味で「法的」と類別されるのかについては，地域住民でもある支援供給者の中では，支援というものが，裁判利用可能性にとどまらない広範囲にわたる，もめごとの発展可能性の中で捉えられていると考えるものである。

　供給主体に着目すると，〈法的支援供給〉は，弁護士や司法書士という法律専門家によって主として行われるが，行政あるいは地域に基盤をおく民間的団体によっても行われるものである。すなわち，地方自治体媒介の各種相談事業，民生委員，人権擁護委員，調停委員，社会福祉協議会，消費生活センター，NPO等は，弁護士等による中核的な法的支援供給者へのアクセス情報を提供し，また，時には，簡易な仕方で法的支援供給者に関する情報を提供したり，自主的な仕方でトラブルを解決するための独自の支援を行っている。〈法的支援供給〉の社会制度を解明するため，中核的な法的支援供給者のみならず，いわゆる ADR に属するような周縁的な法的支援供給者にも広く目を向ける必要があるのはいうまでもない。

　本書では，法的支援供給者や関連する問題処理のために〈連携〉《後述(5)で説明》や協働して問題解決を行う専門的助言者のネットワークを，地域社会の総体的機能ないし現象として〈法的支援ネットワーク〉と把握する。〈法的支援ネットワーク〉は，さまざまな複数の法的支援供給者が相互に関連する総体という動的な関係構造である。〈法的支援ネットワーク〉の特性やそれがいかにして形成されたり維持されたりするかについては，第4章，第5章，第6章で検討する。

(4)　〈法的支援供給〉における〈ネットワーキング活動〉

　調査対象たる地域社会においては，〈法的支援ネットワーク〉のメンバーが日常的に相互の資源を融通し合うことが多く見られる。本書では，ネットワークに属する複数のメンバーが，さまざまな程度と条件において，現実の業務において，あるいは基盤的関係形成の形で，資源を融通したり共有し合うという活動を，〈ネットワーキング活動〉と呼ぶこととする。

かかる〈ネットワーキング活動〉は，相互協力活動の基盤たる関係性の調整活動である。法的支援供給者がネットワークを組むことにより，さまざまな程度と仕方で，相互協力が行われることがある。これは，正の〈ネットワーキング活動〉である。他方，支援供給主体のなかには，そうした協力の可能性を狭めることで，ネットワークから相対的に独立した活動を選択するものもある。これは負の〈ネットワーキング活動〉と呼ぶことができよう。一般には，ネットワークの形成維持にかかわる活動は，相互の協力と独立とを正負の両方向で調整する機能をもつであろう[26]。

(5) 〈連携〉

以上のとおり，〈ネットワーキング活動〉は法的支援を実施しようとする各主体（諸機関）の業務上の正・負の相互作用である。そのうちの正の相互作用，すなわち，法的支援供給者がネットワークを組むことによりさまざまな程度と仕方で相互協力活動の基盤たる関係性の調整を行う活動を，本書では〈連携〉として扱う。

「連携」という用語は，日常的に用いられるものであるが，本書で〈連携〉[27]という場合，問題を抱える相談者・依頼者のために，あるいは自らがより良い法的支援供給を行うために，法的支援供給者間で関係性を構築し，相互に情報や交換したり専門知識等の資源を融通し合うこと，そして，協働して事案を解決していく過程で，それぞれの専門の立場から協力していくこととする。

具体的な〈連携〉の活動は，情報の共有・交換といったやり取りにはじまり，「つなぎ」といった個別事案の依頼，処理を行った上での投げ返し，より大きくは，複数の支援者による事案の協働処理であり，さらには，事案終結後の継

---

[26] 安田（1997）によれば，ネットワークとその成員である個人の間には相互作用があり，正・負両方の影響を与えるものだという。ネットワーク組織の活動の成否が属する個人の力量に依存するように，個々の人間はネットワークから影響を及ぼされる。安易なネットワーク依存はネットワークの生成を妨げたり，維持を困難にしたり，あるいは崩壊させたりする。ネットワーキングによって作られたネットワークは，その内部の者に対して，正・負両方の影響を与える（安田 1997:40頁）。

[27] 「連携」について詳細に定義するものは多くはない。高室（1992）は，母体との関係で「連携」と「連係」の意味が異なることに言及しているが，高室によれば，「連携」とは，外部の組織との協力関係を意味し，「連係」は「内」なる組織・グループ内のみの協力関係で使う場合が多いという。

続的支援（見守り）といったことも含まれる。その態様は，活動の内容や範囲，問題類型等によってさまざまであることがわかっており，方向性のフローや段階的な発展も観察されるものである。〈連携〉の諸態様については，第5章第4節にて詳しく説明することとする。

　以上，本節では，本書で扱う用語として〈法的支援供給〉，〈法的支援ネットワーク〉，〈ネットワーキング活動〉，〈連携〉のそれぞれがしめす内容をみた。これらが意味するところ，本書では，法的支援を行う諸機関の総体（ネットワーク）と，各主体の全体における関係性――すなわち各主体（諸法的支援供給者・機関）間で生じる正・負の相互作用であり，正の相互作用として，〈連携〉（その活動態様にはさらに諸形態がある）が，負の相互作用として，個の独立，排除，反発等がある――について取り扱っているということである。正・負の方向性をもつさまざまな態様の〈ネットワーキング活動〉は，日々の法的支援供給活動を通じて，〈法的支援ネットワーク〉を，継続的かつ動的に再構造化するものである。

◆ 第 2 章 ◆　調査対象と方法

　本章では，わが国における離島地域の役割および現況を整理し，地域としての離島の重要性を確認する。さらに，諸領域からの離島を対象とした研究動向を概観したうえで，地域における法的支援供給問題を考えるにあたり，離島という地域を対象として着目する理由を述べたい。

◆ 第 1 節 ◆　離島の規定

　わが国は太古に大八洲国（おおやしまのくに）といわれた[28]ように，世界でも有数の多島海洋国である。北は礼文島（北海道）から南は沖ノ鳥島（東京都），東は南鳥島（東京都）から西は与那国島（沖縄県）に至るまで，東西南北約 4000 km に及ぶ広大な海域に多様な島々が点在している。

　しかるに，「島」の基準はさまざまであり[29]，その用語および定義についても若干の変異がある。また，「離島」という用語について，離島関連法上も，明確な定義はない。離島と類似して「島嶼」という語も用いられるが，これは，『離島──その現況と対策』〔離島実態調査委員会（1974）〕によれば，「水圏（一般には海洋）をもって周囲を完全に囲まれ，本土（大陸または主島）に比して面積が相対的に狭小な陸塊を一つの地域として把握する場合に用いる地理的概念である[30]」とされている。

　他方で，1986 年の海上保安庁水路部による調査にもとづく『海上保安の現

---

(28) 日外アソシエーツ（1991）「刊行にあたって」より。
(29) 離島研究家の宮本常一によれば，島は，「四周を海にめぐらされて地域的にはある独立性をもちつつ，社会経済的には本土へ何らかの形で従属的に結びつかねばならない運命を持った世界」である。

第2章 調査対象と方法

<表2-ⅰ>離島類型

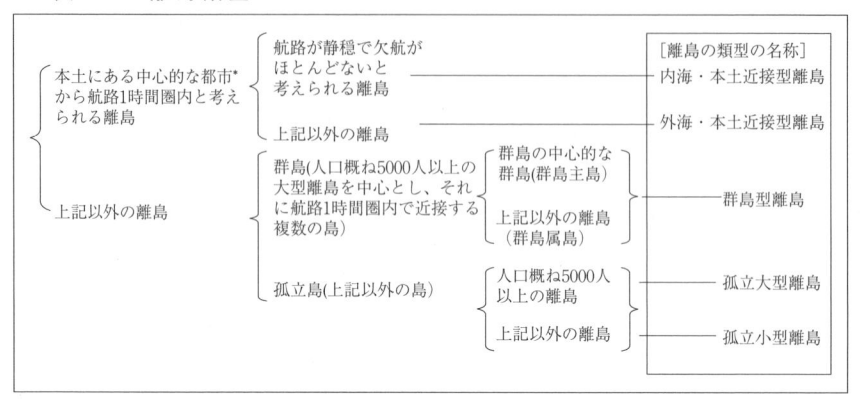

本土にある中心的な都市*から航路1時間圏内と考えられる離島	航路が静穏で欠航がほとんどないと考えられる離島		[離島の類型の名称] 内海・本土近接型離島
	上記以外の離島		外海・本土近接型離島
上記以外の離島	群島(人口概ね5000人以上の大型離島を中心とし、それに航路1時間圏内で近接する複数の島)	群島の中心的な群島(群島主島)	群島型離島
		上記以外の離島(群島属島)	
	孤立島(上記以外の島)	人口概ね5000人以上の離島	孤立大型離島
		上記以外の離島	孤立小型離島

＊離島の人々の実態としての広範囲な生活圏域の中にあって中心的な存在となっている本土側の都市。離島と全国交通ネットワークとの接点。

況』(昭和62年度版)では、最大縮尺海図と陸図を用い、①周囲が0.1km以上のもの②何らかの形で本土とつながっている島についてそれが橋、防波堤のような細い構造物でつながっている場合、島、それより幅がひろくなっていて本土と一体化しているものは除外③埋立地は除外、と定義されている。この定義によると、わが国は無人島も含め6,852の島により構成され、このうち本土と呼ばれる5島(北海道・本州・四国・九州・沖縄本島)を除く6847島が離島ということになる。そのうちの400以上が有人島であり、そこには約130万人の生活がある。離島についての詳細な類型を示すものとして、表2-ⅰは、本土からの時間的距離、地理的条件、人口規模等にもとづいて分類したものであり、表2-ⅱは、各類型の代表的な島々の例と離島振興法対象の指定島数、人口を付記したものである。

　以上のことをふまえると、離島と呼ぶのが適切であるのは、本土と呼ばれる5島を除く島嶼のうち人々による生活が確認されるもの、厳密には、離島関連

---

(30) このように、島、島嶼等は、第1義的には自然地理学的概念である。小野(1961)は以下のように指摘している。「自然の面からみれば、その性格は完全環境水性であり、面積の相対的狭小性である。(中略)われわれが島嶼を研究対象とする場合、純然たる自然地理学的研究は別として、その上に立つ島嶼社会の性格を問題にするのに対し、島嶼と呼ばれる地域の慣用的な区分は、人間の存在を前提としない自然特徴から生じたものである」。

第1節　離島の規定

<表2-ⅱ>離島類型

類型名	内容	指定有人島数	人口（千人）	代表島名（都道府県名）
内海・本土近接型	本土の中心的な都市から航路1時間圏内にあり，かつ航路の欠航がほとんどないと考えられる島	137 (49.6%)	142	佐久島（愛知），答志島（三重），家島（兵庫），大三島（愛媛），御所浦島（熊本），姫島（大分）
外海・本土近接型	本土の中心的な都市から航路1時間圏内にある内海・本土近接型以外の離島	50 (18.1%)	42	田代島（宮城），初島（静岡），馬島（福岡），小川島（佐賀），島野浦島（宮崎）
群島型	本土の中心的な都市から航路1時間圏外にあり，かつ人口概ね5000人以上の大型離島を中心とし，航路1時間圏内で近接する複数の離島	46 (16.7%)	215	島後（島根），対馬島（長崎），壱岐島（長崎），宇久島（長崎），中通島（長崎），上甑島（鹿児島）
孤立大型	上記以外の離島で，かつ人口概ね5000人以上の孤立離島	9 (3.3%)	174	礼文島（北海道），大島（東京都），佐渡島（新潟），種子島（鹿児島），屋久島（鹿児島）
孤立小型	孤立大型以外の孤立離島	34 (12.3%)	16	飛島（山形），新島（東京），粟島（新潟），日振島（愛媛）
合計		276島 (100%)	589	

出典：表2-ⅰおよび表2-ⅱは，「離島振興ハンドブック」平成8年版p4～5を編集のうえ筆者が作成した。

四法（離島振興法，小笠原諸島振興開発特別措置法，奄美群島振興開発特別措置法，沖縄振興開発特別措置法）対象の311島を含む有人離島429島ということになろう[31]。

---

[31] 2004年度，離島振興法では260島の有人離島（76地域135市町村）が振興対策実施地域として指定を受けている。

◆ 第2節 ◆ 離島地域の現況

(1) 懸隔するイメージと実像

　2003年刊行の『離島研究Ⅰ』，2005年刊行の『離島研究Ⅱ』には，離島地域を対象としたわが国の代表的な地理学研究者らによる持続的で多角的な論稿が所収されている。その巻頭序文は，一般に「離島」という用語が放つネガティブな響きに言及することから始まっている。すなわち，離島からは，「離農，離村，離職等と同様，島から離れる，離れ島，ひいては過疎地，離島苦等が連想される」というのである（平岡2003:1頁）。しかしながら，島嶼地域と一口に言っても，それは「『航海に浮かぶ離れ小島』や『南海の楽園』といったステレオタイプなイメージでくくられるほど単純ではない」（須山2006:9頁）ものである。離島はおしなべて人口が減少していないし[32]，個々の島における人口動態や社会変動，生業および産業基盤の形態は実に多種多様であるからである。

　離島関連四法の一つである離島振興法の改正経緯には，このような離島をめぐる現況に呼応し離島地域そのものを捉え直す動きをみることができる。離島振興法は，1953年に議員立法によって制定された10年間の時限立法である。以降，4回の改正および延長を経て2003年に成立した改正離島振興法は，それまでの振興法から大幅に改正がなされた。その中で，本書において特に重要と考えられるものは以下の3点である。

　第1に，従来，離島振興対策では，その前提を「本土より隔絶せる特殊事情よりくる後進性を除去する」ことにおいていたが，2003年改正ではこれを本土との間で生じる地域差を「価値ある地域差」と捉え直し，離島の地理的・自然的特性を生かした振興策を図るため，地域における創意工夫を生かした対策を講じることにより，離島の自立的発展を促進することとされた[33]。離島地

---

[32] 1985年から1995年で人口が増加した離島は24島である。小呂間島（福岡県），家島群島の坊勢島（兵庫県）など。顕著なものとして，初島（静岡県）で+57%，慶留間島（沖縄県）で+45%の増加である。

[33] 財団法人日本離島センター（2004:23頁）離島振興基本方針（2）。

第 2 節　離島地域の現況

域の隔絶性や後進性が強調されてきた振興策において，個々の島々の多様な現況へ着目する動きといえる。これは 1990 年代から実施されてきた個々の島々の取組みを反映したものであろう。

　第 2 に，2003 年改正法では，離島の果たす役割として「我が国の領域，排他的経済水域の保全」が新たにもりこまれた（離島の有する役割については次項で詳述する）。これは，1996 年に国連海洋法条約が発効したことにより，わが国が世界有数の面積の「排他的経済水域（EEZ）」を確保するようになったことを踏まえたものである[34]。

　第 3 に，上記の新たな役割の付記にともない，外国とじかに接する離島の振興が，島嶼国であるわが国にとって，離島地域住民の生活の安定および福祉の向上はもとより，国民全体の経済の発展と利益の増進に寄与することが初めて明文化された。離島は，本土とりわけ中央の政策決定において看過される傾向にあり，ややもれすればお荷物的な存在とみなされることもあったが，2003 年改正は 1953 年の離島振興法制定以降，年月を経て変化するに至った離島をとりまく状況によりその位置づけを変えようとするものである。

　ところで，暗く厳しい側面が取沙汰されることが多い離島が，脚光を浴びた時期があった。1970 年代に出現した「離島ブーム」[35]である。このブームは，1980 年代に入っての海外旅行者の増加等により次第に終息していった[36]。そして，2000 年代に入ってから，離島に再び世間の関心が集まりつつある。テレビ，雑誌等のマスメディアには「田舎暮らし」という言葉と並び「島暮らし」等の言葉や特集が取り上げられることも少なくない。また，現に，一定の移住者の増加がみられる島もある[37]。過去の「離島ブーム」はいわば「訪れ

---

[34] 沖縄，奄美，小笠原を含めた離島の存在によって，日本は世界第 7 位の 200 海里排他的経済水域を確保した。対して，日本の国土は世界第 60 位である。
[35] 1980 年の環境白書には，以下のような記述がある。「1970 年代には，『秘境ブーム』，『離島ブーム』等と称される手つかずの自然への一般大衆の接近意欲が顕在化した」（第 1 章 5 節「自然環境ニーズ」より」）。
[36] 国土交通省都市・地域整備局（2006）「離島の現況について」より。
[37] 2006 年のアイランダー（国土交通省が毎年主催している離島友好支援事業，11 月 15，16 日，於：東京）では，出展の各島ブースに移住相談が設けられていた。なお，2003 年時点で 46 島が I ターン，U ターンへの行政主導による支援策（条例，規則，制度，事業等）を実施している。

る」対象としてのものであったのに対し，現在の風潮は「住む」ことへ向けられたもの，一般的に人々が抱く離島の暮らし・生活への憧憬から生起しているものといえるであろう。

(2) **離島地域の役割**

歴史上，離島は重要な役割を担ってきた。世界的にも多くの地理学研究者が指摘しているように，離島は超歴史的に停滞している地域ではなく，その位置的特性から，海上交通が主役の時代には航路ルート上に位置する島々の多くが先進地域であった。わが国においても，江戸後期に貿易の要所として繁栄した島は少なくない。離島がその環海性から外国交流との第一線に立つことは現在も同じである。

しかしながら，四面環海による隔絶性や杜絶性から産業基盤や社会資本整備が十分ではないこと等から，多くの離島が人口流出や過疎によって苦しい状況におかれてきたことは紛れもない事実である[38]。

離島振興施策における離島のもつ他面的な役割の強調――とりわけ離島が国家にとっての財産であるという認識――が強く主張されるようになったのは，2002年頃である[39]。前述のように，このことは，1996年に国連海洋法条約が発効されたことと関係がある。この時期以降，離島振興施策において，自然，文化，地理の3つの特性から離島の役割が謳われるようになった。以下，順番にそれらを整理したい。

第1に，その自然特性から，離島には豊かな海洋資源による漁業，独自の気候を生かした農業による特徴ある農林水産物の供給，豊かな生物生態系の保全等の役割がある。また，本土とは異なる豊かな自然環境を活用した観光開発による余暇生活，レジャーの提供等も国民にとっての財産とされる重要な側面のひとつである。

第2に，離島の文化特性として，貴重な文化，伝統，歴史的遺産の存在がある。また，海等の自然とともに生きる地域社会の継承等の役割もある。

第3に，とりわけ南方諸島については，離島の位置的特性から，東アジア・

---

(38) 離島地域に生じた新たな格差としては，高度情報通信網の遅れ，いわゆるデジタルディバイドが指摘されている。
(39) 国土交通省都市・地域整備局（2002）。

東南アジアの政治情勢の緊迫化により，その重要性がますます高まりつつある。周知のとおり，沖縄が軍事的拠点として重要視されてきたのも，沖縄本島の那覇市を中心とした半径2000キロ圏内に東京，ソウル，北京，香港，ハノイ等，東アジアの主要な都市が包含されるからであるし，尖閣諸島，竹島，北方関係をめぐっては緊張下にある。このように，離島には領海の確保，密漁，密航，密輸等の治安維持等国土管理上の重要な拠点としての役割がある[40]。その他にも，船舶の避難等，航路・航空の安全確保あるいは気象観測といった役割も有している。

(3) 離島地域の多様性

日本国土には6000を超える島々が点在するが，そのうち，離島の規模，地理的環境，人口動態，産業基盤，都市的機能集約度等は多種多様である。離島には，振興施策や諸領域からの調査研究にあたってさまざまな類型が施されてきた（24頁の表2-ⅰおよび25頁の表2-ⅱ参照のこと）。

離島の類型区分については，従来から利用されてきたものとして，本土との位置関係，島嶼規模，島嶼の配列形態を指標としたものや（辻村・山口1935 a b），より最近のものとして，人口構造および産業構造の変数を加え因子分析のうえにクラスター分析を施したもの（須山2006）等がある。このような類型化による離島の取り扱いは，個々の島々の多様性とイメージとの懸隔や単純化につながる虞もあるものの，離島間地域差の検出や事例の掌握には不可欠なものである。

◆ 第3節 ◆ 研究対象としての離島地域

センプルによる1911年の著書『Influences of Geographic Environment on the basis of Ratzel's system of Anthropo-geography』は島を研究する者にとっての古典である。その第8章「海岸の人々」および第13章「島の住民」には，島とそこに住む人々の生活文化についての詳細な記述がみられる。セン

---

[40] 大体の離島の島には，自衛隊，防衛関係のレーザーサイトがあるという報告がある（国土交通省都市・地域整備局 2002）。

第2章　調査対象と方法

プルによれば，島は面積の狭小性と隔離性という2つの要因から，動植物や言語の研究に便利であるとされる。

　古くから諸領域において研究がなされてきた島嶼地域が最も総合的に研究されているのは，地理学である。わが国でも，島嶼地域における地理学研究は，歴史も古く膨大な蓄積がある。九学会連合[41]による奄美・佐渡・対馬の総合調査（九学会連合1954・1959・1964・1976）をはじめ，総合的な方法論的研究として大村（1959），藪内（1972）のほか藤岡・浮田（1975）による人文地理学の総合研究がある。

　現代の地理学において，島嶼地域への個別研究アプローチは多岐にわたる。まず，過疎化等の人口流出，移民等の人口移動問題を対象とするものがある。また，漁業，農業等の島嶼における特徴的な産業面を対象とするものがある。さらに，政策面，地域振興という観点から，行政や医療等基礎的な生活条件に関する専門サービス等についての調査研究も多くみられる。また，観光学や経済学からのアプローチも増加しつつある。

　他方で，島嶼地域には独自の方言，唄，祭礼，踊り等の伝統的な残存・保存が強く認められ，一般に民俗学の宝庫といわれている。柳田の指導による民俗研究所編『離島生活の研究』や，山口県の周防大島出身である宮本常一による一連の離島探訪研究等に代表されるように，島嶼地域にみられる言語，儀礼，慣習の独自性は長期にわたって研究の対象とされてきた。

　では，何故，島にはそのような古い風俗習慣が色濃く残っているのであろうか。センプルは前出の著書で以下のように指摘している。島の環境は，「常にある程度の隔離性を保証するから」，「また，海という周囲の壕によるばかりでなく，面積が限られていること，即ち雑種的な考え方や新しい考え方を混入させる人間活動の大きな流れそれ自体を引きつけるにはあまりにも小さいことと，進歩を支える物質的改善を取り入れるにはあまりにも貧弱であることもまた関係がある。」と[42]。つまり，センプルによれば，島の隔絶性や狭小な面積という地理的要因が外部からの様々な影響を結果的に阻むということになる。

---

(41) 九学会連合とは，民族・社会・人類・宗教・地理・民族・言語・心理・東洋音楽の9つの学会により1947年に結成された研究組織である。
(42) 翻訳文は金崎肇訳（1979）E.Cセンプル著『環境と人間　上・下巻』古今書院による。

一方で，日本のみならず世界の島々をも研究対象とした藪内（1972）によれば，島に伝統的制度の残存が強くみとめられるのは，資本主義化による島々の経済，社会構造の変質が文化のパターンと歩調を合わせることなくずれ遅れるという事実によってだという（藪内 1972：26 頁）。

　翻って，島がしばしば研究調査のフィールドとされる学問として，社会人類学と文化人類学がある。英米における人類学研究には，社会システム，慣習，法に関する研究が少なくないが，そこでのフィールドとして島嶼社会が採用されることもまた少なくない。とりわけ欧米では，多くの人類学研究者が社会システムの解明にあたって法的事象も扱う社会学研究を行ってきたことは興味深い[43]。しかしながら，日本の島を対象としたそのような研究はそれほど多くはない[44]。これは，わが国の文化人類学研究が，いわゆる発展途上国とされる国々においてみられるコミュニティ，儀礼，慣行，先住民，少数民族等の研究へエネルギーの大半を費やし[45]，「未開」社会や伝統社会の研究・調査に大きく傾斜する等，いわゆる先進諸国の社会・文化への研究調査にはほとんどそのエネルギーを割いてこなかった経緯にも関係すると示唆されている[46]。

◆第 4 節◆　本書で対象とする理由

　本章では離島という地域についてみてきた。本章における検討をふまえ，本書における考察の対象として離島に着目する理由を述べたい。
　まず，離島という地域対象について，筆者は次のように考える。

---

(43) 第 1 章において各種の法律支援供給者を媒介する〈連携〉や〈ネットワーク〉の用語を説明しているが，その中で検討するネットワーク研究の古典論文には島を対象としたものが少なくない。社会人類学者バーンズの研究でも，階級システムが社会においてどのように作動しているかの解明にノルウェーのブレムネスという島をフィールドとして選定した理由につき，データ収集とその理解が都市部に比べ容易であるからと記している（Barnes 1954：40 頁）。また，ネットワーク研究ではないが，社会学者ゴッフマンの博士論文（Goffman 1953：未公表，Goffman 1963 の素材の一部となっている）がシェトランド島におけるフィールド調査の成果であることは興味深い。
(44) 人類学に立脚する日本の法社会学者への期待を述べたものとして宮澤（1992）がある。
(45) 綾部（2003 a）「解説」より。
(46) 綾部（2003 b：34 頁）より。

第2章　調査対象と方法

　第1に，離島という地域の実態は，一般に抱かれているイメージとは必ずしも一致するものではない。離島の実際と表象との隔たりは以前から指摘されることもあったが，時代を経て多様化した離島の現在の状況は，離島という言葉で一括される表象と殊さら懸隔するものとなっている。離島関連法改正の経緯はこの動向に対応したものである。離島という固定的イメージにとらわれることなく，離島をみることが必要である。

　第2に，離島は社会文化的および政治地理的に多面的な役割を有するので，国際社会情勢および経済面からその重要性が確実に強まっている。離島をいたずらに隔絶した地域としてとらえるのではなく，周辺地域との多様で多層的な関係性に着目することが望ましいと考える。

　次に，本書の目的である，地域における法的支援探索・供給構造の考察にあたり，離島をその対象とする意義を以下にまとめたい。

　第1に，離島には他の内陸地域と比較して，古い社会システムやネットワークが残存していることである。例えば，ユイ，模合，テツダイに代表される伝統的互助行為の慣行[47]は，日本の農山漁村，とりわけ島嶼（離島）地域に集約して見られる（恩田 2006：411 頁）。また，離島にみられるさまざまな地縁団体や共有地（コモンズ）の存在は入会権等や金銭融通に関する古い慣行等とも密接に関係している。

　第2に，離島地域の地理的特性である環海性，隔絶性，地理的非連続性が特定地域の地域性解明に適しているといえることである。諸領域からの研究蓄積があることも加えて，コミュニティ研究の対象として適していると考えられる。

　第3に，日本の法社会学において離島地域を扱ったものが殆どないことである。元来，「地域」を研究主題とする学問的分野としては地理学と地域学がある。その双方において「地域」の概念および類似する用語は，厳密にはニュアンスの違いはあるものの，すべて「地球表面上の一定の広がり（空間）」を意

---

(47) 恩田（2006）は，日本社会にみられる伝統的相互扶助形態は地域によって多種多様であり，呼称と内容の差異がみられるものの，「互酬的行為」のユイ，「再分配的行為」としてのモヤイ，「支援（援助）的行為」としてのテツダイと大きく3分類されると定義し，詳細について説明している。なお，賃金の支払いを伴わない労力交換を意味する広義でのユイと調査地におけるユイマールについては，第10章にて記述する。

第 4 節　本書で対象とする理由

味している点では共通するものである（大友 1997：5 頁）。日本の法社会学研究においても，従来から「入会研究や農村研究等に見られるように，『地域』は重要なテーマで」（名和田 2003 a：1 頁，2003 b）あった。日本法社会学会（2003）の『特集：地域の法社会学』では，「一定の地理的範囲がのっぴきならない重要性を持つような法現象一般」という趣旨のもと，「地域」を対象に研究をおこなってきた代表的研究者らによる論稿が所収されている。「地域」は，一般的に都市と農村という対概念で語られることが多いが，ここで概観されるものも都市部と農村部を対象としているといえる。とりわけ島嶼性を勘案した，離島を地理的範囲の対象とした法社会学研究は殆ど実施されてきてはいない[48]。

　第 4 に，ある潜在的ニーズを有する者がどのように法的サービスを探索し購入するのかは，財の供給先，費用等さまざまな要因に左右されることは自明である（相談サービスと費用との関係については，第 9 章にて詳述する）。地理学とりわけ経済地理学の見地からは，購買行動は人々の属する地理的要因に大きく影響を受けるとされている。どこで法的サービスを入手するかは，その者の居住する地域とサービス供給地域間の空間特性にある部分依存しているといえる。地域の空間的特性の概念はいくつかあげられるが，本書での分析視角からは，地域を点とみなした場合の「距離」（時間距離・費用距離・認知距離），「アクセシビリティ（接近可能性）」，「関係位置」の 3 つが重要であろう。特に，「関係位置」という空間的特性の概念については，地域分析において有力な説明因子となる場合があり，一般的に統計的分析手法では明らかになされにくいといわれている。本書での地域研究手法においては「関係位置」概念に即して踏み込める可能性があるといえよう。このように，法的ニーズおよび法的サービス（財）の需要供給構造を空間的に把握するには，第 2 の点としても挙げた地域性解明に有利な島嶼性の諸側面が適していると考えられる。以上が本書において離島地域を分析対象とする理由である。

---

[48] 島嶼地域での具体的な法過程研究の課題をあげたものとして，米田（2004）がある。米田は，特定の訴訟事件において島外の弁護士らによって弁護士団が結成されている事実にふれ，その社会的過程に着目することが島嶼における法的サービスを考える上で必要だと述べている。

33

第2章　調査対象と方法

◆ 第5節 ◆　調　査　方　法

　本書で扱う主要なデータを採取した方法は，ある地域社会に一定期間とどまることを通じ行為の意味をその社会における文脈において解釈し描出しようとする地域滞在型調査，いわゆるエスノグラフィーの手法である（以下，本調査とよぶ）。本調査では，調査対象地に生活者として滞在することで，訪問調査や大量意識調査等のワンショットサーベイでは接近しがたいコミュニティの深層，生活・商業慣行と，行政および司法的に展開される法的サービス（法律相談）提供システムとの関係を全体関連的に解明することが目標とされた[49]。より具体的には，司法過疎である調査地において，弁護士不在がどのように対処されてきたのか，また，地域社会に存在するさまざまな相談サービスと新規にもちこまれた法的サービスとそれら既存の相談サービス供給システムとの関係がいかなるものかについて実態を観察し，記述することを目指した。実施した期間は，2004年1月末から3月中旬までの53日間であり（本調査期間と以下表記），そのほかに2003年12月上旬に準備的な訪問調査を9日間，2004年12月上旬に5日間の追跡調査を実施した[50]。

　(1)　調　査　対　象

　調査地は沖縄本島から南西へ約470km離れた東シナ海に位置する面積約220k㎡の離島（J島，仮名）である[51]。本島との往来に用いられる主な交通手段は飛行機である。J島はその全域がJ市であり，人口は約4万6千人である。J市には，那覇地裁，那覇家裁のJ支部およびJ簡易裁判所がおかれてい

---

(49) 調査対象に対しての調査方法の適切さについては，データ収集をどこでおこなうかの観点からの記述として，ロフランド＆ロフランド（1997:21-24頁）がある。
(50) 調査技法については，フィールドワーク全般については Emerson et al. (1995)〔エマーソン他 1998〕，佐藤郁（2002）を，特に参与観察については Spradley (1980)，箕浦（1999）を，記録採取についてはヴァン＝マーネン（1999）を，地域研究手法については，矢野（1993），クレイン＆アグロシー（1994）等を参考にした。また，フィールドエントリーに際しては，おもに，クレイン＆アグロシー（1994:228-231頁）の方法に則って実行し，その他の諸手続については Arensberg (1954)，ロフランド＆ロフランド（1997）を参照した。

第5節　調査方法

る。J支部は，合議事件，少年事件を扱うことができる。司法過疎地として，1999年に沖縄弁護士会によりJ法律相談センターが，2001年に公設事務所であるJひまわり基金法律事務所が設立された。11の有人島からなるZ島群の中核島であり，Z島群全体の人口は，約5万1千人である。那覇地裁，那覇家裁のJ支部およびJ簡易裁判所は，Z諸島と呼ばれるこのエリア全体を管轄区域とし，常勤の裁判官1名，家裁調査官は2名がいる。この地域の弁護士登録数3名（地元2名，ひまわり基金法律事務所1名）であり，司法書士登録数は8名である。

　数ある司法過疎地の中から，調査地を選定した理由は，以下のとおりである。第1に，調査地は，離島であるがゆえに，他の地域と比較して古い社会システムやネットワークが残っていると考えられる。例をあげるならば，公民館を主体とする地縁団体や，入会権組合等の存在，金銭融通に関する古い慣行の「模合」等である。

　第2に，準備調査時に明らかになったことであるが，調査地の地域社会には，大都会由来のサラ金や新手悪質業者と島の住民とのトラブルをはじめ，古典的な親族家族間の対立や島の住民同士の争い等，さまざまな問題群が多層的に存在している。そのため，トラブルと地域社会変動との関連を明らかにするためにさまざまなケースを具に観察できる場所として適しているといえる。

　第3に，調査地は，先に述べたように周辺群島から形成されるZエリアの中核市であり，他の島々にとって，生活をはじめ司法サービスの発信地でもあるため，そこから得られる情報は相当量になると予測できる。

　最後に，本調査地は，文化人類学的に独特の生活文化上の特徴をもつものであるところ，移民や入植の歴史[52]，観光業の隆盛等から，外部者への抵抗は低いと言われており，フィールドワーカーの参入に対しての障害が小さいと考

---

(51) 本章でしめした表2-ⅰおよび2-ⅱでは，群島型に該当すると考えられる。また，須山が実施したクラスター分析によれば，本調査地は，福江島，奄美大島と同じクラスターに属する。その特徴は，卸，小売，金融，保険といった都市的産業の従事者が20％を超え，本土との直航航空路をもち，周辺離島の中心となる島ということである（須山2006：14頁）。
(52) 詳細については沖縄県（1974）を参照されたい。

35

第2章　調査対象と方法

<表3>聞き取り調査先一覧表

機　関	内　容	開設頻度	担当者	相談料
市　役　所	法律相談	週1回午前	地元弁護士A/B	無料
	行政相談	月1回	行政相談員	無料
	児童・女性相談	随時	児童・女性相談員	無料
	人権相談	月1回	人権擁護委員	無料
市社会福祉協議会	法律相談	月2回	地元司法書士4名	無料
	消費生活相談	月1回	消費生活相談員	無料
	女性・子育て・総合相談	随時	社協専任相談員	無料
法律相談センター	法律相談	週1回	ひまわり基金法律事務所弁護士／本島在住の弁護士	有料
県民生活センター	消費生活相談	随時（電話）	専任相談員	無料
警　察	生活安全相談	随時	警察官	無料
地裁・家裁支部 簡裁	受付・家事相談	随時	事務官・書記官	無料
法　務　局	登記相談ほか雑多	随時	法務局職員（人権擁護委員）	無料

えられたことである。実際，住民らによる地域性の形容としてある，「J合衆国」という言葉に表れているように，J市では，J島内の諸地域の出身者，Z諸島の内外の離島，沖縄本島からの移住者により異なる集落が形成されてきた。さらに，近年は内地といわれる本土からの移住者，観光レジャーに関与する長期滞在者等の混在化が進んでおり，他の地域に比較して，多様な観察機会が得られる可能性が高いと，準備段階の経験上，判断できたことがあげられる。

　聞き取りの対象は「地域社会において相談を提供している人々」を中心とした。主要な訪問先および聞き取りの対象は，表3に掲載のとおりである。調査が単独実施であること，そして期間が限定されていることから，専門的紛争解決ないし専門的相談の担当者である，弁護士，司法書士，市役所，県の出張所等の行政相談担当者，社会福祉協議会専任相談員，人権擁護委員等への聞き取りを行うことにした。聞き取りを行う際には，担当者の考え方のほか，その制度のあり方についての基礎的情報や，それらを利用する住民の行動と意識につ

第5節　調査方法

<表4>滞在型調査(本調査)進行表

		フィールドエントリー　→　→　→　→　→　→　調査終了	
固定ワーク		J市社会福祉協議会	
	随時	参与観察同席観察（相談時）・聞き取り（継続＋個別）	専任相談員O氏，消費生活相談員K氏，地元司法書士G氏・H氏，相談利用者（地域住民）
		Jひまわり基金法律事務所	
	週1回	聞き取り（継続）・所内観察	ひまわり基金法律事務所弁護士C氏
		J法律相談センター	
	隔週木曜隔週月曜	聞き取り（継続，個別）	本島の弁護士D氏・E氏・F氏，事務員S氏
隙間時間	聞き取り訪問折衝	地元弁護士A氏・B氏，地元司法書士I氏，調停委員，人権擁護委員，法務局職員，市役所職員（法律相談窓口），市女性相談員，県女性相談員，DV問題サポート団体等	
	メモ整理・フィールドノーツ記録　⇔　個別質問表・リストの見直し		
	文書資料収集（図書館）		

いての観察についても質問した。

　法律問題の領域については，調査実施上の制約と地域の法律問題の特性を考慮して，主に金銭貸借と離婚・相続・ドメスティック・バイオレンス（以下ではDVと略称する）等の家事問題を中心とした。ただし，それ以外の法律問題について対象者が話してくれるときには，それらの情報も聞き取った。

　以上の結果として，予約を取る等したフォーマルな聞き取りは40回行うことができた。さらに，4か所9件の相談場面で同席観察の機会を得た。このうち，弁護士については，沖縄弁護士会登録J市在住の3名全員について，そして沖縄本島より来島した弁護士3名から，司法書士については，J市で登録している3名から聞き取りを実施した。そして，それぞれの場面で，可能であれば，許可を得た上で聞き取りの録音を行った。

(2)　進 行 形 態

　表4は，本調査期間における筆者の平日の行動スケジュールである。調査期

第2章 調査対象と方法

間を通じて，3つの固定的な調査のワークを組むことができた。第1に，市社会福祉協議会（以下，社協）での参与観察（相談場面での同席観察・ボランティア活動への参加）および各種相談員への継続的聞き取りである。社協が実施する各種相談は，住民利用度と認知度が共に高く，その実態についての把握は不可欠であった。幸いなことに，総合相談を扱う専任相談員から厚い協力が得られ，筆者の希望時に何時でも訪問し，参与観察を行うことが許可された。結果として，各種相談場面に同席観察することができたほか，移動相談に参加する等，トラブルに直面した際の地域住民の生の語りを収集することができた。また，ボランティアとして活動に参与することでは，福祉事業として，高齢者・障害者・まちづくり・清掃事業等の観点から調査地域を生活者視点で観察することができたが，このことは，トラブルの語りと支援の供給を理解する上で有益であった。

第2に，Jひまわり基金法律事務所への定期訪問である。毎週，事務所へ定期的に足を運び，15時間を越える弁護士への聞き取り，事務所内での業務を観察する機会と協力を得た。

第3に，J法律相談センターへの定期訪問である。センターの相談日は週に1日で，隔週でJひまわり基金法律事務所弁護士と，本島在住の弁護士がローテーションで担当していた。ひまわり基金法津事務所弁護士からは事務所での協力を充分得られていたため，センターには，隔週の相談日（沖縄本島から来島する弁護士の担当日）には必ず出向き，相談業務の合間に本島での業務や本島からみた調査地について聞き取りを行った。また，相談日以外に，事務員（1名常駐）への聞き取りのため，複数回訪問し情報を得た。

さらに，市の女性相談員は，業務に支障がない限り一定時間の同伴行動を行うことを許してくれた。同伴をお願いする場合は，当日に電話で連絡をとり，先方の繁忙さや当日の業務予定について様子を尋ねるという形態をとった。特に，DVや児童家庭問題の相談内容は対応に緊急性を要するものがあり，注意して相談員の都合を確認する必要があった。

上記のワーク以外の隙間時間（表4下段記載）を利用して，リストアップした制度的紛争解決者やその関係者に，調査への協力を得られるか折衝にあたり，可能になったものから訪問を行った。また，空いている時間では，調査のメモ

や記録の整理，フィールドノーツへの記録を行うことに多くを費やした(53)。そして，新たな情報が得られるたび，訪問先リストや個別の質問事項を作り変える作業を行った。また，郷土に関する文書資料収集のため，現地の2つの図書館を利用した。電話帳からは，いくつかの訪問先の候補を得ることができ，地元の新聞2紙からは日常的情報を収集することができた。

さらに，諸機関での相談業務はほぼすべてが平日に実施されていたことから，週末（土日）を利用して，地域で実施されたさまざまな媒体の行事へ参加する等した。そのため，本書で扱うデータは法的支援供給者からの聞き取りのみではなく，公共行事の観察等その他の資料を含む(54)。また，博物館や民族資料館等にも足を運び，調査地社会の歴史文化についての理解を深める努力を行った。

(3) 現場での振舞い

本調査は広義での参与観察調査であり，聞き取り，観察，参与を主とし，公式・非公式の文書・統計資料を併用している。さまざまな方法を利用することには，トライアンギュレイション（同一の対象を異なった方法および観点から眺めること）の利点がある。

聞き取り，観察，参与の進め方としては，諸機関の異なるsettings（場面）に出入りし，可能な限り関係者に対する個別の聞き取りや参与観察を実行し，状況が許されれば各々について継続していくという形態をとった。

ところで，複数の場面への多様な参与という方法は，調査者が何者であるかということをその都度，場面状況に即して示すことを意味するものである。フィールドへの参与の枠組みをめぐっては，これまで多様な定式化〔例えば，Junker (1960), Schatzman and Straus (1973), Spradley (1980), Adler and Adler (1987) 等〕が行われている。調査者は，フィールド／settings（場面）において常に何者であるか役割を意識し，必要があれば呈示することが要求さ

---

(53) 調査終了時点でのフィールドノーツは分量として約13万字程のものとなった。
(54) Greenhouse et al. (1994:23頁）での"public events"にあたる。例えば，調査実施時期に調査地では周辺離島との合併問題が生じており，市民会館での合併協議に関する大規模集会があった際にそこで観察をおこなったことや，週末開催される地域行事に参加しさまざまな団体関係者に実際に聞き取りをおこなったことや，そこでインフォーマントを紹介してもらうことが調査開始時期にきわめて有益であったこと等を含む。

れるものである。本調査の過程においては，佐藤（佐藤1992, 佐藤2002）が指摘するように，筆者はさまざまな局面と時期において完全なる"参加者"の極と完全なる"観察者"との間を揺れ動くという経験をした。多くの場合，調査者という役割は曖昧で未定義なものである。

しかし，なかには，固定継続的役割を得た場面もあった。例えば，社会福祉協議会というフィールドは，事務局スタッフとの日常的コミュニケーション，各種相談での同席観察，移動相談での補助活動といった場面に分けられるものであったが，そこでは，「実習生」あるいは「福祉ボランティア」として紹介され現場に参与した。他方，女性相談員との同行やDV問題サポート団体での会合に出席する際は，「学生」という役割であった[55]。その他の個別聞き取り場面では，「内地から来た学生」という肩書をしばしば用いた。これは，地域における法的支援供給の構造について広く教えを乞うという姿勢をとる上で，都合が良いものであった。

◆ 第6節 ◆ 分析手法

本書では，本調査で採取したメモ等から書き起こし，後日テキストとして清書した"フィールドノーツ"を第1次資料として取り扱っている。エマーソン他（1998：144頁）が示す手順に則って，記述にあたっての時間的基準は原則としてリアルタイムとし，事後的に判明した内容や回顧の再解釈についてはそのことが明確にわかるように記述を行った。

ヴァン＝マーネン（1999）は，エスノグラフィーが再現＝表象の一手段であるとして物語（Tales）という語を使用し，その記述形式を写実体，告白体，印象体として類型化している[56]。その類型に則れば，本書で主たる分析素材として扱うフィールドノーツは，フィールドワーカー／書き手である「私」が

---

[55] Spradley（1980）は，参与観察を調査者の参与の度合いによって4段階（高いものから，Complete, Active, Moderate, Passive）に分類している。本調査において参与観察であったと分類できるsettings（場面）での調査者属性をしめすと，さしずめ社協およびDVサポート団体では，Active Participation，その他法律相談センター等の機関における観察はPassive Participationに該当すると考える。

第 6 節　分析手法

　読者に示され，本章で記す方法論の形式的手続がその断片に表れているという意味において，告白体形式の物語といえよう。
　フィールドノーツ記述後のテクスト分析過程[57]についても，エマーソン他(1998)で説明されている手続にほぼ忠実に従っている。エマーソン他（1998）は，グラウンディッドセオリーアプローチを開発した社会学者の立場に一部依拠するとしながら，ノーツをコード化する唯一の方法はないとしている。本書でのラベリング（コード化とも称される）作業は次のように行った。第一段階として，フィールドノーツの各行レベルからまとまりごとにコードを付加した。そして，第二段階として，コードの中から，(1) 多く収集されたもの，(2) 繰り返しみられるもの，(3) メンバー（成員）にとって重要であると思われるもの，という3つの基本指針をもとに最終的なカテゴリーとして収斂させていった。作業にあたり，当時汎用可能であった日本語用アウトラインプロセッサのひとつである Idea　Tree を利用した[58]。その結果，本書で扱っている「知り合いの本島（から）の弁護士」，「有料」，「無料」というカテゴリーを発見した（吉岡 2005）。
　また，本書では，民族誌という最終的なテクストとして，フィールドノーツの記述を断片的に提示し，それに続く分析を明確に区別する「分離式記述法」を採用している（エマーソン他 1988：374-379頁）。この記述法をめぐって特に注記しておくべき点は，フィールドノーツの引用形式（ノーツを書かれた通りに引用するか，分かりやすく書き換えるか——編集する場合その基準は何か——という問題）であろう。
　この点について，エマーソン他は，引用を綿密に検討する作業によって，フィールドノーツのどの部分が理論的主張と関連し，あるいは無関係であるかが明確になり，さらに新たな洞察を得る可能性もあると述べている（エマーソ

---

(56) この3つの形式以外に，ヴァン＝マーネン（1999）は，社会の現実の提示は創造的時代に入ってきたとして，批判的物語，形式主義的物語，文学的物語，ジョイント形式の物語という4形式を挙げている。
(57) フィールドノーツのような文字テクストデータの分析技法とソフトウェアについては，佐藤（2006）が詳しい。
(58) 古原伸介氏作成のシェアウェアで，エマーソン他（1998）の訳者である佐藤郁哉氏が紹介している（佐藤 1992, 佐藤 2002, 佐藤 2006）。

ン他 1988：388 頁）。また，書き換えに関わる決定に関する要因として，下記の3つを挙げている。第1のものは，引用を取り上げる目的であり，例えば生き生きとしたとディテールの記述を提供するためである。

　第2のものは，分析的注釈で追求する論点であり，書き手は理論的主張にもっとも直接的に関係する文や語句を残し，論点に関係しないフィールドノーツの記述は省くということである。

　第3のものは，より一般的な基準として，引用の長さ，関連性，読みやすさ，わかりやすさ，情報提供者の匿名性も書き換えの考慮の基準となるということである。

　しかしながら，このような書き換えの過程について，エマーソン他は，単純明快な作業ではないとも述べている。つまり，書き手が「ストーリーにとって最も明快かつ効率的な根拠となるような語りの部分に読者の注意をひきつけようとする一方，成員が言ったりしたりしたことのエッセンスを残そうとする努力とのあいだの，微妙で繊細なバランスを含んでいる」し，原文を「凝縮したり選択的に引用する際には，書き手が人々や彼らの行為をより説得的に示すかもしれないディテールの記述を省いてしまう危険性がつねにある」（エマーソン他 1988：388-399 頁）からである。

　本書の記述にあたって，これらの問題に対しては，引用するフィールドノーツ切片の原文については書き換えを最低限にとどめることとした。その上で，まずデータ切片を提示する前に，データが記述された場面の基本的情報を説明し，フィールドノーツ原文から不明な言及については，必要であればテクストの中にカッコ〔 〕書きの形で短い説明を埋め込むかたちを原則として採用している。

　例外として，引用が特に「豊か」でいくつかのテーマに関連する材料を含んでいる場合の解決策としては，1つの引用に含まれる複数の分析テーマをまず明確に示した後に引用を2つの独立した部分に分けるか，それが困難である場合は，引用の多様な側面については後述部分にて論じる際にそれらのテーマを扱うという方法を採用した（エマーソン他 1988：399-400 頁）。

　本調査の資料収集については，方法論上問題となるのは，以下の点であろう。第1に，調査対象となった標本の代表性である。本調査を開始するにあたって

第6節　分析手法

は，事前に足がかりがあり数名のインフォーマント獲得に成功していたため，出発点となったインフォーマントから徐々にサンプルを増やしていく方法をとった。このように調査者がフィールドで芋づる式に協力者やインタビューのインフォーマント等を獲得していく「雪だるま式サンプリング」は，標本性の代表性を疑われることがある[59]。しかしながら，確率的抽出法のサーベイにおいても抽出標本の偏りやopportunist（便宜的）になる傾向は一定程度避けられないものである（佐藤1992：103-108頁）。

　また，本調査では，その目的から，相談サービスの供給側について，調査実施前から「地域における異なる制度的紛争解決者として網羅される人々」というサンプルが理論上は明確であった。そのため，最終的に獲得できたインフォーマントは，いわゆる「理論的サンプリング」によって獲得されたと言える。というのは，紹介やつてによるインフォーマントばかりではなく，上記で記したような電話帳や地元新聞等の利用や行事への参加から情報を獲得し（例えば，DV問題サポート団体，人権擁護委員への接触等），紹介者を伴わない直接交渉（地元の弁護士らへの接触）によって接触がなされたものを多く含んでいることからである。つまり，調査対象の候補がある程度まで可視化すると，インフォーマント探索の必要性というものはなく，調査協力の交渉に労力を要するものであった。本調査では，幸いなことにも，結果的に，目標としたサンプルの一部を除きほぼ大半を調査対象とすることに成功した[60]。

　第2に，滞在型調査を実施する調査者の適性や技量に伴う問題である[61]。本書で目指したような手法は，「生ける法」研究以後にはほとんど実施されたことのないものである。従来の日本の法社会学において，地域社会に浸透する

---

[59] 桜井（2002）はライフヒストリー研究法の立場からインタビューデータの語り手の代表性の問題について論じ，従来までの実証主義アプローチにかわる解釈的客観主義アプローチと対話構築主義アプローチを紹介している（桜井2002：24-28頁）。
[60] 弁護士，司法書士等の隣接業種士として，税理士，行政書士，不動産鑑定士等については，本調査ではその対象とすることができなかった。
[61] Warren（1988）およびWarren& Hackkney（1988）は，フィールドワークを実施する上でとその結果をテクスト化する上でのジェンダーの問題について論じている。しかし，Warren（1988）はジェンダーがフィールドワーカーの属性の一つにすぎず，年齢，社会的立場，人種によっても明らかに影響を受けるとする。インタビュアーのジェンダー・カテゴリーについては，桜井（2002：97-101頁）も参照されたい。

第2章 調査対象と方法

市場化と法的活動のあり方との関係は，1970年代頃まで伝統的コミュニティを対象として盛んに研究が行われてきた。例をあげるならば，川島武宜とその学生らは，長野県，三重県の農村と漁村と対象とする訪問滞在調査によって，伝統的コミュニティの資本主義化と慣習法および国家法のあり方を包括的に研究している[62]。それらは，「生ける法」という理論枠組を用いてなされ，入会研究，温泉権研究に関して調査の蓄積があり，日本社会の生活構造，固有法，法文化，法意識等に関する理論化の重要な経験的基礎となってきた。しかし，1970年代以降，この理論枠組みを正面から用いる経験的研究は多くは見当たらない。それは，「生ける法」という枠組みは，日本社会の全面的な近代化，資本主義化に伴い，その理論的有効性が低下したためだといわれている（六本1986：157頁）。

翻って，本書は，「生ける法」という理論枠組みにとらわれず，調査を実施している。調査地も，農産漁村ではなく，司法過疎地とはいえ，その生活実態は周辺離島を含めた地域の中核都市である。このため，多くの点で，「生ける法」研究における先例に従うことができなかった。推測するに，こうした研究手法が，「生ける法」の理論枠組み以外では行われてこなかった理由は，それが多大な時間と労力を必要とするものであるため，常勤研究者がそれを実施する時間的余裕が少なかったこと，1970年代以降こうした滞在型研究を導く有力な理論枠組みが存在しなかったこと，今日の都市化したコミュニティを研究する方法論の発展が十分でなかったこと等であると考えられる。本調査は，筆者による単独実施であったこととも相俟って，その技量をもって十分にカバーできない部分が多いことは認めざるを得ない。しかし，この種の調査が殆ど無いという現状のもとでは，方法論の実験としても価値があるものと考える。

---

[62] 川島（1954）。当時の調査背景については，川島（1983：445-447頁）を参照されたい。

◆第3章◆ 地域社会における法的支援供給

　地域社会における法的支援供給を考察する前提において，わが国の弁護士の大都市集中および地方における過疎という現象につき，その発生起源と変遷について知ることが重要となろう。地域社会における法的支援供給は，従来，日本の法社会学研究において弁護士偏在および司法過疎という問題の中で研究されてきた。また，それらは，国および日本弁護士連合会を中心とする法曹諸団体にとっては，実践的な取組みを要する課題でもあった。そこで本章では，それらについて，既存の研究および実務的取組みをレビューすることにする。

　この問題には，2つの定式化が存在する。法律家の偏在問題，および司法過疎問題である。以下では，この2つの定式化に従って，研究と実践の歴史をレビューする。また，弁護士の大都市集中に関する仮説要因を整理し，それがどのようにとりあげてこられたかを概観し，調査課題を明確にする。

◆第1節◆ 弁護士偏在という問題

　いわゆる弁護士偏在問題とは，東京や大阪等大都市への弁護士の集中，地方における本庁所在地への弁護士集中，その反面としての裁判所支部所在地を含めたその他「地方」での弁護士過疎，不在状況を意味するものとされている。日本弁護士連合会は，こうした認識にもとづき次のように定義している——弁護士過疎地域とは，「地方裁判所の支部の管轄区域内に弁護士が10名以下しかいない地域」を意味する——。

　1962年当時，司法における訴訟遅延が著しく看過できない状態にまで立ち至っていたことを主たる理由として，内閣府に臨時司法制度調査会が設置された[63]。他方で，裁判官志望者数の漸減傾向および必要最低数確保の困難は重

大な課題であった。そのため，当調査会での緊急な審議事項は，主に法曹一元の制度に関する事項ならびに裁判官および検査官の任用制度および給与制度に関する事項とされている[64]。1964年発表の臨時司法制度調査会意見書の第2編は「裁判官および検査官の任用制度及び給与制度等」であるが，その第2章において弁護士の大都市偏在化という問題が論じられていた。

「（問題の所在）3（弁護士の大都市偏在化）
　現在の弁護士の地域的分布を見ると，弁護士総数七，一四三人（昭和三九年七月一日現在）のうち，東京の三弁護士会に三，三七八人，横浜，大阪，京都，神戸，名古屋，広島，福岡，仙台及び札幌の各弁護士会に計二，一六一人，合計五，五三九人がこれらの一〇地方一二弁護士会に集中しているのであって，他の三九弁護士会には合計一，六〇四人を数えるにすぎない。しかも，その中には，高年齢者を擁するものが多く，その所属弁護士の平均年齢が六〇歳をこえているものさえある。一方，司法修習生から弁護士となった者が大都市に集中する傾向は，顕著なものがある。また，簡裁裁判所の所在地はもちろんのこと，地方裁判所支部の所在地においてすら，弁護士の事務所のない事例が数多く存在する。このような状況では，地方における国民の法的生活の水準の向上はもとより，裁判の適正円滑な運営すら阻害される虞があるのであって，現に当調査会の調査審議においても，地区によっては，弁護士の数が少なく，あるいは絶無のため，期日の円滑な指定，国選弁護人の選任にさえ困難を来たしており，訴訟の適正かつ能率的な運営を妨げていることが指摘されている。したがって，この弁護士の大都市偏在化については，緊急にこれを是正する必要があると考えられるのであって，いかなる方策を講ずべきかが検討されなければならない[65]。」

　このように，弁護士偏在現象は1960年代初頭には既に顕在化しており，是

---

(63) 臨時司法制度調査会設置法（昭和37年5月11日法律第122号）。
(64) 臨時司法制度調査会（1964）「まえがき」より。
(65) 臨時司法制度調査会（1964：77-78頁）。

正の必要が認識されていた。具体的には，(1)大都市への弁護士集中，(2)地方の弁護士の過疎と高齢化，(3)若年弁護士の大都市集中，(4)簡裁，地裁支部所在地における弁護士事務所の不存在等であった。

1960年代における弁護士人口偏在性の指標が今日のものと共通しているだけでなく，ほぼ等しい値になっているのは，興味を引く特徴である。すなわち2002年時点での全弁護士数18,851人に対して東京3会所属人数8,949人の占める割合47.5%である[66]。なお，これも，2002年時点の値について計算してみると34%と大差がない。現在も，若年弁護士の大都市集中化および地方弁護士の高齢化が指摘されている。

要するに，弁護士偏在現象は，遅くとも1960年代には問題として認識されていたが，効果的な対策はその後暫くは取られなかったと考えられる。

◆第2節◆ 弁護士偏在現象の原因と対策——1980年代まで

弁護士偏在ないし弁護士過疎という現象の原因は，さまざまに推測されてきた。また，その対策についても各方面から多様な議論が行われてきた。

まず，臨時司法制度調査会意見書では，弁護士偏在現象と地域社会の関係について，以下のような議論が報告されている。

「(問題の審議) 1 (弁護士の大都市偏在化の是正)

弁護士の大都市集中の傾向について，当調査会の審議においては，(イ)『弁護士の大都市集中は，地方には弁護士の取り扱う事務が少ないからであって，比較的小さな都市では，現在以上に弁護士が増加すれば，仕事が少なくなる虞がある。裁判所の所在地にすら弁護士がいないという現象は，地方裁判所の支部及び簡易裁判所をできる限り整理して，地方裁判所において全事件を処理することとすれば解消することができる。』との意見もあったが，これに対しては，(ロ)地方においても，弁護士に対する潜在的需要は，まだ相当大きいものがあり，弁護士が増加すれば，これを開拓する余地があるとの意見が述べら

---

[66] 樫村（2005：168-169頁）の表1を参照されたい。

れ，国民の法意識の向上に資するため，かつ，弁護士の数が少なく，あるいは裁判所所在地に弁護士がいないために期日の指定，国選弁護人の選任等に円滑を欠く場合も生じている現状にかんがみ，弁護士の大都市偏在化を是正する方策を講ずる必要があるとするのが，当調査の支配的見解であった。この問題は，(イ)根本的には法曹の人口の増加によって解決されるべきであるとする意見が強かったが，一方，これに対しては，(ロ)法曹人口の早急な増加は困難であるのみならず，大都市の弁護士人口を飽和状態にすることによって，大都市で生活できない弁護士が地方に行くことになることを期待するのは望ましいことではないとする意見もあった。

弁護士の大都市集中の傾向は，わが国の政治，経済，文化等の大都市中心のあり方に起因するものであるから，弁護士の自由職業的性格を考え合わせると，法的な規制手段をとる等の直接に効果的な方策を見いだすことは困難であるとも考えられるが，一方，弁護士の公的性格及び弁護士法の弁護士自治の理念にかんがみるときは，弁護士自身及び弁護士会によって自主的にこの問題が解決されることが望ましい。この点については，(イ)弁護士の倫理の問題として，また，弁護士会の運営の問題として解決すべきであるとの意見，(ロ)大都市偏在化は，弁護士会の責任で解決すべきものであり，そのためには，日本弁護士連合会で巡回弁護士制度を設け，あるいは，弁護士会が各地域に合同事務所を設けて弁護士が輪番で回っていくこととする等の方策が考えられるとの意見が述べられた。一方，これに対しては，(イ)弁護士の大都市集中の原因となっている社会の実情をかんがみ，弁護士会に自主的な対策を期待するのは無理であって，弁護士強制制度の採用，弁護士活動の地域的制限，弁護士報酬の訴訟費用化及び法律扶助制度の拡充という一連の措置をとることにより，その副次的効果として弁護士の大都市偏在化が是正されることを期待すべきであるとの意見，(ロ)高等裁判所の管轄区域を単位として弁護士活動の地域的制限を行ない，その区域外の弁護士に対しては，この管内の弁護士を通じてのみ依頼しうることとすべきであるとの意見及び(ハ)法律扶助制度を大幅に拡充することにより，各地方の弁護士会に置かれている法律扶助協会の支部の業務を活発なものにすることが望ましいとの意見があった。

また，(イ)地方で開業する弁護士に対する何らかの形における国の施策を考

慮すべきであるとの意見もあったが，これに対しては，(ロ)弁護士の自由職業的性格及び自主性にかんがみると，国の保護を受けるのは弁護士及び弁護士会のあるべき姿として望ましいことではないとする意見及び(ハ)この問題については，まず弁護士会の自発的な対策にまつべきものであり，それがない段階で国において何らかの方策をとろうとすることは疑問であるとの意見が述べられた。」

　以上のように，臨時司法制度調査委員会では，検討の結果，弁護士の大都市偏在化の実情並びに弁護士及び弁護士会の自主独立性にかんがみ，この偏在化を是正するため，地元弁護士会及び日本弁護士連合会において，早急に何らかの自主的な方策を講ずる必要があり，また，国においても，この現象を是正する効果的な対策の有無を早急に検討する必要があるものと認めた[67]。しかし，調査会が全員の一致した意見として決定したことは，きわめて具体性に乏しいものだった。

「一　弁護士の大都市偏在化の是正
　地元弁護士会及び日本弁護士連合会において自主的な方策を講ずることとするほか，国においてもとるべき対策を検討すること。」[68]

　上記のとおり，弁護士偏在是正についての方策の必要性は，弁護士会および国レベルにおいて1964年の臨時司法制度調査会意見書の段階で確認されていたものであった。しかしながら，当調査会以降，両者において具体的施策がとられることはなかった[69]。
　日本弁護士連合会が会員向けに発行している月刊誌「自由と正義」において，

---

[67]　臨時司法制度調査会（1964：81-83頁）。
[68]　臨時司法制度調査会（1964：75頁）。
[69]　自由と正義（1972）23巻8号の巻頭には以下のような記述がある。「弁護士過疎の問題は古くから指摘されながら，今もって解決の糸口さえ見出されていない。弁護士の大都市偏在は年を追うごとに深まってゆく。（中略）過疎地対策は弁護士と弁護士会が解決しなければならない最も多難な問題であり，その遅延や放棄はやがて怖しい結果をもたらすであろう。」

初めて弁護士偏在問題に関する特集「過疎の中での弁護士」が組まれたのは1972年である。1970年代は高度経済成長の結果として，地方における人口過疎化が社会問題となった時期であるが，当該特集は過疎地での窮状を知る弁護士らが現状を他の会員に知らしめ問題意識を喚起するという形態で，正面から弁護士偏在問題を扱うものではなかった。

その3年後，同誌は26巻1月号において「弁護士過疎を考える」として大きな特集を組んだ[70]。所収されている論稿には，偏在についての原因を分析するもの，当時から既に公設事務所構想を提案する意見等もみられる。しかし，これらは，分析ないし構想にとどまり，依然として具体的措置はとられなかった。

このように弁護士過疎問題の深刻さが指摘されつつも，弁護士会や政府によってその対策は真剣にはとられたとはいえない状況が続いた（濱野2007a：24頁）。日本弁護士連合会による偏在問題への具体的対策がとられるのは，1990年代に入ってからである[71]。もっとも，1980年代を通じて，外国法事務弁護士問題，司法書士との職域問題とも関連して，職域防衛あるいは規制緩和対策としての意味ももつ法律相談事業としての取り組みは，緩やかに進展していったといえる。

◆ 第3節 ◆ 弁護士偏在現象の原因と対策——1990年代以降

弁護士会としての偏在問題に対する組織的取組みは，1990年に「司法改革宣言（第1次）」が採択されたこと等の結果として，拡大していった。1993年に日本弁護士連合会により発表された「弁護士ゼロワンマップ」は，地方裁判所の支部単位で弁護士の数が0または1名の地域を明示し，地方裁判所支部203か所のうち弁護士ゼロワン地域が3分の1以上（合計75か所）を占めており，弁護士会内外に対して弁護士過疎を訴える象徴的意義をもつようになった。

---

(70) 自由と正義が再び弁護士偏在問題について特集を組むのは，19年後の45巻7号（1994年）である。
(71) 吉岡（1994：11-12頁）。

1995 年の石見法律相談センターの設置，1996 年の「名古屋宣言」で過疎・偏在対策への宣言がなされ，他の司法改革課題と並んで全国各地での法律相談センター設置やひまわり基金法律事務所設立事業が今日に至るまで推進されてきた[72]。これら弁護士の量的配置を通じての相談事業および弁護士偏在対策事業は，地域住民の法への意識を部分的に好意的に変化させるという成果をあげている（樫村・菅原 2003，菅原 2005）。

　1993 年当時に 50 か所あった弁護士ゼロ支部は，2008 年 6 月に滋賀県長浜市（大江地方裁判所長浜支部管内）に弁護士 1 名が登録したことでゼロ支部が一旦完全に解消された[73]（日本弁護士連合会 2008 b）。日本弁護士連合会は，2007 年から，偏在対象地域（地方裁判所支部の弁護士 1 人あたりの人口が 3 万人以上の地域等）への定着を目的とする弁護士，そのような弁護士を養成する弁護士および事務所に対して，複数のプランからなる経済的・技術的支援を開始している。

　また，2006 年 10 月から日本司法支援センターにより設置されてきた司法過疎地域の法テラス地域事務所（4 号業務対応事務所[74]）は，2012 年 10 月 1 日時点で 32 箇所となった。総合法律支援法第 30 条第 1 項 4 号において，日本司法支援センターの業務として司法過疎対策が法的に明記されたことは，これまで何れかの組織もしくは団体等が遂行すべき業務として規定する法律が全く存在しなかったことに鑑みるとその意義は大きい（阿部 2006，阿部 2007）。日弁連公設事務所・法律相談センターは，ひまわり基金法律事務所と 4 号業務対応事務所の設置によって実質ゼロワン地域を全て解消することを目指しており，両者の適切な役割分担が求められることになる（田岡 2008：10-11 頁）。

---

[72] 日本弁護士連合会および地方単位弁護士会における司法過疎解消に向けた対策については，長岡（2000），田岡（2008）が詳しい。
[73] その後，2009 年 1 月に弁護士ワン地域の弁護士が移転したため，再びゼロ支部が発生した。
[74] 4 号業務とは，総合法律支援法第 30 条第 1 項 4 号「弁護士，弁護士法人又は隣接法律専門職者がその地域にいないことその他の事情によりこれらの者に対して法律事務の取扱いを依頼することに困難がある地域において，その依頼に応じ，相当の対価を得て，適当な契約弁護士等に法律事務を取り扱わせること。」である。4 号業務対応事務所とは，司法過疎解消のために設置された法テラス地域事務所であり，スタッフ弁護士が常駐している。

一方で，弁護士過疎という現象が問題として出現した経緯は，その需要側によってではなく，主に弁護士や法理論家によって顕在化したといえるであろう[75]。司法過疎現象が生じている現場では，弁護士サービスの需要を求める声があったと報告されている。しかし，それが法的なサービスの利用者／消費者である国民にとって重要な問題であると表面化するには至らなかった[76]。わが国，とりわけ地方での法文化，法意識という観点から推察するに，法的なサービスが必要であり不足しているとはみとめられても，それが村落地域においての医療・教育サービス確保と同様に生活インフラとして必要なもの，そしてそれが「過疎」であると認識されていたかは不明である。法律家不在対処の実態について把握がなされる必要があろう。

◆ 第4節 ◆ 弁護士偏在の原因と解消施策

弁護士の大都市集中化への要因については従来からさまざまな仮説が列挙されてきた。整理すると以下のようになろう。第1に，地方にそもそも法的需要がないとする説，あるいは一定の需要はあるが弁護士の経営基盤の成立が見込めないとする説である。第2に，都市部に比較して地方にはあらゆる面で魅力が乏しいとする説である。例えば，堀内 (1994) は，司法試験という競争社会を生き抜いてきた弁護士は，その後も競争社会の中に身をおくことを，子どもの教育問題や多様な文化的社会生活を送る上で選択する価値観を有すると指摘する。事実として，おもに若手弁護士を中心に弁護士としてのキャリア形成から都市部を選択する傾向は強い。これは都市部と地方では扱う案件に差異があ

---

[75] しかしながら，例えば現行のひまわり基金法律事務所は，ひまわり基金という弁護士個人らの負担によって支えられてきた。日本弁護士連合会内の負担金の値上げ等をめぐる議論をみると，偏在問題の責任をめぐり弁護士の中での意識は大きく分かれるようだ。弁護士法において非弁活動を強く取り締まり，それを摘発する立場にたってきた以上，やはり問題責任の一端は弁護士にあることは否めないが，一方で，これまで日本弁護士連合会および地方単位弁護士会が実施してきた弁護士サービスの量的配置諸事業は評価されるものといえよう。

[76] 弁護士の地域不均衡について，少なくとも 1970 年代前半までは国民的関心を呼ぶことはなかった（田邨 1975：42 頁）。

第4節　弁護士偏在の原因と解消施策

ると言われていることや[77]，現実に地方都市にはイソ弁として勤務可能な事務所数が限られているという就職事情が吸引力に影響を与えているようである。

　対して，弁護士偏在現象を解消する施策については，以下のような意見がこれまでみられた。第1に，法曹人口増員によって偏在が解消に向かう，あるいは現在以上に相当な程度までに解消されることが確かであるとする立場，つまり，現在の人員では非都市部地域には弁護士が行き届かないとする説である。弁護士の大都市偏在が弁護士絶対数不足と無関係でないとするむきや（例えば，住田1994），弁護士絶対数が増えれば完全ではないものの，現在以上に相当な程度までに解消されることが確かであいう立場にたつ石川（1996）等である。

　第2に，偏在問題と法曹人口増員論とを区別して考えるべきとする立場がある。これらは，地方に現実的な弁護士業務の採算性を確立する法的需要があるのか懐疑的であるものも含まれるが，偏在是正には地域に応じた施策を考える必要があるとし，いたずらに数のみを増やしても何の解決にもならないと考える（田邨1975，吉岡1994等）。

　第3に，地裁家裁支部の適正配置と管轄区域の見直しが必要であるという意見がある（藤原1994）。裁判所支部の配置には，人口分布や交通事情等現状にそぐわない部分があり，当事者によっては管轄区域外の支部裁判所がより便利であることもあると指摘される（藤原1994：55頁）。同様な意見は，司法過疎地へ赴任したひまわり基金法律事務所弁護士からもみられるものである（例えば，亀井2007[78]）。

---

[77] 例えば，西田（2007）は，弁護士の人材市場の現場から，都市部大型ローファームでの高度専門化された紛争の担い手の養成とゼロワン地域を解消できる弁護士の確保は全く違う次元の話であり，両者を貫くような共通の人材市場は存在しないと指摘している。他方，筆者が関与してきた司法過疎地における調査では，ひまわり基金法律事務所および法テラス4号業務事務所に赴任した若手弁護士らから，地方であるからこそ都市部では着手できないような「大きな」案件について若手が機会を得ることもある，という意見が聞かれることが少なくなかった。

[78] 亀井（2007）によれば，司法過疎地において，人々は道路等の交通事情からアクセスしやすい環境にある法律事務所へ相談に訪れるものであり，管轄区域という条件は考慮されないものである。

第3章　地域社会における法的支援供給

◆ 第5節 ◆ 地域司法計画

　もともと，わが国では司法に関する事務は国レベルで策定されてきたが，1999年に地方自治法が改正され，司法に関する事務も地方公共団体が行うことができるようになった（地方自治法第2条2，4，11項）。本節では，この変化に対応する弁護士会の新たな取り組みとしての地域司法計画をみることとしよう。

　地域司法計画とは，単位弁護士会やブロック会が新しい司法の基盤づくりを地域で構想し，計画を策定するものである。法曹は「社会生活上の医師」になぞらえられることが多いが，地域司法計画は，まさに医療法にもとづき都道府県が定める地域医療計画（医療法第30条の3）に倣ったものである。地域医療計画は，具体的な地理的状況や交通の便を踏まえ医療圏を設定し，医療圏ごとに必要病床数や石数を割り出すという手法をとっている（佐藤2004：261頁）。

　地域司法計画において課題とされたのは，司法改革の創造的形成として，全国すべての地域において共通の柱を明確に持ち，地域の実情を踏まえた「私たちのまちの司法改革」・地域司法ビジョンを形成することであった。それは，司法制度改革の背骨と輪郭を地域の司法現場から生み出していくことに意義をもつと言われる（脇田2002：29頁）。全国共通の柱とは，①裁判官目標数，裁判所配置，検察官目標数，検察庁配置に係わる制度設計，②弁護士任官，裁判官推薦システムの地域からの構築，判事補の他職経験受け入れ，③裁判員制度，司法運営への市民参加の制度設計と具体化，④司法へのアクセス充実拡大，司法過疎解消（人口集積地含む）の遂行，⑤法科大学院，司法教育等各地域の重点課題の設定，制度設計・具体化である。

　地域司法計画の策定運動は，2000年に京都弁護士会が着手したのを皮切りに，2003年までに全国に52ある単位会のうち49単位弁護士会で地域司法計画が策定された。残りの単位弁護士会もブロック会に情報提供を行い，ブロック会としての地域司法計画を作成する等，実質的に全国の単位会が作成に関与した（間部2006：27頁）。そのため，日本弁護士連合会が呼びかけ単位弁護士会ごとに開始したボトムアップ型の司法制度改革運動ともいうことができる（脇田2002）。

第5節　地域司法計画

　地域司法計画運動は，中央集権的な司法官僚制のもとでは考えられなかった創意的な工夫を以下のようにみせている（脇田2002）。第1に，支部の実情という問題が明らかになったこと，第2に，地域における裁判官数の目標をしめすようになってきたこと，第3に，弁護士数そのものを対象に含めつつあること，第4に地方分権改革の流れの中にある地方自治体との接点を探る試みが各地で積極的に進められていること（脇田2002：28頁）である。多くの地域司法計画で地域における利用者の視点から支部の問題をとりあげているが，とりわけ支部裁判官の増員および支部の配置見直しが各地の司法計画で指摘されている（前田ほか2002）。

　このように，地域司法計画は，中央の視点ではなく，地域において司法の需要と供給のバランスについて現状を分析し改善するための画期的な試みであると評価されよう（佐藤2004）。しかしながら，地域司法計画が総合法律支援法の立法化にあたって関連性をもつことは何らなかった（佐藤2004：271頁）。この点について，地域司法計画運動を推進してきた立場からは，地域司法計画のモデルとなった地域医療計画の前提である医療法に倣い，総合法律支援体制の整備を担うのは国ではなく都道府県を整備主体とすべきであること，また，地域の実情を最もよく知る単位弁護士会がそれと協力して計画を作成し実施することがより効果を発揮するとの指摘がある（間部2006）。

　総合法律支援法では，地方公共団体がその地域における総合法律支援の実施及び体制の整備に関し，国との適切な役割分担を踏まえつつ必要な措置を講ずる責務を有する（第9条[79]）という規定がある。また，地方公共団体は日本支援センターに対してその地域において行われる支援センターの業務に関し必要な協力をすることができる（同法第32条第5項）と規定があるが，都道府県の役割は特に明記はされていない。

　地域司法計画は，2009年末時点で第二期運動期に入り，愛知，横浜，大阪等いくつかの弁護士会は早期に計画を策定した。大阪弁護士会では計画の実践

---

[79] 立法担当官によれば，地方公共団体の責務として総合法律支援の実施および体制の整備が定められているのは，地方公共団体として図るべき住民福祉の中味としても重要な意義を有するものであることによる（古口2005：37頁）。

として労働相談の無料化の取り組みがなされたり，福岡県弁護士会で計画実現のための推進室が設置されたり，九州弁護士連合会では各弁護士会の地域司法計画を冊子にまとめる等，独自の活動がみられる。各単位会の地域司法計画運動の担当者には，個別の課題への対応が十分であればあえて計画を策定する必要があるのか疑問視する声もあるが，第一期司法計画作成後の法的需要の変化に対する現状認識と対応を会内で共有するのは有益であるという意見もみられる(80)。

◆ 第6節 ◆ 法社会学的研究

ここでは日本の法社会学研究において弁護士偏在問題がどのようにとりあげられてきたかを概観し，司法過疎という問題を考える前提を明確にしておきたい。

棚瀬 (1977) は，自身の弁護士研究の先鞭において弁護士偏在問題をとりあげ，統計的手法を用い，それが所得水準の地域間格差等の社会的要因によっては説明のつかないことを明らかにした。棚瀬は，弁護士の大都市における集中が生じた背景を探るにあたって，第1に法的サービスの需給均衡過程という経済学的モデルのみではそれを説明することはできず，社会学，政治学上，考慮すべき諸要因を捨象したものであると指摘し，それらを修正する変数群を2つ提示している。一つは，経済学的干渉であり，弁護士が通常経済学的な動機づけ以外の動機づけ（非経済的な動機付け）を働かせており，それが何であるか，弁護士の供給形態をどのように規定しているかを探求する。次に，訴訟需要によって経済学的動機づけをしめし，それが都市部では高くないことをもって別の動機づけがあるとする。しかし，棚瀬は大都市集中を形成した他の要因を模索することはせず，大都市集中によるポジティブな面に注目し，それが新たな法的需要に結びつくと結論付けている。

小谷 (1988) は，弁護士利用について，ある地方都市住民への面接調査と同市在住の弁護士への悉皆調査をもとに実証研究を行っている。小谷は，弁護士

---

(80) 日弁連新聞 2009 年 431 号 3 面「第二期地方計画運動全国会議」より。

へのアクセスに影響するものとして，「廉潔性」，「親近性」，「信頼性」等と分別し，弁護士利用の少なさを規定している要因の実証的解明を試みた。小谷の研究は，偏在問題を直接扱ったものではなく，調査を実施した場所についても市内の弁護士数が12名ということ以外に明らかにしていないが，本書の問題意識においても多くの示唆を得ることが可能である。

いわゆる「司法過疎」とよばれる現象は，自己の居住地や勤務地等の生活拠点から裁判所や弁護士・司法書士等の司法サービスの供給拠点までの地理的距離が一定以上大きくなり，司法サービス供給可能性が地理的遠隔性のためにある水準以下になる場合に出現する（樫村2006：425頁，樫村2009：2頁）。「司法過疎」という語自体も，おそらく2003年頃から広く用いられるようになり（樫村2007a：4-5頁），対象となる地域についてこれまでにいくつかの研究が報告されてきた（樫村2005, 樫村2006, 阿部2006, 阿部2007, 樫村2007a, 樫村2007b, Yoshioka 2008, 佐藤2008, 樫村2009, 吉岡2009）。

樫村（2005, 2007a）は，弁護士過疎・偏在問題と司法過疎問題とを明確に区別し，司法過疎問題の捉え方を見直した。樫村によれば，都市部への弁護士の集中は司法過疎という問題の源泉の一つにすぎず，従来までの弁護士偏在をめぐる議論は以下の点で問題を含んでいる。第1に，弁護士とならぶ法律専門実務家である司法書士の存在が抜け落ちている点，第2に，集中という現象ではなくその効果に注目すべきである点である。すなわち，弁護士や司法書士が存在していても適切なサービスを供給していなければそれを受けることができないし，法的サービスは供給および需要側の移動によってサービスの享受が達成される可能性を含むからである。

上記までで，弁護士が何故都市部へ集中するのかという背景につき，従来までの議論を整理した。樫村（樫村2005, 樫村2006, 樫村2007a）は，これら従前の議論を総括し，以下のように出発点の見直しをはかる。すなわち，弁護士や司法書士という法律専門実務家が大都市部に惹きつけられ地理的に集中して分布するパターンは現在の社会において自然なことであり，司法過疎化という現象は不可避で自然であると考えざるをえないものである。そして，司法過疎問題とその対策は，不可避で自然な弁護士の都市集中という現象に対立する力をもつ必要があり，司法書士によるサービス提供，実務家の活動状況，法的サ

第3章　地域社会における法的支援供給

ービスの供給側および需要側の移動状況，遠隔通信技術の普及状況等を考慮して動的かつ実質的に捉える必要があると指摘する（樫村 2005：161, 167, 172頁）。

これまでも，法曹人口統制から生じた同業者間の競争排除による当然の帰結として弁護士過疎を捉えるむきや（例えば，高野 2000），それに対して人為的な強い仕組みを必要とする声はあった（六本 2000[81]）。しかし，樫村は，司法過疎現象は通常の意味での地方都市において売り手の自由の行使から生じた社会的被害とみなすべきであると説く（樫村 2005：176頁，樫村 2006：452頁）。

他方で，司法過疎や司法アクセス障害は，過疎地や地方都市だけの問題でなく，大都市部でも存在するものである。例えば，弁護士がひしめく東京を 23 区別の分布にすると，弁護士事務所は中央区，千代田区，新宿区に集中し，足立区，葛飾区といった区には殆ど存在しない（佐藤 2004：258頁）。このような状況を問題視し，市民のニーズに接近し法的サービスを供給するために，各地の弁護士会・弁護士会連合会の支援と協力により，2001年から都市型公設事務所設立の動きが開始した[82]。2012年9月末時点で，全国の中核的都市に設置された都市型公設事務所は15ヶ所であり，なかには刑事事件の受け皿となることを主目的として設立された事務所もある[83]。都市型公設事務所は，地域に基盤をおき，関係機関との連携を強化しようと精力的に活動している。日本司法支援センターのスタッフ弁護士のうち，本庁型対応事務所へと派遣され

---

[81] 六本 (2000) は，偏在是正の前提として法曹人口問題の解決をあげた上で，しかしそれだけでは不十分であるとして，「人為的な仕組み」や「ドイツの分属制に匹敵するような思い切った方策」をとる必要性を述べている。同様にドイツの分属制について言及するものに，石川 (1996)，田邨 (1975) 等。

[82] 2008年の法学セミナー No.637–No.647 では「都市型公設法律事務所　弁護士を待つ人々の中へ」という連載がなされている。

[83] 東京都足立区に東京弁護士会による支援のもと設立された弁護士法人北千住パブリック法律事務所について，前田 (2008) が詳しい。都市型公設事務所が取り組む公益活動は以下のとおりである。①社会的・経済的な理由等により弁護士へのアクセスが困難な地域住民のための法的支援②被疑者国選弁護制度や裁判員制度の実施に伴う刑事弁護の態勢整備と専門性・組織性の向上③過疎地型公設事務所・日本司法支援センターの常勤弁護士の育成と派遣④弁護士任官や判事補等の弁護士職務経験の支援⑤法科大学院学生の臨床教育の支援，等の拠点としての役割がある（日本弁護士連合会 2009：232頁）。

た者の中にも，上記の都市型公設事務所での養成期間を通じて都市型過疎問題解消への問題意識を高め，赴任地の都市部について習得したノウハウを生かした精力的な活動が報告されている[84]。

司法過疎研究は，なお実態解明を主とする記述的と言ってよい段階にとどまっており，理論深化の余地と必要がある。本書では，そのてがかりを「地域」という概念にもとめる。

わが国の法社会学において「入会研究や農村研究等に見られるように，『地域』は重要なテーマで」（名和田 2003 a：1頁）あり，農村等の非都市部を対象とした法社会学的研究はこれまでに多くの重要な理論化のための経験的基礎を作ってきた（第2章第6節で詳述した）。しかしながら，相談プログラムと地域社会との関係を取り扱ったものは少なく[85]，地域別の弁護士研究も僅かである（飯 2007）[86]。

以上の先行研究の状況に鑑み，本書の寄与すべき点は何であろうか。法的支援供給の社会制度を解明するには，中核的な法的支援供給のみならず，行政あるいは地域に基盤をおく民間的団体によって担われる周縁的な法的支援供給にも広く目を向ける必要があるということである。本書は，上記まででみたこれら近年の研究関心に基礎をおきつつ，次の点で独自の寄与を行うことができると考える。

第1に，法的支援供給を，ある地域社会のなかで関連し合いつつ制度化されるものとして総合的に捉えることである。また，地域特性や地理的要因である連続性や隔絶性等を考慮することが，法的サービスの供給に関する法社会学研究において有益であると考える[87]。

第2に，弁護士偏在の解消をめぐっては，1990年代後半から日本弁護士連

---

(84) スタッフ弁護士からの実践報告として，太田（2007），谷口（2007），谷口（2008）等。また，それら法テラス地域事務所における調査分析として，吉岡（2010）がある。
(85) 島嶼地域での具体的な法過程研究の課題をあげ，特定の訴訟事件において島外の弁護士らによって弁護団が結成されている事例にふれ，その社会的過程に着目することが必要だと述べるものに，米田（2004）。
(86) 従来までの法社会学において弁護士研究が非都市部に関心を払うことは少なかったが，弁護士は本質的に都市型職業であることは間違いないため，この研究動向は特に批判すべきものではない（樫村 2005：184頁）。

第3章　地域社会における法的支援供給

合会，地方単位弁護士会によって展開されてきた司法過疎対策事業が弁護士の量的配置を通じて一定の成果をあげた（樫村・菅原 2003, 菅原 2005）。2006 年には公的資金により日本司法支援センターが設立され，業務の主軸となる総合的情報提供が同年 10 月から実施されるようになった。また，総合法律支援の担い手であるスタッフ弁護士が全国に派遣され，2012 年 9 月現在では養成中のスタッフ弁護士も含めると 219 名のスタッフ弁護士が全国に配置されている。しかし，司法過疎対策事業が地域社会にどのような効果を与えているかについては，サーベイの方法によるいくつかの研究があるにとどまる（菅原 2005, 阿部 2007）。本書では，一つの地域社会に考察を限定し，地域社会と法的支援供給の諸制度の間の結合を綿密な参与観察から得られた質的データを検討し，多面的かつ包括的に描き出すことで新たな知見を付加できると考える。

---

(87) 英国では，法的サービス供給をめぐる施策や提言には地域研究に蓄積のある地理学，社会学，社会人類学等諸分野の協働が必要であることが比較的昔から指摘されている（Economides 1982）。

◆第4章◆
〈法的支援ネットワーク〉(1)——既存のサービス

◆ 第1節 ◆ 1999年以前の状況

　法的サービスが十分でない地域に，法律家を配置投入あるいは法的サービス供給機関を設置するにあたって，対象とされるコミュニティにはそれらがなしですまされていたことから，法的サービスを必要としない社会文化的諸条件，代替する紛争処理方法および紛争解決者，ネットワーク等既存の代替的紛争解決システムがあることが予測できる。本調査において異なる聞き取りを統合すると，1999年（法的サービスとしてJ法律相談センターが島内に設置）頃までのJ市においては，法的な相談サービスの実態は以下のようにまとめることができる。

　第1に，ある時期までは地元の弁護士2名が個別の事件受任も可能な業務活動を行っていた——いわゆる実働状態であった——ということである。そして，それに併行するかたちで，現地の司法書士が，無料で法律相談に多岐にわたって応じる等，いわゆる地域法律家の役割を担ってきた。さらに，十数年前から市役所での法律相談が週に1回，無料で提供され続けてきた。

　第2に，J市ではコミュニティ外部からの弁護士調達が，相当な期間にわたってなされていたという事実が明らかになった。おもに本島からの弁護士を利用する層が存在すること，これに対応して，J島内に顧客を有し本島から頻繁に来島する弁護士が一定数いた（現在もなおそうである）という事実である。外部からの法律家往来が生じる背景については第8章で詳述することとし，ここからはJ市内（島内）に存在し利用可能であった主な相談機関におけるサービスについてみていく。

第4章 〈法的支援ネットワーク〉(1)——既存のサービス

◆第2節◆ 市 役 所[88]

　J市役所では法律相談，行政相談，人権相談といった相談サービスが市民に提供されている（第2章表3参照）。いつ頃から始まったかは市役所でも不明であるとのことだが，こうした相談サービスは1970年代頃から実施されてきた。

　毎週水曜日の午前中に地元の弁護士2名が隔週交代で担当している。この2名は，長年にわたってその担当者の地位にあるとのことである。市役所で法律相談が実施されていることは市民に広く知られており，相談が無料であることや地元の弁護士2名による隔週交替制であることも一定程度認知されている。

　市が実施する法律相談は，市役所新庁舎でおこなわれている。相談室は新館1階入口からエレベーターで3階まで上がり，フロアの突き当たりにある市史編集課の隣室である。以前は，市役所庁舎本館1階の市民生活課に対面する部屋で相談が実施されていた。しかし，相談者が来談時に市職員と接触があることや外部から窓越しに見られることが心理的負担になるとのことで，約10年前には相談実施場所が市議会の議題にもとりあげられたという[89]。市の職員は，人口が約4万5千人の島では，相談場所のプライバシーについて配慮が必要だと説明する。

　表5は2003年度の市民法律相談の月別実施状況である。職員によれば，法律相談へ寄せられる相談件数は毎月10件前後である。内容は金銭に絡む問題が最も多いという。しかしながら，詳しい相談内容は相談者の個人情報に該当するため，相談を担当弁護士から相談実施後に相談内容の種別と件数の報告が

---

(88) 本項は，相談事業を掌握する保健福祉部市民生活課において2003年夏と2004年2月から3月にかけて収集した情報が基礎となっている。

(89) しかしながら，現在の相談室へ行き着くまでにもフロアには職員の業務セクションが2,3あり，通路では数名の職員と近距離ですれ違う。廊下には相談を待つ人々が待機する椅子が設置されており，室内の様子が漏れ聞こえる恐れがある等，プライバシーが保持されているとは言い難い。別の調査の機会に，他の法的支援供給者はこの点に関して「場所が利用しにくいですよね，3階の奥で，いろんな所の課を通って。」と述べていた。相談室の配置は特別な配慮が必要な問題であることが確認されよう。利用者側にさらなる改善を求める声があったようで，2006年1月14日付の地元日刊紙には，現在の相談室の早急な改善を訴える記事が掲載されている。

第 2 節　市役所

<表5>2003年度市役所法律相談実施件数（件）＊

	4月	5月	6月	7月	8月	9月	10月	11月	12月	1月	2月	計
損害賠償	0	2	3	1	0	0	2	2	1	2	2	15
借金・保証人	1	2	1	3	4	0	0	1	0	0	3	15
遺産相続	0	0	0	0	2	1	1	0	0	0	0	4
婚姻・離婚	1	1	0	2	0	0	0	0	1	1	1	7
借家借地	1	0	0	4	0	1	0	1	0	1	1	9
戸籍	0	0	1	0	0	0	0	0	0	0	0	1
その他	3	2	2	5	3	7	3	4	4	1	2	36
計	6	7	7	15	9	9	6	8	6	5	9	87

出典：市役所保健福祉部市民生活課から提供された資料をもとに筆者が作成した。
　＊2月末時点での集計値。

あるだけで，市の職員はそれ以上の情報に関知していない。

　数値上では，損害賠償や借金・保証人関係等金銭問題が多い。市役所の法律相談について，担当してきた弁護士らに市役所の法律相談にみられる特徴や変化について尋ねた。20年近く携わっている弁護士B氏によれば，金銭貸借に絡む相談が最近は増加傾向にあるという。それも，消費者金融からの高額借金の返済不能に関するものが多く，親戚間の金銭貸借というのも昔からあるものの純粋な個人の貸金は減少傾向にあるようにみられるという。

　J市によると，「借金・保証人」の相談は，2001年度は9件，2002年度に16件，2003年度には19件（3月末）と増加している。消費者金融の無人店舗の出現にともない多重債務問題が顕著になってきたことと関係があるとみられている。

　市役所にもちこまれる相談には，相談内容の分類や集計方法に差があるため一概には言えないものの，2003年度に限っては下記でとりあげる他の法的支援供給者に比較して，借地・借家問題に関するものがやや多いようにみられる。

　J市は周辺群島を結ぶ船便の基点になっているが，船便の集約化にともない，1938年以降，9つの有人島をかかえるU町の役所がJ市内におかれている。このために，J市外から相談者が訪れることもある[90]。これらの相談者は当然J市民ではないが，市側は"来る者拒まず"と柔軟な姿勢で対応している。

第4章 〈法的支援ネットワーク〉(1)——既存のサービス

市の職員が直接的に住民の相談にのることはなく，開設されている相談窓口を案内している。

職員からの話では，必要性を感じることは多少あったものの，J市では市の顧問として弁護士と契約した経緯はこれまでないということであった。地方自治体と弁護士との関係について，日本弁護士連合会が実施した調査によれば市区レベルの自治体ではおよそ8割が弁護士と顧問契約を締結している（第9章を参照）。

◆ 第3節 ◆ 社会福祉協議会

J市社会福祉協議会（以下，社協）は1958年から活動実績があり，1972年に社会福祉法人として認可され現在に至る。社協の事務所は過去には市役所庁舎や文化会館内におかれていたこともあったが，現在は市街地から車で5分程度の健康福祉センター内の1階奥にある。

社協は「ふれあい相談室」事業として，積極的に相談サービスを展開している。その中で2002年からは法律相談を導入し，さらに急増する消費生活トラブルに対応するために2003年10月からは新たに消費生活相談を実施している[91]。社協の相談サービスの特徴は，すべての相談を総合相談（2001年8月より毎日10時から16時半まで対応）でいったん受けるところにある。表6は，2000年から2002年までの総合相談の集計である。

2001年以降，社協での相談件数は著しく増加した。これは，2001年7月まで総合相談が週に1日のみであったのに，2001年8月より，随時受付可能になったことによる（第1章表4参照）。また，表6からは，社協の総合相談では広範囲に及ぶ相談内容を受け付けていることがわかる。件数が多いものに「障害者」に関する相談があるが，これは社協のふれあい事業に関連して家人を外出させたいという要望や車椅子の貸出，障害児の送り迎え等に関する相談等である。「老人」に分類されているものは，社協実施の給食と移送サービスにつ

---

(90) U町では法律相談等の住民を対象とした相談サービスを定期的には実施していない。
(91) 月に2回の相談日を設け，外部から専門の相談員（県民生活センターにて消費生活相談を担当した経験を有する）を委嘱している。

第3節　社会福祉協議会

いての照会や相談等である。また，社協に寄せられる相談できわめて雑多な内容としては，例えば，趣味に関して草木染めを始めたいと思っているがどこか教えてくれる場所がないか，あるいは，資格取得についての相談といったようなものまでがあるが，これらは「その他」に含まれている。

このように広範囲にわたって寄せられる相談は，社協の専任相談員(92)が単独で受け付けたり，社協で実施する各種相談への振り分けを行ったりして，実際の相談や対応に至るまで処理する。専任相談員が1日あたり対応する相談者は少ない日で3人，多い日で8人程になるという。しかし，相談者が1名であってもその対応に3時間程度も要する案件もある。

また，専任相談員は相談業務の延長として，相談者に対して他の法的支援供給者窓口の紹介や「つなぎ」と表現される案件

＜表6＞社会福祉協議会総合相談実施件数内訳(件)

相談内容／年度	2000	2001	2002*
人権・法律**	7	12	108
生計・クレサラ	17	78	138
年金	1	5	14
職業・生業	0	13	59
住宅	1	18	36
事故	0	5	9
家族	5	35	67
結婚	1	3	1
離婚	3	14	34
財産・相続	2	27	56
児童・母子	8	3	14
児童・父子	1	3	12
教育・青少年	4	23	74
障害者（児）	2	38	125
老人	0	25	72
健康・保険・衛生	10	14	46
医療	6	9	28
精神保健	0	11	46
苦情	2	15	31
地域福祉権利擁護	0	0	1
その他	1	145	184
相談件数（総計）	71	496	1,155

出典：本表は社協より提供された資料をもとに筆者が作成した。　＊3月15日時点の集計値，＊＊DVを含む。

の引き渡しをおこなうことがしばしばある。この場合，実際に相談者を伴って他機関へ赴くこともあるという。例えば，専任相談員は自身の仕事について以

---

(92) 40代女性，嘱託。社会福祉士，応用心理カウンセラー等の資格を有していた。

第4章　〈法的支援ネットワーク〉(1)──既存のサービス

下のように説明をおこなっている。

> 【社協専任相談員からの聞き取り①　Data #1】
> 『ヤミ金は東京の業者が多い。脅迫の電話でこういうのがきたという相談。実際に業者がのりこんでくることはないが，子供の学校，職場に脅迫電話の被害が多い。一般的に警察に行きづらい，直接は電話かけづらいという人が多い。警察に一人で行けないときは同行して，よろしくお願いしますと，預ける。その中で緊急性のあるものは司法書士のI先生へ。警察いくか法律相談へまわすかどうかもここで決める。クレサラは県民センターにもいくが，一杯でこちらへもくる。困っている人達は相談所をはしごするんですね。私たちは余りたらいまわししたくないので，こちらで受けとめて，司法書士の先生が何時何時来るのでその時やりましょうかという。大変じゃない時は私が裁判所へ同行します。借金も離婚や青少年問題に発展していく可能性があるのでそこでぴっととくいとめてやらないと問題がどんどん広がる。』
> （2003年8月21日フィールドノート記録より）

上記のような，相談員が相談者をともなって他機関まで同行するといった手厚い対応は，相談員の熱意によるものであるが，調査地社会の狭小な生活圏域がそれを可能にしている部分もある。社協の事務所から，警察および裁判所のある市街地へは車で5分程度である（調査地は車社会である）。さらに，専任相談員が警務課警部補と密接に〈連携〉関係を築いており，クレサラ問題の処理に関して司法書士I氏との信頼関係が構築されていることも影響を与えている。

社協で行われる法律相談は，毎月第1・3火曜日（13時から16時半まで）であり，地元の司法書士4名が交替で担当している。相談は予約することも可能であるが，直接，相談に訪れてもどちらでもよいシステムになっている。一度の相談日に平均して8人が相談に訪れ，終了時刻は16時半を過ぎるのが常だという。特に，クレサラ問題を多く引き受けている司法書士が担当する日は相談者が多くなる傾向にある。

J市において社協の相談サービスは利用度および認知度ともに抜きん出ているが，その理由としては以下のことが考えられる。

第1に，あらゆる相談を総合的に受け入れ，内容により各種相談（法律・消費生活・女性・子育て支援・高齢者問題等）へと振り分けるシステムをとってい

る。社協では，第2章表3のとおり各種相談日が設定されているものの，随時，あらゆる相談が受け付けられ，相談内容によっての振り分け処理が非常に良く機能していることである。これは，社協専任相談員の資質および社会的関係性（他の連携機関担当者との個人的関係）に負うところが大きい。

　第2に，広報や新聞による案内が継続して実施されていることである。地元新聞紙は，平日は常に社協による各種相談案内を掲載しており，毎週木曜には社協欄が設けられている。また調査地では，旧暦や祭行事等地元の情報を掲載した手帳（『Z手帳』という名前である）が毎年書店で発行され広く利用されているが，その末尾に社協の相談情報が掲載されていた[93]。このような広報は生活に密着した媒体の有効利用であるように考えられる[94]。

　第3に，相談室の配置，レイアウトが考えられる。とりわけ調査地のような小規模地域社会では，相談者にとって来談の事実を他者から見られる，知られることは心理的負担が大きいものである。社協の相談室は事務局とは完全に分離して設置されており，相談室へは建物の裏口から入ることも可能である。相談室の配置について，専任相談員は以下のように述べている。

【社協専任相談員からの聞き取り② Data #2】
　『ここは，玄関から入ると健康増進課だけど［裏口を教えてある］，悩みのある人は挨拶されただけでも，私の悩みを悟られたんじゃないかと帰ってしまうこともあるので。』

（2003年8月21日フィールドノート記録より）

---

(93) 実際に，筆者が社協での相談に同席している際に，手帳の情報欄を見て来所した相談者がいた。例えば，2004年2月17日のフィールドノート記録には以下のような記述がある。
　［相談の結果，消費生活相談につなぐということになり，相談者と相談の上で，2月24日の13時半に予約を入れる。相談者は，手帳を出して予定をメモする。そして，『これ，Z手帳，人からもらったんですが，ここに社協の相談が載っていて（きた），こんなことは人に相談できないから…。』
　と言った。］
(94) 地域社会には固有の情報伝達経路があり，法律相談の情報についてもその効果が利用可能である（米田2007：39-40頁）。例えば，東京都の板橋区では，回覧板という情報網を法律専門家を中心とする異業種合同相談会の広報手段に選んだところ，来談者の増加につながったという事例がある（吉岡2012）。

第4章 〈法的支援ネットワーク〉(1)――既存のサービス

専任相談員は，相談者にとっては相談のため来所するだけのことが負担になることを知っているため，専任相談員以外のスタッフに会ったり見られたりする心配がないよう，電話で相談を問い合わせてきた者には，わざわざ裏口を教える配慮をおこなっている。また，相談という行為にともなう心理的負担を軽減するために，専任相談員は相談者へ「ここ［社協・相談室］へいつでもきていいよ。」という伝え方をしていた。予約というシステムは，相談者にとって効率性を必ずしも意味せず，時に負担になるものである。実際，相談の当日になってのキャンセルや約束の時間に現れない当事者もいる。深刻な問題を抱えている場合は，いつでも自由に相談に行ける場所があるということが支えになるであろう。社協の相談室内は，明るく落ち着いた雰囲気であり，完全な防音環境であった。

第4に，相談が無料提供であることも重要である。この点については第9章で相談の無料性として詳しく論じることとしよう。

◆ 第4節 ◆ 裁 判 所[95]

裁判所（地裁・家裁のJ支部およびJ簡裁）は，市街地中心部の市道（バス通り）沿いに面している[96]。常駐の裁判官は地裁・家裁・簡裁を兼任する1名で，家裁調査官は2名である[97]。

地裁，簡裁とも通常訴訟件数は，2001年4月にひまわり基金法律事務所が設立されて以降，増加傾向にあるといえる。2003年分は7月末時点の集計値であるが，裁判所では通常訴訟について100件は超えるであろうと見込んでいた。

---

(95) 本節は，基礎調査（2003年7月）において，裁判官，主任書記官，家裁調査官の協力を得て，聞き取りを実施し，知り得た情報が基礎となっている。

(96) 司法過疎地であってもいくつかの裁判所支部所在地（例：島根県浜田市，京都府宮津市等）では，裁判所は市街地の目立つ場所に位置し，人々はその所在を比較的良く知っていた。

(97) 裁判官によれば，現状に変化がなければ裁判官増員の可能性はないということであった。他方，調査官は現在2名体制であるが，こちらは将来どうなるかわからないということであった。

第 4 節　裁 判 所

<表7>地裁 J 支部民事事件数（件）*

新規未別 事件別／年度		新　受				
		1999	2000	2001	2002	2003*
民事	通　常　訴　訟	63	90	68	124	50
	人　事　訴　訟	0	3	2	2	0
	手形・小切手訴訟	9	7	7	0	0
	民事・商事・借地非訟	1	1	3	7	0
	保　全　命　令	15	11	28	11	10
	過　　　　　料	36	43	27	23	36
	共　　　　　助	0	0	0	0	0
	執行等（リ）配当	34	62	87	131	95
	（ヌ）不動産等強制執行	16	13	25	22	11
	（ル）債権	61	91	110	126	66
	（ケ）不動産担保権実行	60	46	81	86	32
	（ナ）債権等担保実行	6	2	2	1	1
	破産等　破　　　　　産	32	45	48	82	39
	和　　　　　議	2	0	0	0	0
	民　事　再　生	0	0	1	0	0
	会社更生・整理	0	0	0	0	0
	調停　特　定　調　停	0	0	0	0	0
	そ　　の　　他	1	3	0	0	0
	そ　　　の　　　他	150	126	206	220	102
	総　　　　　　　計	486	543	695	835	442

出典：裁判所より提供された資料にもとづく。　＊2003 年 7 月末時点集計。

　原告あるいは被告に代理人がついている事件は全体の約 5 割である。双方ともに本人のみというケースは少ないとのことであった。破産事件についても増加傾向がみられ，ひまわり基金法律事務所設立効果の影響と考えられる。
　J 市がある沖縄県は，特定調停件数が全国 3 位であるが，裁判所側からみると県民性として破産を回避する傾向があるという。また，離島僻地ゆえに貸金業で東京の業者が相手方である事件では，期日を入れるのが難しいということ

第4章 〈法的支援ネットワーク〉(1)――既存のサービス

<表8>J簡裁事件数（件）*

新規未別 事件別／年度		新　受				
		1999	2000	2001	2002	2003*
民事	通　常　訴　訟	55	59	88	80	44
	手形・小切手訴訟	3	0	0	0	0
	少　額　訴　訟	0	0	0	1	1
	少　額　訴　訟　異　議	0	0	0	0	0
	和　　　　解	1	7	2	5	0
	督　　　　促	357	432	470	572	288
	公　示　催　告	0	2	2	1	1
	保　全　命　令	0	0	0	0	0
	過　　　　料	15	21	10	30	16
	共　　　　助	0	0	0	0	0
	特　定　調　停	0	0	34	318	219
	調　　　　停	70	46	65	26	9
	そ　の　他	256	318	348	390	234
	総　　　　計	757	885	1019	1423	812

出典：裁判所より提供された資料にもとづく。　*2003年7月末時点集計。

であった。

　この地域の特色ある事件としては，地域的にみて目立つ民事暴力や覚せい剤等の事案が少ないことがあげられる。地域性がみられるものとしては，農業法人の倒産やリゾート開発の失敗に関連する事案があったり，観光業が盛んなことから，ホテル・空港内の売店等が当事者となる場合がある。さらには，周辺群島の開発業者対自然保護団体の問題や，今後発生が予想されるものとして空港建設に関する問題がある。

　家族法上の問題について見ると，離婚は訴訟にはいかず調停離婚（協議ではなく）が多い傾向があるという[98]。これは，家の跡取りを失いたくないと考

---

[98] 特に家事の甲類審判事件については司法書士による作成書類が多くみられるとのことであった。

第 4 節 　裁 判 所

＜表 9＞家裁 J 支部事件数（件）＊

新規未別		新 受				
事件別／年度		1999	2000	2001	2002	2003*
家事	審　判　（　甲　）	137	149	135	170	111
	審　判　（　乙　）	7	6	5	4	0
	調　　　　　　停	48	42	54	59	35
	共　助　・　雑	1	5	3	5	4
	総　　　　　　計	193	202	197	238	150
少年	一　般　保　護	97	49	64	92	97
	道　交　保　護	82	58	66	51	37
	成　人　事　件	0	0	0	1	0
	そ　の　　　他	0	0	2	1	0
	総　　　　　　計	179	107	132	145	134

出典：裁判所より提供された資料にもとづく。　＊2003 年 7 月末時点集計。

えるためである。また，どちらか一方には代理人がついているケースが多いという。

　J 市の裁判所では，地域の行事を考えて期日を入れるということをしている。例えば，お盆は旧盆制だが，祭りの時期には裁判期日をいれないといった具合である。集落によっては正月も旧暦で祝う。沖縄県下の離島としてよく J 島と比較される N 島（N 市）では島民（市民）の 95％が地元生まれであるのに比べて，J 市の住民は約 5 割が外来者であるため，外部者に対してさほど排他的ではない[99]。裁判所職員は 2 年で人事異動により入れ替わるが，殆どの住民は標準語が話せるため業務に支障が出るということはない。

　司法過疎地ということで，裁判所側からみても司法書士の活躍は目立つという。破産事件でも裁判でも，司法書士の事務所を経由しているのが多くみられるからだ。また，簡裁代理権を取得する等，数名の熱心な司法書士らの存在を

---

[99] 他方で，観光地であるため住民登録を経ていない長期滞在者の存在が相当数にのぼることが J 市では社会的に問題視されていた。

第4章 〈法的支援ネットワーク〉(1)——既存のサービス

みとめている。
　裁判所側からみて現地で実働する弁護士は，地元で登録している弁護士2名のうちの一人であるB氏とひまわり基金法律事務所弁護士C氏の2名ということである。しかし，弁護士B氏についてはむしろ調停委員としての活動によって裁判所と接点があるようだ。裁判官は赴任後，地元で登録しているもう一人の弁護士であるA氏に会ったことはないらしい。公設事務所弁護士C氏は，庁内でほぼ毎日見かけるという。
　刑事の国選弁護に関しては，担当リストに公設事務所弁護士C氏と地元実働弁護士B氏の2名が名を連ねている。しかし，C氏によれば，国選弁護の依頼は，現在の裁判官が赴任して以降調査時点まで未だないとのことであった。
　少年非行の数は増加傾向であるものの，重大事件はここ2年ほどない。軽微な窃盗であっても親子で呼んで手厚く対応するようにしているという。地元の警察署は，軽微な少額事件でも送致して「流す」ということはしない。送致されれば，裁判所側もちゃんとやる。事件数は，ひまわり基金法律事務所の弁護士が赴任して以降，かなり増加している。
　周辺群島の住民は，交通アクセスの面から裁判所に来ることはかなり難しい。そのため調停事件では，裁判所側がチームを組んで出張することも年に数度ある。そのような場合は，外来者による訪問は目立つため，裁判官も含め服装をラフなものにする等，工夫を要する。島民の自宅を訪問することは絶対に避け，ホテルの部屋や観光地の休憩所等で話を聞くという。
　J市の裁判所には，地域の人々が手続を含めた雑多な相談のために日常的に訪れる。家事相談については「毎日のように押し寄せる」ほどだ。しかし，裁判所職員は，相談者が相当の覚悟をもって相談に足を運んでいることをも感じ取っている。
　基礎調査（第2章表3参照）において，他の司法過疎地の裁判所では「どこにいけば弁護士がいるか」，「弁護士を紹介してもらえるのか」といった相談が持ち込まれることが多いことが観察されていた。J市の裁判所でも同様のことがいえる。法律相談センターおよびひまわり基金法律事務所に対しての聞き取りによれば，その場合，事務官や書記官公設事務所や法律相談センターを個別に案内しているという。裁判所としては正面切って特定の相談サービスや弁護

士を案内するといったことは問題があると考えられているが，人々の窮状に接する司法過疎地の裁判所においては事情が若干異なる。J市に限らず，司法アクセス検討会（2005）の指摘でもみられるように，司法過疎地ゆえの全国的な現象である[100]。

◆ 第5節 ◆ 警　察[101]

　Z郡（Z諸島の全域は，Z郡とJ市からなる）全体を管轄するZ署は市役所庁舎の斜向かいに位置する[102]。住民からの相談窓口は，警務課，生活安全課，各駐在署の3部門に分かれている。警察は住民からの相談に以下の3つのパターンで対応にあたるという。第1が，「指導（アドバイス）」とよばれ，当事者に話し合いを促すものである。第2が，「警告」で，現時点では犯罪になっていないが，このままでは犯罪になる可能性のある場合にその者に対して行う指導である。第3が「事件化」で，刑事事件であれば刑事課，高利貸事件だと生活安全課と内容により割り振る。警察では，第一の「指導」を実施する場合に，相談者へ他の相談窓口を紹介する可能性があることになる。Z署では，おもに消費生活センター，県と市（福祉課）の相談窓口等，弁護士[103]を案内することが多い。また，逆に各法的支援供給者から，事件の扱いとしてどうなるかと

---

[100] 調査時は司法ネット構想の議論途上であったが，2006年に設立された日本司法支援センターによる総合情報提供業務が浸透しつつある現在，裁判所スタッフの対応にも変化がみられるのかは興味深いところである。
[101] 本節は，基礎調査で，現地警察署副署長および警務課係長から聞き取りを実施し，知り得た情報を基礎としている。
[102] 調査地では，法的支援供給者の所在地（アクセスも含め）が利用者や法的支援供給者の担当者等の〈連携〉の達成度および円滑度に影響を与えていることが確認された。例えば，DV問題では市の女性相談室が隣接する警察所との〈連携〉に大変都合が良いが，一方で，県の女性相談所駐在員は市街地からはずれた支庁の建物内に分室があるために，自動車によるアクセス手段をもたない相談者にとって利用しにくくなっていること等である。とりわけDV等緊急避難的なケースがある場合は，相談者（被支援者）にとってアクセスのし易さが重要になる。本調査後，2006年10月にZ署は建物の老朽化による新庁舎建設にともない，市街地中心部から住宅地へと移転している。
[103] 弁護士に対しては「ふる」ことはあっても意見を聞くことはない，ということであった。

第4章 〈法的支援ネットワーク〉(1)――既存のサービス

<表10>警察相談受理内訳（件）*

分類	項目	相談内容	2001	2002※
防犯関係	犯罪予防・迷惑行為	つきまとい行為	7	4
		迷惑電話	11	14
		ペット迷惑	4	0
		その他	28	31
	悪質商法関係		3	1
	環境問題		1	0
	ハイテク関係		1	1
	小計		55	51
民事関係	家屋問題		4	5
	土地問題		5	8
	契約・取引※	金銭・商品貸借	10	24
		職業・雇用関係	1	2
		売買・保険契約等	3	2
		その他	8	13
	損害賠償		1	0
	その他		7	18
	小計		39	72
家事関係	身上困りごと	家庭不和	8	9
		男女間暴力	23	20
		職場・友人等	3	7
		その他	19	12
	結婚縁組問題		1	3
	その他		22	15
	小計		76	66
交通事故	事故	示談・事故証明	1	2
		交通情報	3	3
	その他		0	6
	小計		4	11
刑事	暴力団関係		3	0
	事件関係		16	10
	小計		19	10
上記外・その他			13	35
総計			206	245

出典：本表はZ署より提供された資料をもとに筆者が作成した。＊10月末時点の集計値。※悪質商法は除く。

いう相談が寄せられることも多いという。

警察の相談窓口（警察相談）には，一方の当事者のみが相談にくることが殆どであるという。双方の当事者が揃ってくるということは，話し合いが可能だからである。しかしながら，警察としては必ず双方の当事者から事情を聞くように注意して対応している。話し合いを促し，当事者のみの力で解決が困難であれば他の専門相談機関を紹介する。

このような相談者への対応についてマニュアル等の指針は存在せず，担当者の経験のみが頼りとなる。必要となるのは，事件になるかならないかという事件選別の知識とよろず相談に対応できる良識があることだという。Z署ではベテランの警察官Q氏がこの任にあたっており，すべて一人で対応している。その忙しさは，毎晩，署内にある相談者から話を聞く部屋で寝泊りしているほどだという。Q氏が相談者に対応する時間は案件によってさまざまである。しかし，午前に相

談者が1人，午後に1人であっても「手一杯」になるという。ケースによっては，ある相談者が連日相談に訪れることもある。

相談を受けながら，事件化の可能性の有無についても考える。「事件化できるものはどんどんやる」のだという。相談から刑事告発する場合，傷害・暴行なら刑事課へまわして，被害届あるいは調書をとる流れになる。最近，裁判所との連携で保護命令が1件あったところである。

表10は，2001，2002年度にZ警察署が警察相談で受理したものの内訳である。件数は，相談者1人あたり1件，すべて警察にて受理した案件であり，他機関へまわしたものはカウントしていない。2001年から2002年に限っては，民事関係の相談，特に金銭・商品貸借に関するものに増加がみられる。つきまとい行為等，ストーカーに対する相談は，法施行後，減少している。DVについての相談は継続的にみられるという。Z署では，DVについて「調査地のような島社会で深刻な問題である，背景が複雑」と説明する。DVに関しては，市の女性相談員や県の女性相談所駐在員を中心として密な〈連携〉をとっている。

警察へ寄せられる相談は，事件化はしたくないが「注意」して欲しい（本節冒頭の分類でいうと，「指導」と「警告」の要請にあたる）というものが圧倒的に多い。その場合，相手を呼び出すか，もしくは電話をかけて行う。あるいは電話で「昨日の，殴ったりするのは事件になることだ。」と警告する。Z署では警告にあたる内容も指導というかたちでやることがある。

Z署には，ほぼ集落や島ごとに，交番や駐在所がおかれている。昔は交番駐在でよろず相談を受けていたが現在は機能しなくなったという。それだけでなく，20年のうちに問題が細分化，専門化して警察だけで対応できなくなったものも多いということであった。

◆ 第6節 ◆ 司法書士

J市には8名の司法書士（最年少は40代）が活動している。弁護士が少ない地域において司法書士がその役割を代替していることはよく指摘される。J市においても司法書士は身近な存在として地元住民からの相談に長年にわたって

第4章　〈法的支援ネットワーク〉(1)——既存のサービス

関与してきた。

　業務として主に担う分野は，司法書士によってさまざまである。登記業務を主とするもの，多重債務処理を一手に引き受けているもの，裁判事務や代理業務に比重が大きいものといった具合に，異なっている。2003年7月には，3名の司法書士が簡裁裁判所訴訟代理関係業務の第一次認定を受けた[104]。裁判所についての項で記したように，家事事件，破産事件，裁判で司法書士の事務所を経由した書類が多くみられる等，裁判所においても一部の司法書士の活躍がみとめられる。

　司法書士間で業務上の〈連携〉や勉強会等の交流はみられないという。昨今，J市において多重債務処理に関する案件数は夥しいものであるが，一人の司法書士がほぼ一手に引き受け処理しており，この案件については，「あちらがやっているのでやらない」等の発言が聞かれる。司法書士間で業務のすみわけがあるようである。2004年時点でひまわり基金法律事務所弁護士と〈連携〉関係をとっている司法書士はいないが，時折，個別の案件についての紹介はあるという。

　2002年より4名の司法書士がローテーションで社協における法律相談を担当してきた。相談の流れによっては，可能なものは担当する司法書士が事件として受けることがある。例えば，筆者が見聞きした範囲では，J市およびZ群域では土地に関して未登記問題が多くみられる（群島地域ゆえといわれる）が，法律相談において担当していた司法書士が相談者の事件を（後日，自身の事務所で）個別に受任し調査登記する運びとなった事案があった。また，クレサラ問題については，相談者に，この業務を専門的に行っている司法書士の相談日を案内することもある。しかし，担当の相談日まで時間がある場合は，社協の相談員から司法書士の事務所へと案件を回し引き継がせる（「つなぐ」という）ことも行われていた。いずれも多重債務処理が必要だと判断される場合には，この特定の司法書士事務所で事件として受任されている。

---

(104) この件に関して，地元日刊紙にてZ地域で3名の司法書士が簡裁での法廷活動が可能になったとして報道された〔2003年8月20日Z新聞〕。

◆第7節◆ 人権擁護委員

　2004年時点でJ市には8名の人権擁護委員がいた。人権擁護委員が相談を行っているのは，法務局人権擁護課での週2回の相談（10時から16時）と市役所での月に一度の人権相談（午前のみ開設）である。いずれも委員らがローテーションで担当する。相談料は無料である。

　那覇地方法務局J支局は，裁判所から徒歩2分ほど離れた地方合同庁舎内にある。その2階の登記所の奥に，人権擁護課がある。法務局職員（人権主任）からの聞き取りによれば，このようなレイアウトのためか，相談日以外にも「登記のついでに（こちらへ）回ってくる人」から雑多な相談を受けることがあるという。そういう場合は，相談日であれば，そのまま人権擁護委員につなぎ，そうでなければ裁判所に行くよう案内することが多い。

　通常の相談実施に加えて，年に1度，人権週間に，特設相談および各種人権啓発行事を実施している。また，月1回の特設相談というものも実施している。周辺群島については数の多さから，相談会が2年に1度の開催ということもある。

　さて，人権擁護委員のもとにはどのような相談が持ち込まれているのであろうか。以下は，ある催事で2名の人権擁護委員に対して筆者が聞き取りを行った際の記録である。

【人権擁護委員からの聞き取り① Data #3】
日常的にどのような相談を受けることが多いかについて，女性の人権擁護委員W氏は，金銭貸借，離婚の相談が多いという。金銭貸借は個人間のやり取りであることが多い。その他に，離婚の相談は常に一定数あるという。他方で，男性委員のR氏は，登記関係が多いという。私は，〔法務局が〕土地関係の仕事〔業務〕等をしている関係なのかを訊いた。R氏は，否定し，
『よろず相談なので何でも引き受ける，たまたま自分は登記が多い。』
と言った。
　　　　　　　　　　　　　（2004年2月1日フィールドノート記録より）

　人権擁護委員のもとにもちこまれる相談内容は，委員個人により多岐にわた

第4章 〈法的支援ネットワーク〉(1)——既存のサービス

るようだ。上記のように人権擁護課が法務局登記所内に配置されていることと，男性委員のR氏が登記関係の相談が多いというのは，関係がないと考えられる。R氏によれば，人権擁護委員の元へともちこまれる相談が雑多であるものの，次のような所見も述べている。

【人権擁護委員からの聞き取り② Data #4】
私［筆者］がR氏が雑多な相談内容を引き受けていることを確認すると，ほどなくしてR氏は言い添えた。
『DVや児童虐待の問題等の相談はCAP［＝CAP-J（地名）——本文参照］や隣［本催事会場のDV問題サポート団体のブースを指し］へあがってきても，ここにはあがってこない。』
隣に座っているW氏を見ると，頷いていた。

(2004年2月1日フィールドノート記録より)

上記のように，DVや児童虐待の問題等は人権擁護委員には相談というかたちではもちこまれにくく，それらは，数年前から調査地でも活動しはじめたNPO——「CAP-J（地名）」（CAPは，child assault preventionの頭文字を連ねたもの）や「ハートサポートZ」（DV被害サポート団体）——の元へ多く集まると考えられている。もともと法務局が前提としている人権相談の内容は「毎日の暮らしの中で起こる様々な問題。人権に関する心配ごと，いじめ，体罰，女性・外国人に対する差別問題，家庭問題（親子，結婚，離婚，扶養，財産相続，遺言等），借地借家，近隣，悩みごと等」であり，非常に広範で相談に対応しないものが一見ないほどである。そのような中で，人権擁護委員が上記のように寄せられる相談が限定されていることを感じている点が興味深い。

しかしながら，2003年度に法務局J支局に寄せられた事案のうち人権侵犯事件として処理した件数は29件（前年比8件増）で，そのうち児童虐待が5件，DVが8件含まれている[105]。以下は，別の日に法務局で人権擁護協議会会長T氏に聞き取りの機会を得た折に，このようなDVや児童虐待の人権侵害事案はどのようなルートでもちこまれるのかを質問した場面である。

---

(105) 県全体では318件（前年比39件減）が侵害事件として受理されており，うちDVが33件，児童虐待が112件であった。

第7節　人権擁護委員

> 【人権擁護協議会会長からの聞き取り① Data #5】
> 私［筆者］は，［机上の統計資料に視線を落としながら］児童虐待やDVの相談が法務局にもちこまれるようなイメージをもっていなかったため［また先日の委員R氏からの聞き取りからも］,
> 『このような相談もあるのですね』
> と少し驚きながらT氏に聞いた。
> 『こちらに直接くるということはない。児童相談員が学校区域ごとの担当であり，そちらから連絡がくる。Vさんという方が，［人権擁護協議会］副会長ですが，子供の人権主任相談員をしておられ，詳しい。里親もされているので，この場におられるとよかったのですが。』
> と会長は隣室を指した。ちょうど隣室ではそのVさんという人が相談にあたっている最中だった。
>
> 　　　　　　　　　　　　　　　　　　（2004年3月3日フィールドノート記録より）

　人権侵犯事案として手続が開始するにあたっては，「申告」（法務局職員が受けるものと委員が受けるものがある），「委員通報」，「関係行政機関の通報」，「情報」，「移送」といった事案ルートの区分がある。会長が説明しているのは，「通報」あるいは「情報」ということになろう。DVについては，市や県の女性相談員からの「通報」および「情報」が多く，またJ市では人権擁護委員のうち数名がDV問題サポート団体のメンバーでもあるため，会長以下，迅速な対応が行われているようだ。

　したがって，先のR氏が人権擁護委員へとDV問題が持ち込まれることはあまりないという認識をもっていたことと，人権擁護委員会の記録において一定数のDV問題が見られることの間には，一見しては，矛盾があるようだが，実は，そうではなく，人権擁護委員へのDV問題の持ち込まれる仕方が，委員が他の諸機関やNPO等との間で，社会的紐帯をもっていたり，団体構成員であったりするという事情と結びついているということを反映したものだと見ることができよう。すなわち，ある問題がある対処機関に持ち込まれるかどうかについては，問題の当事者が人権擁護委員会をDVの対処機関と見ているかどうかとは直接には関係なく，対処者が，当事者との接点をどのように持っており，他方で，対処機関との接点をどのように持っているかが，重要であるよう

第4章 〈法的支援ネットワーク〉(1)――既存のサービス

に思われる。

　その意味で，人権擁護委員は市の広報で顔写真とともに氏名および電話番号が公表されていることは興味深い。個人の紛争処理活動は，その個人の知名度や能力により，差が出てくるようだ。例えば，人権擁護委員は「自宅相談」というかたちでも，相談を受けているということだが，会長や副会長をつとめる委員の場合，夜中でも自宅に相談の電話がかかるという。もっとも，人権擁護委員の活動は，紛争に最終的な決着をもたらすというものではなく，むしろ，適切な救済窓口へと相談者を案内することであると考えられている。会長T氏は以下のようにその仕事を説明している。

> 【人権擁護協議会会長からの聞き取り② Data #6】
> 『われわれの務めは，救済する立場ではなく，窓口に案内するということですので，手続の整備や人権啓発に声を上げていきたいと思っています。』
> 　　　　　　　　　　　　　　　（2004年3月3日フィールドノート記録より）

　上記の説明は法務局が人権侵害被害の救済措置として講じる「援助」に対応する。「援助」は，被害の救済・予防のために関係する行政機関や公私の団体を紹介すること，法律扶助のあっせん，法的助言を行うこととされており，全国での侵犯事案処理状況をみてもその大概をしめる[106]。このことは，同様に，既出の人権擁護委員R氏による仕事内容の説明にもみることができる。

> 【人権擁護委員からの聞き取り③ Data #7】
> 人権擁護委員R氏は，人権擁護委員の仕事を「何でも引き受け，相談表に記し法務局へ報告する」と説明した。相談のほとんどについて他機関を紹介するという対応，いわゆる「つなぐ」という処理をおこなうという。
> 　　　　　　　　　　　　　　　（2004年2月1日フィールドノート記録より）

---

[106] 2007年度中に全国で処理された人権侵犯事件21,762件のうち「援助」の措置を講じたものは19,968件（92.1％）と最も多い。措置については，その他に「説示」，「調整」，「要請」，「勧告」，「通告」，「告発」といったものがある。詳細については人権侵犯事件調査処理規程（平成16年法務省訓令第2号）および人権侵犯事件調査処理細則（平成16年3月26日付法務省権調第200号人権擁護局長通達）。

◆ 第8節 ◆ 民生委員・児童委員・「地区プロパー」

　民生委員・児童委員(107)は，区町内単位でまとまった人数の者が任期制でつとめている。各委員が担当地区をもち，氏名，住所，電話番号が顔写真とともに市の広報に掲載されている。個人によって活動範囲や認知度に差があるものの，よろず相談の受け手として雑多な相談事を日常的に扱っている。

　民生委員は地域の居住区に配分して選任されているが，地域の身近な存在としてよろず相談を引き受けることが少なくない。地域の日常生活に深く関与しているため，人間社会関係に精通しており，親戚間の相互扶助的ネットワークに接する機会も多いという。そのような人的つながりのある民生委員から社協へと相談がもちこまれることもある，と社協の専任相談員は聞き取りの際に説明していた。そのような場合，「こういうのがあって法律相談につなげたいんだけど，お願いできる？」というかたちで話がなされ，もちこまれるのだという。

　その他，相談業務を行うことを前提とはしていないが，調査地社会には「プロパーさん」とよばれる存在が比較的良く知られている。正式には「地区プロパー」という市役所委託の活動員（市内に約30人配備，1年の任期制）で，市役所と市民の間で行政事務の推進に携わり，市役所からの通知書の配布をはじめ広報や議会報等市が発行する刊行物の配布を主な業とする(108)。各家庭を訪問してまわるために，その際に相談サービスに関する情報を尋ねられることがあるという。

---

(107) 慣例では民生委員と呼ばれているが，民生委員法で定める民生委員は，児童福祉法第12条第3項によって同時に全て児童委員も兼ねることになっている。
(108) 2007年のJ市の広報には以下のような記述がある。「2月9日，J市より事務の一部を委託されている地区プロパー36名に，市のシンボルマークをデザインしたプロパーバッジが交付されました。地区プロパーは，市の各種事業の広報や納税の督励等，幅広い事務を委託されており，市民と市をつなぐパイプ役としての役割を担っています。交付式で，市長は『プロパーは地域と行政を結ぶ大切な仕事。自信と誇りを持ち協力をお願いしたい。』と述べ，今後の円滑な市政運営への協力を呼びかけました。」

第4章 〈法的支援ネットワーク〉(1)——既存のサービス

◆ 第9節 ◆ 調 停 委 員

　J市の裁判所には，民事につき10名，家事につき11名，全体で20名（兼任1名）の調停委員がいる(109)。調停委員のうち数名はインフォーマルな助言者として雑多な相談を島民から受けている。地元弁護士のB氏が家事調停委員を長年つとめていることや，ある司法書士が調停委員であることは比較的良く知られている。

　本調査において調停委員のインフォーマントを獲得することは難しかった(110)。しかし，このことは，大都市部の調停委員に対して聞き取り調査を実施した経験からも調査地に限ったことではないと考える(111)。

　筆者が接触することができた調停委員（1984年から1990年まで沖縄調停協会J支部長）(112)は地域の名士であり，地域活動における他の要職（自治公民館長，高等学校評議員等）を兼任していた。専門職や地域の要職についている者が調停委員に多く選任されている背景から，調停委員に日常的に相談が持ち込まれるというよりも，地域社会生活のさまざまな局面においてリーダー的立場となる場合が多いがために人々から相談事が寄せられることが自然と多くなるという解釈がより現実に即していよう。

　大都市部から赴任したひまわり基金法律事務所弁護士C氏は，J市の調停委

---

(109) 2002年時点の状況である。
(110) 日本調停協会連合会（2002）の第三章「家事調停委員の心がまえより」には「裁判所外における注意」として，以下のような記述がみられる。「知人から，裁判所外で，例えば『離婚の慰謝料はどの位か』等と尋ねられた場合には，家事調停委員の立場を十分説明した上で回答を差し控えるのが望ましい。知人はおそらく具体的紛争があるから尋ねたものであり，これが調停になった場合，関係者から調停の席上『○○家事調停委員さんが○○万円位が妥当であると言った』等発言し利用されることがあり得る。そのようなことがあると当該事件の解決に支障が生ずるおそれのあるだけでなく，相手方当事者がこれを知った場合には家庭裁判所に対する不信につながるおそれが生じる。」。家事審判法30条,31条についても参照されたい。
(111) 筆者は1999年から2000年にかけて関西圏の調停委員数名を対象として聞き取り調査を実施した。
(112) 当該インフォーマントへの接触は，当初，調停委員としてではなく人権擁護委員としての聞き取りとして協力が得られたものである。

員の（簡裁，家裁ともに）調停実務面における方針の的確さ等，その能力の高さを評価していた。推測するに，調査官とのチームを組む〈連携〉や支部長との密接な協議があるのではないかということであった。調停および調停委員については，第7章にて再びとりあげる。

◆ 第10節 ◆ 地元の弁護士

　前述のとおり，地元にはひまわり基金法律事務所開設以前から登録している弁護士が2名いる。ある時期までは2名ともに個別の事件受任も可能な業務活動を行っていた──いわゆる実働状態であった──。
　そのうちA氏の事務所は市街地の中心にあり，自宅に併設されている。A氏は，事務所での業務を殆ど行っていない。特に，訴訟については一切受けないこととしている。それ以外のデスクワークについては受けることが稀にあるようであるが，事務員等スタッフをおかなくなって相当の期間が経過している。弁護士を必要とするその他の事件がもちこまれた場合は，他の地元弁護士B氏やひまわり基金法律事務所を案内している。
　A氏はB氏とともに，十数年前から市役所での法律相談（週に1回）をローテーションで担当している。そこに持ち込まれる事件についても，受任が必要なものは同様に別の弁護士を紹介するようにしている。
　弁護士B氏の事務所は，市街地の中心から徒歩5分程の住宅街にある。1階が自宅で2階が事務所という造りである。弁護士B氏も，事件をあまり受任しない。時折，自身の事務所にて事件受任することもあるという程度である。
　法律相談センターでの相談担当については，開設当初はB氏のみが相談担当弁護士リストに登載されていたが，ひまわり基金法律事務所の設立以降，いずれも関与してはいない。

◆ 第11節 ◆ その他の助言者

　地域社会における広義の助言供給元として，政治団体や関連事務所にもよろず相談がもちこまれている。ある政治団体には，本島在住の弁護士が定期的に

第4章 〈法的支援ネットワーク〉(1)──既存のサービス

相談をうけもつため来島しているとのことであった。

また，教会のような宗教団体にも住民からの雑多な相談は寄せられている。J市では古くから存在する問題であるDVについては，ある時期まで市街地の中心に位置する教会が駆け込み寺となっていた。現在では，県および市の女性相談員の設置や有志によるDV被害サポート団体の設立による活動等でその役割は減少しつつあるようだ[113]。

居住区単位の地域団体をみると，町内会，自治会については活発であるものの，子供に関する活動がその中心となっている。婦人会について，過去に活動に関わっていた人々の話によれば，現在は実質的な活動は減少傾向にあるという[114]。かつては，隣組的な機能を果たしていたといわれるが，J市において自治会レベルの活動は大きく変化し縮小傾向にある模様であることが地元の人々によってもみとめられた。公民館を中心とした自治活動については本調査の対象としておらず，実態を把握できていない。

その他に，J市の北部農村地帯では，集落単位で結成されている長寿会という存在もある。最北部にある2つの集落は，世帯数が30前後，人口は70人前後で，住民の中には他の離島からの移植者も多く含まれる。市街地へのアクセスは，一日に4本の運行であるバスで片道約1時間半の時間を要する。社協では，集落単位で結成されている長寿会のお年寄りを対象に，月に一度集落の集会所や公民館にて社会福祉サービス（看護師による検診，給食，レクリエーション）を提供している。J市で問題になっていたのは高齢者をねらう悪質商法で，その被害は人口が僅かな島の北端部にまで及んでいた。地元の人々は，牛の競りや模合（第10章第3節で詳述する，ある集落では女性のグループが年金を使って実施していた）の折にも集会所へ結集するため，社協ではそのような機会に合わせて，住民に対しての相談会を実施することができないかを検討していた。

---

[113] 実際のところ，教会の牧師がDV問題サポート団体の設立に関与し，現在も中心メンバーの一人として活動を行っている。次章でも記述を行っている。
[114] DV被害サポート団体の2月の会合では，女性を中心とするその他組織やグループとの〈連携〉の促進が議題の一つとなっていた。その中で，地元の婦人会に母親の立場から児童虐待問題について（DVについては難しいもしれないが）立ち上がってほしいとの要望の声がみられた。

高齢者が集まりやすい生活の場で相談ニーズをすくい上げるという取り組みである。

第 5 章
〈法的支援ネットワーク〉(2)——新規の法的サービスと〈連携〉

◆ 第1節 ◆ 法律相談センター

　J市では司法過疎地として，1999年に単位弁護士会によりJ法律相談センターが，2001年にはJひまわり基金法律事務所が設立されている。これらは，地域社会の内部に以前から見られた相談サービスではなく，外部から新規に配置導入された法的専門相談サービスである。

　J法律相談センターは1999年に沖縄弁護士会によって市街地の中心に設立された[115]。センター周辺には，旧跡，商店，病院が点在するが大半は住宅街であり，地元出身の人々が多く居住している。センターは弁護士常駐型の相談サービスではなく，週に一度の相談日に担当の弁護士が来所する（第1章表4）。相談担当は本島からの弁護士（弁護士会の担当名簿に登載されている弁護士が一名ずつ）とひまわり基金法律事務所弁護士が隔週ごとに担当するシステムとなっている[116]。相談日を除く平日は11時から16時まで業務を行っているが，一名の事務員[117]が電話による相談の予約受付や照会に対応するというかたちで，飛び込みで来る相談者は殆どいない。車で相談に訪れる人のための専用駐車場はないが，センターの入口前に1台分のカースペースがある。

---

[115] 菅原（2005）は，法律相談センターおよび公設事務所設置による調査地への影響および効果について段階的調査を実施し，地域住民の法関連意識について影響を測定している。
[116] 地元の弁護士についてはセンター開設当初は一名のみが相談担当弁護士リストに登載されていたが，公設事務所の設立以降，いずれも関与していない。
[117] 事務員は，月曜から金曜までの11時から16時のパートタイム勤務。2000年に前任者から引き継ぎ，調査時で事務員としては4年目。職に就くにあたって特別な研修等は受けていない。

第5章 〈法的支援ネットワーク〉(2)──新規の法的サービスと〈連携〉

法律相談センターは，ある司法書士の個人事務所に隣接している。司法書士との間で特別な〈連携〉関係があるわけではないが，司法書士の事務所で，隣は弁護士に相談ができる場所だという紹介を受け，そのままセンターへ予約のために立ち寄る者もいるらしい。偶然にもセンターの相談実施日であれば，そのまま相談に入るという運びになることもあるという。

法律相談センターは調査時に開設から5年目を迎えていたが，相談利用や予約に一定の変化が観察されるようになっていた。ひまわり基金法律事務所の弁護士の担当日に予約者が集中する傾向が強まったというのである。第2章第5節(2)でふれたように，筆者は本島の弁護士が担当する相談日にはセンターへ出向き，調査期間中に3名の本島からの弁護士にセンターで聞き取りを行っている。その際の弁護士らの相談実施件数をみると，1件（2月12日），0件（2月26日，当日の朝に予約1件がキャンセル），0件（3月12日）であった。他方で，同時期のひまわり基金法律事務所弁護士による相談実施状況は，1件（2月5日），2件（2月19日），4件（3月5日）である。ここでは，センターの相談担当のため本島から来島した弁護士F氏からの聞き取り記録をみてみよう。

【本島からの弁護士F氏からの聞き取り① Data #8】
私は，まず，前回のセンター担当経験からF氏に話を聞いた。
『4, 5回は来ている。かなりやっている。』
とF氏。私は，事件傾向の有無について尋ねた。
『傾向もなにも，3回続けて相談がないんですよね。』
という返答。さめたような対応はそういうことも影響しているのか，と私は一瞬思う。そして，
『予約，相談ともにゼロという？』
と私は聞いた。
『そう。なので，需要があるのか，そもそも疑問です。』
F氏は，前回までの［聞き取りの］2人の本島の弁護士らとは違い，最初にはっきりと意見を言った。すぐにF氏は鞄の中からファイルを取り出し，
『記憶している限り，私が受けた相談は…。』
と，「J法律相談」と手書きでタイトルが書かれてあるファイルを捲っていく。
『2件だけ。』
と確認しながらF氏は言う。センター開設以降，4, 5回来島して，全体でたった2件の相談だという。ファイルには，A4用紙が4枚綴じられている。私は，

第 1 節　法律相談センター

　その 2 件についてどのような特徴があったか相談内容を聞いた。
『特徴というか。1 件は本土からの観光客，もう 1 件は同じく本土から一時的に滞在している人間を相手方とするもの，ですね。』
と F 氏はファイルの記録を見ながら答える。しばし沈黙。私は考えて，
『いずれも島外の人間が介在した事案ということで，J 市の住民からの需要は果たしてあるのか，ということでしょうか。』
とおそるおそる聞いた。F 氏の表情が少しだけ和らぎ，
『自分の経験していることからしか言えないわけだけど，そうだね。1 件は別に差し支えないから，あれだけど。時給，広告している値段を見て来島したら違うというもの。もう 1 件は，［少し沈黙］婚約不履行。』
と，記録に視線を落としながら言った。

(2004 年 3 月 11 日フィールドノート記録より)

　上記のように，F 氏は自身の相談担当経験から，センターに対する利用者ニーズがあるのかについて懐疑的であった。では，潜在的な相談利用者は，本島から往来するのではなく地域で営業している弁護士による相談担当をより好み選択する傾向にあるのであろうか。

　この点について，ひまわり基金法律事務所弁護士が担当する相談日への相談者の集中傾向について，センターの事務員は偶然性や予約システムからの帰結であることを否定できないという見方をしていた。

　例えば，法律相談センターでは交通事故紛争処理センターより援助を受け，交通事故の相談はすべて無料で実施されている。そして，その相談担当は，ひまわり基金法律事務所弁護士 C 氏に一任するようなかたちをとっていた[118]。また，事務員の話によれば，C 氏の法律相談センター相談担当日にひまわり基金法律事務所に行き，弁護士がセンターにいることを事務員から聞いて，「廻って来る人」が結構いるのだという。また，ひまわり基金法律事務所弁護士が島外への出張に出ている際に，相談センターへと（事務員に案内され）来所する人もいるという。そういう場合，急ぎであれば，直近の担当が本島から

---

(118) センターにおける交通事故相談の傾向は，交通事故が多かった月の翌月は相談件数も増える傾向にあるという。観光地ではあるが，シーズン的に交通事故件数が多い時期というものは特にみられず，交通事故相談の大半は地元の住民間における接触事故等である，ということであった。

第5章 〈法的支援ネットワーク〉(2)──新規の法的サービスと〈連携〉

の弁護士であっても相談予約を入れるということだ。つまり，事務局においては，一概に集中傾向があるとは言えないようであった。筆者は，ひまわり基金法律事務所弁護士Ｃ氏に対しても，集中化傾向について質問を行っている。

【ひまわり基金法律事務所弁護士Ｃ氏からの聞き取り① Data #9】
　センターでの相談による受任率が高いかをひまわり基金法律事務所弁護士Ｃ氏に聞く。
　『高いですね。まず，木曜日に事務所に電話があった場合，センターに行ってもらう。つまり，最初から依頼を検討している人が多いため。そして，どこかで弁護士のローテーションをどうも知っていて，おそらく電話で聞いているようなんですね。場合によっては，こちらにいる弁護士に頼むことを当初から考えている場合が多いようですね。交通事故のみ，無料で私にまわすようになっています。』
　と弁護士Ｃ氏。　　　　　　　　　　　（2004年2月1日フィールドノート記録より）

　上記から確認できるのは，Ｃ氏の担当日に相談件数が増加傾向にある理由としては，相談者が事案について弁護士への継続的な相談・委任を考慮しているがゆえに，ひまわり基金法律事務所の弁護士が選択されているということである。Ｃ氏によれば，Ｊ市に赴任して以来，法律相談センターの担当日で相談者が全くいないということはなかったという。やはり，弁護士が地域に定着することで相談および委任が促進されるという効果は一定程度あるといえよう。

　上記は，2003年度のＪ法律相談センターの有料法律相談の実施件数内訳である。当該年度に限ると，Ｊ法律相談センターにおいて年間を通じて多い相談内容は，クレジット・サラ金，不動産，家事（特に離婚）に関するものである。消費生活トラブルの相談が皆無である理由は，他の法的支援供給者（県民センターや社協）へと流れているということだと推測される。

　同年度の市役所法律相談（無料）と比較すると，全体の実施件数は，市役所の方が多く，月毎の実施件数を比較してもそれほどの差がみられない等，法律相談センターの利用度が特に高いとはいえない。法律相談センターでの相談利用を阻む一般的理由としては，所在地（市街地中心）が人目につきやすいこと，およびセンター内の相談スペースが独立の部屋でないことにより相談者のプライバシー確保が困難であることも考えられる[119]。法律相談センターの相談者

90

第1節　法律相談センター

<表11>2003年度法律相談センター・有料法律相談実施件数（件）*

分類	事件内容 / 月別	4月	5月	6月	7月	8月	9月	10月	11月	12月	1月	2月	計
不動産	土地・建物登記請求	0	0	0	0	0	0	0	0	0	0	0	0
	土地・建物所有権確認請求	0	0	0	0	0	0	0	0	0	0	1	1
	賃貸借・売買紛争	1	0	1	0	0	0	0	1	0	1		4
	土地・建物明渡・収去	0	0	1	0	0	0	2	0	0	0	0	3
	不動産競売	0	0	0	0	0	0	0	0	0	0	0	0
	その他（不動産関係）	2	2	1	0	0	0	1	1	0	0	0	7
損害賠償請求	障害	0	0	0	0	0	0	0	0	0	0	0	0
	医療過誤	0	0	0	0	0	0	0	0	0	0	0	0
	公害	0	0	0	0	0	0	0	0	0	0	0	0
	その他（損害賠償請求関係）	0	2	0	1	0	0	1	0	1	0	0	5
債権・債務	金銭貸借	0	0	0	0	1	2	0	0	1	0	0	4
	売掛金	0	0	0	0	0	0	0	0	0	0	0	0
	売買代金等請求	0	0	0	0	0	0	0	0	0	0	0	0
	手形・小切手	0	0	0	0	0	0	0	0	0	0	0	0
	執行	0	0	0	0	0	0	0	0	0	0	0	0
	保全	1	0	0	0	0	0	0	0	0	0	0	1
	その他（債権・債務関係）	1	1	0	0	0	0	0	0	0	0	0	2
倒産	破産	0	0	0	0	0	0	0	0	0	0	0	0
	民事再生	0	0	0	0	0	0	0	0	0	0	0	0
	任意整理	1	0	0	0	0	0	0	0	0	0	0	1
	その他（労働関係）	0	0	0	0	1	0	0	0	0	0	0	1
クレジット・サラ金	自己破産	0	0	1	1	1	0	0	0	0	1	0	4
	任意整理	0	0	0	0	0	0	0	0	0	0	0	0
	管財事件	0	0	0	0	0	0	0	0	0	0	0	0
	債務不存在	0	0	0	0	0	1	0	0	0	0	0	1
	個人再生	0	0	0	0	0	0	1	0	1	0	0	2
	その他（クレ・サラ関係）	0	0	1	1	0	2	2	3	1	0	0	10
家事	離婚	1	0	3	2	2	1	2	1	2	1	1	16
	親権・扶養・認知	0	0	1	0	0	0	0	0	0	0	0	1
	遺言相続・遺産分割	1	1	0	0	0	0	0	2	0	0	0	4
	その他（身分関係）	0	0	1	0	0	0	0	0	0	0	1	2
知的財産権等		0	0	0	0	0	0	0	0	0	1	0	1
行政		0	0	0	0	0	1	0	0	0	0	0	1
渉外		0	0	0	0	0	0	0	0	0	0	0	0
消費者		0	0	0	0	0	0	0	0	0	0	0	0
民事介入暴力		0	0	0	0	0	0	0	0	0	0	0	0
刑事事件		0	1	1	0	0	0	0	0	0	0	0	2
少年事件		0	0	0	0	0	0	0	0	0	0	0	0
総計		8	7	10	6	6	6	9	8	7	2	4	73

出典：本表は法律相談センターから提供された資料をもとに筆者が作成した。事件内容の分類はセンターでの分類による。　*2月末での集計値。交通事故に関する相談は除く。

第5章　〈法的支援ネットワーク〉(2)——新規の法的サービスと〈連携〉

<表12> 2003年度法律相談センター・利用経緯内訳＊

	4月	5月	6月	7月	8月	9月	10月	11月	12月	1月	2月	計
相談者数（人）	4	5	4	5	4	3	5	4	4	2	4	44
相談件数（回）	8	7	10	6	6	6	9	8	7	2	4	73

出典：本表は法律相談センターから提供された資料をもとに筆者が作成した。　＊2月末での集計値。交通事故に関する相談は除く。

数が全体として想定よりも少ない状況であり，かつ，ひまわり基金法律事務所弁護士の担当日の相談利用が嗜好されるという一定の傾向は，法律相談センターに対する利用ニーズの存否を疑わしくさせるであろう。

　法律相談センターでの相談実施状況のもう一つの特徴は，同一相談内容について継続しての相談利用がみられるということである。表12は，相談案件と相談回数を集計したものであるが，1月・2月を除き各月内で継続して相談を利用している者が相当数いる。このことはセンターでの相談利用の積極的側面と考えてよいかもしれない。調査時点では，センター来所経緯を含めた調査が進行中であったが，この点については次節でふれることにする。

◆　第2節　◆　ひまわり基金法律事務所

　2001年4月に，日弁連ひまわり基金法律事務所事業として，Jひまわり基金法律事務所が設立された。所長として赴任したのは，都市部で長年実務経験のある弁護士C氏である。C氏は，これまで親族や仕事関係において，J市との関係が特にあったということはない。事務所は，移住者が混在する居住区域のバス通りに面している。レンタルビデオ店であったという事務所敷地は，来所者用の駐車場もスペースに十分余裕がある。C氏によれば，広さと人目につきにくい立地に配慮して物件を探したという。地元出身者の女性事務員が事務局を担当し，弁護士の外部者としてのハンディを助けている。

---

(119) Economides (2003) は，移動型の法的サービス供給システムについての調査研究でその設置場所について問題提起している。社会的ネットワークが緊密な（close-knit）地域社会において，人々はゴシップを恐れ，秘密性やプライバシーが確保されない場所へ問題を持ち込みたがらないものだからである。

設立以降，ひまわり基金法律事務所の経営は安定している。その証明として，設立3年目である調査年の2003年は7月の時点で当該年度も日弁連からの援助を必要とはしないことが分かった。経営の安定は，『まだまだ事件の掘りおこしが可能である』という弁護士の言葉からもうかがえるものである。第8章で詳述するが，司法過疎の状況のもとでみられた弁護士依頼のパターンは，島外からの法律家調達という方法であった。この方法は，依頼者側に「つて」や「資力」という条件が備わっていなければならない。このことを背景にするなら，ひまわり基金法律事務所は，そのような条件が備わなかった層に潜在していた依頼ニーズの掘り起こしを可能にしたと評価できる。

　基礎調査時点で，C氏はJ市に定住・定着することを公式に表明していた。下掲は，筆者が設立から3年目をむかえた時点での業務の変化について尋ねている場面である。

【ひまわり基金法律事務所弁護士C氏からの聞き取り② Data #10】
　『今日は4件中2件がキャンセル。キャンセルは多く，待ちぼうけもある。大阪では考えられない。3年目に入り業務の変化ということで，[業務は]徐々に増えているのかな。受任率が高くなった。以前は相談のみが多かったが，徐々に継続の数が増えているという感じである。』
　　　　　　　　　　　　　　　　（2003年8月21日フィールドノート記録より）

　表13の家事相談に限ってみると，相談実施件数は，2年目以降に減じるものの，増加傾向にある。受任件数についても，年を経るごとに増加傾向にある。また，他の相談機関と同様に，ひまわり基金法律事務所によせられる家事事件に関する相談は離婚に関するものが最も多い。

　DVの相談については，ひまわり基金法律事務所弁護士のもとにくるものは少数のようである。これについては，避難施設が本島にしかないので，受け皿がなく対応しきれないこと，深刻なケースでは島外へ避難することしかないことがある。そのため，ひまわり基金法律事務所へ少数の相談がもちこまれても，事件受任に結びつくものがないということであった。

　以下は，ひまわり基金法律事務所弁護士に金銭貸借に関する相談の特徴について訊いた際のデータである。

第 5 章 〈法的支援ネットワーク〉(2)——新規の法的サービスと〈連携〉

＜表13＞家事事件相談実施件数・受任件数 （件）＊

事件別／年次			2001＊ (4.1-12.31)	2002 (1.1-12.31)	2003 (1.1-12.31)
家事事件	相談	相続	7	2	7
		離婚	14	10	14
		親権	1	0	1
		養育費	0	2	1
		その他	3	1（うちDV1）	8（うちDV1）
		計	25	15	31
	受任	相続	2	2	1
		離婚	0	3	6
		親権	0	0	1
		養育費	0	1	0
		その他	0	0	2
		計	2	6	10
総相談件数			230	185	192

出典：本表は公設事務所より提供された資料をもとに筆者が作成した。　＊事務所開設時期は2001年4月である。

【ひまわり基金法律事務所弁護士C氏からの聞き取り③ Data #11】
『多いのは，個別の貸金関係（両サイドから），不動産関係（大小問わず）。他のひまわりに比しても多い。簡裁ではなく地裁の訴額であることが多い。
　貸金業者は受任しない主義である。島の人間関係も多い。事業者の貸金関係。建築業で工事代金が滞っても回収とれないから本訴までいかない。判決とっても払えないので相手をつぶさないで徐々に回収していくかたちが多い。相談は多い。本訴までいく事件はやはり金銭関係，両サイド。』
(2003年8月21日フィールドノート記録より)

　表14は，ひまわり基金法律事務所で実施した法律相談のうち，貸金請求および債務整理に関する相談の内訳である。債務整理には多重債務を含む。貸金請求は連帯保証を含めた単発のものが多く，多重債務は任意整理を若干含んで

<表14>貸金請求・債務整理相談実施件数 ［件（％）］＊

事件別／年次	2001＊ (4.1–12.31)	2002 (1.1–12.31)	2003 (1.1–12.31)
貸 金 請 求	31 (13.5)	28 (15.1)	22 (11.5)
債 務 整 理	24 (10.4)	17 (9.2)	14 (7.3)
総 相 談 件 数	230 (100)	185 (100)	192 (100)

出典：本表は公設事務所より提供された資料をもとに筆者が作成した。　＊事務所開設時期は2001年4月である。

おり，自己破産も少し含まれる。多重債務は司法書士による本人申立特定調停の件数がかなり多く，債務整理に関しては徐々に件数が減少しているという。

　裁判所でも同様な意見が聞かれたが，Ｃ氏によれば，県民性から自己破産を行うことに対する抵抗があるという。相談にあたっていても，破産が借金を踏み倒すことを意味するため嫌がる傾向が強くあると感じるのだそうだ。そのため，破産したいのだがという相談ではなく，なんとか返す方向で債務整理できないかという相談のかたちが多いということであった。

　上記のとおり，多重債務整理，ヤミ金の事件は，本ひまわり基金法律事務所の相談にはなかなかみられないトラブル類型といえる。このことについて，Ｃ氏は以下のように述べている。

【ひまわり基金法律事務所弁護士Ｃ氏からの聞き取り④　Data #12】
『相談内容で，多重債務整理，ヤミ金はある程度あるが，どこかでとまっているようだ。自己破産同廃なら司法書士Ｐ氏のところへ行かれるのも多いよう。』
　　　　　　　　　　　　　　　　（2003年8月21日フィールドノート記録より）

　Ｃ氏はひまわり基金法律事務所へ持ち込まれる案件の状況から，例えば，悪質商法被害等の消費生活トラブルは県の消費生活センター（Ｊ市支庁内にある）が対処の中心となっており対応能力が高いといったように，Ｊ市ではトラブル類型ごとに対処する相談機関のすみわけができていると感じている。

第5章 〈法的支援ネットワーク〉(2)——新規の法的サービスと〈連携〉

◆ 第3節 ◆ 新規の法的サービスと地域社会

　ここでは，新規の法的サービスである法律相談センターへ，相談者がどのような経緯で訪れているのかにつき，2003年度の内訳をみてみよう。

＜表15＞2003年度法律相談センター・利用経緯内訳（件）＊

機関・媒体／月別	4月	5月	6月	7月	8月	9月	10月	11月	12月	1月	2月	計
弁護士会	0	0	0	0	0	0	0	0	0	0	0	0
地方自治体	0	0	0	0	0	1	0	0	1	0	0	2
裁判所	0	0	0	1	0	0	0	0	1	0	0	2
弁護士	0	1	1	0	0	0	0	0	1	1	3	7
知人	0	2	2	1	2	1	0	2	0	0	1	11
消費者センター	0	0	0	0	0	0	0	0	0	0	0	0
電話帳	0	0	4	1	0	2	1	2	1	1	0	12
マスコミ	1	0	1	0	0	0	0	0	0	0	0	2
ホームページ	0	0	0	0	0	0	0	0	0	0	0	0
その他	7	4	2	3	4	3	7	6	1	0	0	37
合計	8	7	10	6	6	6	9	8	7	2	4	73

出典：法律相談センターから提供された資料をもとに筆者が作成した。　＊2月末での集計値。交通事故に関する相談は除く。

　上記表15のセンター来所経緯の内訳をみると，電話帳広告を見ての利用者が一定の人数おり，宣伝効果が一定程度みとめられる。実際，センターの電話帳掲載広告は「弁護士」の欄に比較的大きく登載されており目を惹くものである。交通事故に関しては相談が無料で実施されるということで集計から外されていた（交通事故に関しては警察から法律相談センターへ案内がなされている）。センターの事務員S氏によれば，次のような状況である。

【法律相談センター事務員からの聞き取り① Data #13】
問い合わせをする人や来談者は，弁護士が常駐だと思っているケースが多いという。相談日は木曜だけと告げると，「そこまで待てない，弁護士の紹介できる

> か」と言われることもあるらしい。そのような場合は，ひまわり基金法律事務所と弁護士Ｂ氏［地元出身で以前よりＪ市に登録している弁護士］の事務所を紹介するのだという。どういう伝え方をするのかを聞いた。
> 『ひまわりの方は，日弁連から派遣されて島にきている先生で，3年はいらっしゃいますという伝え方。Ｂ弁護士は，地元の先生という伝え方をします。』
> と，事務員Ｓ氏は言った。　　　　　　　　　　　（2月16日フィールドノート記録より）

　法律相談センターでは電話帳広告を除き，調査時点で特別な広報活動は実施していなかった。本調査では，第2章第6節で記したとおり，調査対象者として法的支援供給者から聞き取ることを目的とし，幸いなことに主要な調査対象のほぼ全てをカバーできたが，中心的な役割を果たしている相談業務担当者でもひまわり基金法律事務所に比べると，法律相談センターの存在を知っている者は少なかった。本調査実施前の2002年11月にＪ市で実施された大量意識調査（6地域調査）では，センターの認知度がひまわり基金法律事務所の認知度を僅かに上回っている[120]（菅原2005）。つまり，短期間の間に，ひまわり基金法律事務所の認知度は法律相談センターを逆転したといえる。法律相談センターやひまわり基金法律事務所といった新規法的サービスの設置後の広報活動の継続実施の必要性については，菅原（2005）においても指摘されているところである。上記のように，弁護士常駐型ではなく週に一度の相談日開設システムであることも，電話帳広告には明確には記されていないためセンターに照会しないとわからない。
　他方，ひまわり基金法律事務所を訪れる相談者はどのような経緯により，辿りついていることが多いのか。相談者の来所経緯について，ひまわり基金法律事務所弁護士Ｃ氏は以下のように語っている。

> 【ひまわり基金法律事務所弁護士Ｃ氏からの聞き取り⑤　Data #14】
> 『大体ワンクッションあって来所する。裁判所で聞いてというのが，意外と多い。Ｚ支庁［沖縄県のＺ支庁内にある県民生活センターのこと］からというのはある。社協はない。警察はほとんどない。警察へいってダメで，他へ行ってとい

---

[120] 無作為による標本（1000人）抽出で無記名郵送方式による実施，回収率は32.2％である（菅原2005）。

第 5 章 〈法的支援ネットワーク〉(2)──新規の法的サービスと〈連携〉

うのはある。裁判所では，事務官あるいは書記官が相談にのって［すぐに］手続にのらない場合にうちへふっているようだ。マスコミで［を通じて］認知度が上がっているとは思えない。徐々にじわじわ関わった人から広がっているという感じ。』
(2003 年 8 月 21 日フィールドノート記録より)

さらに，半年後，筆者はひまわり基金法律事務所弁護士に対して，再び，来所経緯について変化の有無を尋ねている。

【ひまわり基金法律事務所弁護士 C 氏からの聞き取り⑥ Data #15】
　［私は］事務所へ来談者が訪れる経緯についてたずねる必要があることを思い出し，記録しているものがあるかどうか聞いてみた。
　『調べる必要があるが，完全に把握できていないですね。ある程度聞いたりしているが。裁判所に聞いて，法務局，支庁，市役所といったあたりが多い。増えてきたのは，個別の口コミですね。』
　と，C 氏。集計の記録は特にとっておらず，忙しくてそこまでは手がまわらないとのようだ。しかし，内容は夏の訪問時と変化はない模様である。
(2004 年 2 月 10 日フィールドノート記録より)

上記のように，ひまわり基金法律事務所への来所経路は，利用経験者による紹介（口コミ）が多く，一般的な法律事務所における顧客獲得のパターンに比べ特に目立つ特徴はなさそうである。他のいくつかのひまわり基金法律事務所とは異なるのは，J 市では，公的な広報による案内等，行政側からのバックアップを得ることができなかった点である。全国に点在するひまわり基金法律事務所は地元自治体から広報による宣伝活動等バックアップを受けているところが少なくない[121]。例えば，鳥取県は倉吉ひまわり基金法律事務所の開設にあたり，奨励金を出す等，地方公共団体としては初の財政支援を行っている（とっとり県政だより 2003）。J ひまわり基金法律事務所は司法過疎地において弁護士偏在解消のために設立されたが，一般的な法律事務所の顧客開拓パターンをとっている。その背景には，全くの弁護士ゼロ地域ではなく，地元の弁護士

---

[121] 例えば，同時期に設立された北海道女満別市および島根県浜田市に設立された公設事務所は自治体からの手厚い支援があった。全国各地の公設事務所の設立状況がわかるものに，日本弁護士連合会が発行している弁護士白書がある（2007 a）。

98

が市の法律相談担当を長年にわたり務めていたため，新規の公益的法律事務所であるとはいえ，自治体が支援を行いにくかったという事情が関係していると考えられる。

　ひまわり基金法律事務所弁護士によれば，センターにおける相談利用者に対して特別な傾向はなく，ひまわり基金法律事務所への来談者と異なるところはないという。

◆ 第4節 ◆ 〈ネットワーキング活動〉と〈連携〉の諸態様

　法的支援供給は，弁護士や司法書士という法律専門家による専門的助言や助力の提供であることが主であるが，これまで見たように行政により，あるいは地域に基盤を置く民間的団体により，提供されるより周縁的な法的支援供給も重要である。その重要性は，紛争や問題に最終的解決をもたらすという機能よりも，むしろ，社会生活と法的制度を媒介するという機能にある。具体的には，地方自治体で実施される各種相談事業，民生委員，人権擁護委員，調停委員，社会福祉協議会，消費生活センター，NPO等は，弁護士等による中核的な法的支援供給へのアクセス情報を提供し，制度への接触をとりもつ。それらは，時には，簡易な仕方で法的支援供給者に関する情報を提供したり，自主的な仕方でトラブルを解決するための独自の支援を行っている。だが，それらの支援は，他の制度への媒介という機能とともに行われるとき，その側面を最もよく発揮するように思われる。そして，地域社会の法的支援供給は，法専門的なものも，他の専門性をもつものも，相対として，相互に支え合い，支援し合う〈ネットワーク〉を通じて，全体として，地域社会生活から生じる諸法律問題に対処していると考えられる。

　本書では，このような視座から上記のような法的支援供給者の諸相を地域社会の総体的機能ないし現象として，〈法的支援ネットワーク〉として把握する。調査対象たる地域社会においては，〈法的支援ネットワーク〉のメンバー──すなわち法的支援供給者──が，相互の資源を融通しあう相互作用が日常的に見られる。〈ネットワーク〉に属する複数のメンバーが，さまざまな程度と条件において，現実の業務で，あるいは基盤的関係形成の形で，資源を融通したり

第5章 〈法的支援ネットワーク〉(2)——新規の法的サービスと〈連携〉

共有し合うというこれらの活動を，本書では〈ネットワーキング活動〉と呼ぶこととした（第1章第4節参照）。かかる〈ネットワーキング活動〉は，相互協力活動の基盤たる関係性の調整活動である。法的支援供給者が接触し関係性を構築することによって，さまざまな程度と仕方において相互協力が行われることがある。これは，正の〈ネットワーキング活動〉である。他方，支援供給主体のなかには，そうした協力の可能性を狭めることで，〈ネットワーク〉から相対的に独立した活動を選択するものもある。これは負の〈ネットワーキング活動〉と呼ぶことができよう。一般には，〈ネットワーク〉の形成維持にかかわる活動は，相互の協力と独立とを，正負の両方向で調整する機能をもつものであろう。

以上のとおり，〈ネットワーキング活動〉は法的支援を実施しようとする各主体（諸機関）の業務上の正・負の相互作用である。そのうちの正の相互作用，すなわち，法的支援供給者が〈ネットワーク〉を組むことによりさまざまな程度と仕方で相互協力活動の基盤たる関係性の調整を行う活動を，第1章第4節で記したとおり，本書では〈連携〉として扱う。つまり，〈連携〉とは，問題を抱える相談者・依頼者のために，あるいは自らがより良い法的支援供給を行うために，諸法的支援供給者間で関係性を構築し，相互に情報や交換したり専門知識等の資源を融通し合うこと，より大きくは協働して事案を解決していくこと，それぞれの専門の立場から協力していくことである。この〈連携〉について，本節では詳しくみていくこととする。

本調査では，〈連携〉の態様として，以下の3つが観察された。

(1) 情報の共有・交換

法的支援供給者は，案件，その個別の状況，あるいは，ある種の案件に関する知識，その普及・啓蒙活動等について，情報を交換し共有している。

例えば，担当者間の情報共有は，調査地では，消費者トラブルの早期発見や予防において次のような効果を発揮していた。離島である調査地においても，消費者トラブルに関しては大都会由来のものが発生しているということは上述したとおりである。J島の北部は，農村地帯であり高齢者が多く居住し独居者も多い。本調査時の北部では，高齢者を中心として不当に高額な布団や写真集等の商品を販売したり，国際電話やインターネットサイトの利用に関する架空

請求の被害が，多く発生していた。このようなトラブルは，電話帳等や被害者名簿が悪質業者に出回る等，被害者が繰り返し好餌となってしまうことがある。つまり，悪質商法業者が一定の地域や居住層を狙い撃ちにするため，同一地域内に同様のトラブルの頻発や局地的流行が発生する傾向が一定程度みとめられことになる。そのような場合，相談機関に異なる相談者から同様の相談が一定期間に複数寄せられ，〈連携〉によって他の関係機関にこうした情報が共有されることで，被害の拡大を阻止したり，予防的に啓発行事を行ったり，相談会を開催することで被害者を早期に救済するということが可能になる。地域社会を守る上でも，法的支援供給者は，消費者トラブル事例・被害の発生に関して全国的な被害状況のみならず，最新の地域情報に通じていることがのぞましいということである。

(2) 〈つなぎ〉

相談担当者が「つなぎ」と言うのは，法的支援供給者に寄せられたトラブルについて，別の法的支援供給者・専門的助言者による対応がより適当である場合や他機関が支援のための専門性を有すると判断される場合に，①相談者に他の法的支援供給者・専門的助言者を紹介すること，②電話等により先方の法的支援供給者へと事案や相談者についての情報および相談者の訪問可能性を一定程度伝達すること，③相談者に同行し他の法的支援供給者・専門的助言者の元を訪問することを意味する。この〈連携〉は，「つなぐ」や「ふる」，あるいは「なげる」という表現で説明がなされることもあり，これらはほぼ同意である。

次に，「つなぎ」の〈連携〉で行われる同行について，さらに詳しくみてみよう。その形態は2種類のものがある。第1に，相談業務所掌者は，時に，「つなぎ先」の他の法的支援供給者へと相談者に同行するが，これは，相談者が他の法的支援供給者へ出向くことを不安から躊躇する場合や，精神疾患や身体障がい等の補助を必要とする場合に多い。第2に，「つなぎ先」の相談に同席して，相談者とともに助言や手続き上の説明を受ける等して，判断および事務処理能力に衰えがある相談者に対して補助的支援を行うというものがある。J市では法的支援供給者間の立地関係（地理的距離）や生活・通勤圏域にさほど広がりがないため，それぞれの法的支援供給者の元への同行が可能になっていた。

第5章 〈法的支援ネットワーク〉(2)——新規の法的サービスと〈連携〉

さて,ここで,〈連携〉活動の一態様である「つなぎ」のフロー(方向性)に注目したい。「つなぎ」のフローは,片方向と双方向の場合がある。例として,法律専門家と関係機関という対比で〈連携の〉フローをみてみると,片方向であれば,ひとつは,関係機関→法律専門家という流れになる。例えば,法律専門家への案件の依頼をしたり,法律専門家の元へ相談者に同行する,あるいは,連れ添って行くという場合が該当する。逆の方向としては,法律専門家→関係機関という流れになり,例えば,法律専門家から関係機関へ,事案・相談者に関する連絡や依頼があるといったことが該当する。

他方,フローが双方向である場合をみると,関係機関→法律専門家→関係機関という流れで,法律専門家が書類作成や助言のみを提供するといった,必要な処理を施した上で関係機関へ事案を投げ返すといった事例があろう。逆のフローとしては,法律専門家→関係機関→法律専門家という流れで,法律専門家が関係機関から専門的な意見を聞いたり,情報をもらったりするといった場合があろう。つまり,双方向のフローでは,法的支援供給者間で時間及び内容において限定的・単発的な関与(処理)が媒介されるということである。〈連携〉のフローが双方向であることは〈連携〉の維持・再生産を促進する要因のひとつでもある(吉岡2010)。

(3) 協働での事案対応・処理

〈連携〉の第3の態様は,法的支援供給者による多面的な連携,協働での事案対応である。例えば,DVや児童虐待案件等の緊急対応が要請される場合に,異なる機関に所属する担当者が,一緒にケースを動かすことが必要となる。複数の法的支援供給者・従事者による緊密で同時進行的な対処を可能にするものは,互いの職域と責任の範囲についての熟知と相互の信頼関係である。

上記の3つの態様が長期にわたり,断続的にせよ,反復継続される場合に,相互の法的支援供給者・従事者間に,より深い〈連携〉が発達してくる。

ところで,調査時点以降のことであるが,日本司法支援センターでは情報提供業務における連携を4段階(①紹介②取次③転送④予約代行)に分け,段階が上がるにつれ緊密度が上昇するとして連携指数を算定している(日本司法支援センター2008:31頁)。本調査によれば,そうした連携は,情報提供業務のみならず各法的支援供給者・助言者間にみられるものであるとともに,その緊密度

第 4 節　〈ネットワーキング活動〉と〈連携〉の諸態様

について言えば，(3) 協働での事案対応・処理という〈連携〉態様を可能にする基礎として (1) 情報の共有・交換および (2)「つなぎ」(①事案の紹介②電話連絡等による案内や依頼③相談への同行) が日常的に反復継続されることが必要であるという関係がある。一般的に，関与の仕方は時間と共に変化するもので，最初から協働しての対処は難しく，上記(1)や(2)のような〈連携〉の取り組みが支援者間で蓄積されることによって，(3)の協働的対処ができるようになる。つまり，各ケースでの経験の積み重ねにより，〈連携〉の取り組みに拡がりや深さが出てくるということである。

さらに，協働的対処は，チームで役割分担を行い事案解決のための支援を行うことであるが，関与する時間量や時期別に以下の3つに分けられる。第1に，一定期間，チームのメンバーと並走して返すというものである。例えば，ケースと関わって自らの専門分野の必要な処理を行った上でチームから抜けるという場合があろう。第2に，最初の段階から解決まで一緒に動くという協働もある。最初の段階から法的支援供給をおこなう関係機関とチームとなり解決を目指していくという場合である。第3に，「見守り」という支援も，協働の一形態である。事案が一旦解決した後も，チームで被支援者に関する情報共有を継続して行い必要に応じて支援していくということである[122]。

表1 (19頁) は，本調査の結果にもとづき，各種法的支援供給者・媒体が調査地コミュニティにおいてどのように位置づけられているかを鳥瞰したものである。こうした配置（コンステレーション）は，Ｊ市の地域社会において利用可能な法的支援供給者が相互に作用したり〈連携〉をとったりする際に意識されている[123]。調査地社会に見立てた円の中央に近づくにつれ，法的支援供給者は，トラブルの当事者あるいは他の法的支援供給者との関係で，認知度および活用度が高いというものである。二重線枠で囲まれたものは，地域社会の外部

---

[122] 見守り体制について実践を基に敷衍するならば，地域に密着して日常の支援活動を行っている支援者が懸案事項を発見すれば，法律専門家や福祉職者といった支援者メンバー間に情報伝達がなされ，必要な範囲のメンバーが結集し支援を行っていくこと，また，そのことを相互に確認することが可能な体制といえるであろう。

[123] しかしながら，俯瞰図は個々の〈連携〉関係の有無を筆者が観察し，聞き取ったものを描出したものであり，個々の機関アクターたちに当該図が意識されているとはいえない。また，司法書士以外の隣接業種士に関する実態は把握できていない。

第5章 〈法的支援ネットワーク〉(2)——新規の法的サービスと〈連携〉

からもたらされる専門相談サービス（有料）である。

その表記にあたっては，新参者としての筆者に対し，それぞれの法的支援供給者（応対した組織の代表者／相談業務担当者／専門家本人）が，自らをどのようにプレゼンテーションしたのかをも参考にした。棒状の矢印は，法律専門家の出入（相談担当）をしめす。線状の矢印は，〈連携〉関係があることをしめし，その方向は〈連携〉活動のフローをしめしている。双方向であるものは〈連携〉が密接で深い態様であることをしめし，頻繁なやりとりや事案の協働を行う関係があることをしめしている。

さて，J市における個別の法的支援供給者について主要な〈連携〉を概観しておく。

市（自治体法律相談）は，他の法的支援供給者（新規相談サービスである法律相談センターやひまわり基金法律事務所についても）との〈連携〉関係はなく，市民からの要望があれば，対応した個々の職員の裁量によって，他機関を案内することもあるというレベルである。

県民生活センター，社協，警察の間にはより強い〈連携〉がある。前述したように離島であるJ市においても，悪質業者による架空請求，高齢者狙いの悪質商法等，大都会由来の消費生活トラブルが多発しているが，それらに関する相談への対応として，県民生活センター，社協，警察間の〈連携〉がある。

また，同じくJ市内での深刻な社会問題であるDVに関しては，市の女性相談室（市女性相談員）を中心として，県女性相談所駐在（Z支庁内で勤務する県女性相談員），DV被害サポート団体，社協専任相談員，警察が密接な〈連携〉をとっている。場合によっては，被害者及び加害者のサポートのために県立Z病院（外科・精神科），生活保護あるいは児童がいる場合に福祉事務所との〈連携〉をとる。被害者がJ島外への避難を要する場合，島内の生活圏域は狭小で秘密裏に事を運ぶことが困難なため，加害者の追跡が著しいケース等では警察官らが24時間体制で女性相談員らと連絡をとり，J空港の搭乗口ゲートまで警護に同行する等の行動をとっている。

同じく増加傾向のある児童虐待に関する相談については，家庭児童相談員（市役所福祉課）を中心に福祉事務所との〈連携〉がある。DVが絡むケースも多く，その場合は上記の諸関係機関にも対応を要請する。これらの問題は，相

談の段階では，地域で活躍する民生委員やCAP-J，人権擁護委員等個人のもとへもちこまれることもある。

また，精神病等に関する相談（家族による）が警察には寄せられることもある。この場合は，おもに，警察，県立Z病院（島内で唯一の入院施設併設の精神科）と福祉事務所との〈連携〉がはかられる。

以上をみると，トラブルの類型ごとに〈連携〉が構築されていることがわかる。これは，トラブルへの効果的な対処の必要から，自然発生的に〈連携〉の諸対象が形成されていったことと推測される。対して，第6章でとりあげる，地元警察署が中心となって組織した〈ネットワーク〉に代表される公式的次元での組織・機関を中心とした〈ネットワーク〉は，それ自体としては目立った活動実績がなく，したがって，〈連携〉の諸活動はあまり観察されないものである。反対に，これらのトラブルの類型ごとに形成された〈連携〉はより活動的で可動性に富んだものである。

以上のように，〈連携〉の活動形態は，異業種間で目指される支援活動の内容や範囲，問題類型等によって多様なバリエーションをもちうる。また〈連携〉には方向性のフローや段階的な発展も観察されるものである。本節では，〈ネットワーキング活動〉のうち，正の相互作用である〈連携〉の諸態様をみた。

◆第5節◆ 〈連携〉の意義・効果

本節では，法的支援供給において，支援者間で〈連携〉を図ることの意義と効果について整理することとする。

まず，相談者および支援者間レベルで，〈連携〉がもたらす効果をみてみよう。第1に，相談者にとっては，抱える法的トラブルの包括的解決の可能性が開けるということである。とりわけ司法過疎地等，これまで専門的法的支援が受けられなかった地域では，法律専門家と地域固有の支援ネットワークが接続することで，これまでなしえなかった法的処理を包含する包括的解決への道が整えられるということがいえよう。

第2に，法的支援を行うさまざまな専門支援職者が個々に〈連携〉すること

第5章 〈法的支援ネットワーク〉(2)──新規の法的サービスと〈連携〉

は，相互に異なる専門的視角や処理方法を知ることができ，それぞれの視点の広がりが支援における選択肢の幅を広げ，結果として包括的な解決が見込める[124]。セイフティネットの取り零しを減らすことにつながるため，困難事案にこそ〈連携〉の効があると考えられる。

　第3に，事案の協働処理は，法的支援供給者間に相互に調達可能な社会資源の選択肢を増やすことになり，それぞれの業務負担を軽減しうるということである[125]。お互いの業務負担を軽減しうる，すなわち楽をできるという評価は，とりわけ〈連携〉構造を維持・再生産していく上で強力なインセンティブにもなっている。

　第4に，事案処理や支援結果について各方面から検証をすることが可能である。本来，法律専門家はその業務において孤独であり，常に依頼者の正当な利益を守れたかどうかは自問自答しなければならないが，各方面から正しさの検証をすることができると心理的な支えとなるし（中島 2009），他の法的支援供給者にとっても同様に充足感を得られるもので，業務遂行上の励みとなり，結果として〈連携〉の維持・再生産につながる。

　第5に，支援職間で異なる支援法や面談・コミュニケーション技法にふれ修練する機会になることもあげられる。例えば，法律専門家にとっては，福祉援助者らの対立的場面における柔軟な対応，粘り強いエンパワメント，依頼者への共感の示し方等，依頼者と接する上で参考になるところも多く，法律相談技術に援用可能な部分もある[126]。反対に，福祉援助職者側にとっても，法律家が支援を行う場に同席することを通じて，法的助言・面接技法に親しむ機会を得るということが聞き取りを通じてわかっている。専門領域は異なるものの，人々を支援する職能・立場に同じくあるということで，相互の専門性について

---

[124] 濱野亮教授は，法律家には法的枠組みによって依頼者の話を整理し視野を限局する危険があるため，依頼者の問題をトータルな視点から扱い法的対応に視野を限局せず最も適切と判断される"holistic approach"の必要性を説いている（濱野 2001）。

[125] 〈連携〉の意義の一つとして，佐藤岩夫教授が相補性・互酬性と指摘するものである。東北の司法過疎地域における公設事務所弁護士と相談機関との〈連携〉の観察として，佐藤（2008）がある。

[126] ソーシャルワーカー，心理学者，精神科医等，カウンセリングの専門家と法律家とが，心理カウンセリングの手法を法律相談に応用し，相談者とのより良いコミュニケーション実現のための面接技法と教育方法を紹介するものに，菅原・岡田（2004）がある。

理解を深め，同じ支援者として共感を覚えたり経験の共有へとつながる。この点についても，結果として，支援職の信頼関係の構築や〈連携〉形成・維持へのインセンティブとなる。

次に，より大きな観点として，司法アクセスの側面から〈連携〉の意義をみてみると，2つのことがいえるであろう。第1に，潜在的な支援ネットワークの顕在化，活性化，そして既存支援ネットワークの強化，拡大化がみこめるということである。もちろん，法律専門家がさまざま支援供給者と〈連携〉を図ることにより，新規のネットワークそのものが形成されていくということもあるが，地域に「固有の」支援形態に法律専門家が組み込まれる，あるいは，活発な取組みをおこなっている支援者・関係機関に法律専門家が接続することで，地域社会内部の支援の力が総体として拡大し，支援のネットワークの網の目がより緊密に強固になっていくということがいえよう。換言するならば，人々の司法アクセスへの道筋がより確実に整えられるということである。

第2に，特定の層やトラブル類型への実効的支援につながるということである。例えば，高齢者，障がい者，生活困窮者といった社会・経済的弱者層が抱えるトラブルは，"法的保護の暗黒領域"という指摘もあるほど法的支援がもっとも遅れているところである[127]。また，家族間や隔絶した環境で生じるトラブル，例えば，高齢者虐待，児童虐待，搾取，DV等は問題の隠避傾向があり，本人から相談に持ち込まれることがきわめて少ないという特徴がある。つまり，このような困難・トラブルを抱える人々が，司法アクセスというものを獲得するには，地域社会に密着して活動する福祉職者による「発見」と，法律専門家への「誘導」というものが必要となる。言わば司法アクセスへの道筋が最も険しい層ともいえ，これらの人々やトラブルへの法的支援には，地域における法的支援供給者・ネットワークと法律専門家の「接続」が不可欠だということになる。

以上，本節では〈連携〉を図ることの効果が諸方面においてみとめられ，その取組みを推進することに意義があることを確認した。〈ネットワーキング活

---

[127] 認知症高齢者や精神疾患，知的障がいを抱える人々の法的問題の遅れについて，堀田（2009）。

第5章 〈法的支援ネットワーク〉(2)——新規の法的サービスと〈連携〉

動〉は，日々の法的支援供給活動を通じて，〈法的支援ネットワーク〉を，継続的かつ動的に再構造化するものである。〈法的支援ネットワーク〉がいかにして形成されたり維持されたりするのかについては，次の第6章で詳しく検討する。

◆第6章◆ 〈法的支援ネットワーク〉の形成要因と構造

　第5章では，J市におけるさまざまな法的支援供給者が，個々別々に活動するだけでなく，それ以上に，ネットワークの一員として活動することにより，より効果的な法的支援供給を行っていることを具体的に記述した。こうした法的支援供給活動のあり方は，他の司法過疎地における法的支援供給研究においても見いだされているものである。そこで，一般に，司法過疎地における法的支援は，個々の法的支援供給者に着目するだけでなく，それらのネットワークに着目しつつ理解することが有益であると考える。具体的には，種々の法的支援供給者の間を結合する〈つなぎ〉ないし〈ネットワーク〉という行為ないし機能に着目することができる。本章では，本書でいう〈ネットワーク〉とは何かについてあらためて検討を加え，J市における〈法的支援ネットワーク〉を対象として，公式的ネットワーク構築の仕方および非公式的ネットワーク構築の仕方を記述する。さらに，〈連携〉のなりたちや，相談利用者の評価が〈法的支援ネットワーク〉に作用するありさまを検討していく[128]。

◆第1節◆ 〈法的支援ネットワーク〉の特性

　〈法的支援ネットワーク〉は，一般に，次のような特性をもつと想定する[129]。

---

(128) 本章の第1節から第4節までは，吉岡（2009）を基にした内容となっている。
(129) 守屋（守屋2006，守屋2007）は，法的サービスのネットワーク化の契機として，ネットワークの部分性（必要に応じて問題対応的に試行錯誤的に形成されていること），非公式性（人的関係に依存して形成，運営されていること），任意性（ネットワーク化を通じてサービスを提供することも，そのようなサービスを選択することも各人の自主的判断に委ねられていること）に意味があることを指摘する。

第6章 〈法的支援ネットワーク〉の形成要因と構造

(1) 〈ネットワーク〉の必要性

まず，〈法的支援ネットワーク〉は，法的支援の必要性が認識されることによって形成される。この場合，相談者にとってはそのニーズや問題に対して最適な法的支援供給者へと到達できる可能性をさしあたり高めるということ，また，個々の法的支援供給者にとっては相談者の抱える問題の多面性や複合性からその役割分担や連携が可能になることに意義がある（佐藤 2008: 140-141 頁）。さらに，〈法的支援ネットワーク〉の担当者にとってその有効性は，相談者のたらいまわしを防ぎ適切なマッチング処理や処理機能の集約（ワンストップ・サービス）を実施できるようにし，情報交換による円滑なネットワーク上の処理や機能を高める。

(2) 〈ネットワーク〉の形成——機会と誘引

社会的ネットワークに関する研究によれば，ネットワークの必要性が感じられる場面においても，その形成過程によりネットワークは異なったものになると言われている。異人種間婚姻の形成に関する研究で，一般的なネットワーク形成の要因について検討したブラウとシュウォーツは，顕在的および潜在的関係構成者の数と接触可能性によってネットワーク形成を説明する（Blau & Schwartz 1984）。このブラウらの指摘は，潜在的機会空間の特性に着目するものであるが，人々を他者と関係させる動機付けはさまざまであるから，安田 (2001) が述べるように，主観的誘引も検討する余地がある。

〈法的支援ネットワーク〉の理解にとっては，〈ネットワーク〉の維持と再生産に注目することが重要である。この点については，以上の観点を考慮して，さしあたり，〈ネットワーク〉の目的や構成員が構成員自身によって認識されている仕方——〈ネットワーク〉のアカウント——に注目すべきかと思う。これは，〈連携〉をはかる関係機関リストが一覧表等の形でしめされたり，〈ネットワーク〉の名称，趣意の了解等が文書化されたりするという形で〈ネットワーク〉が認識される。

(3) 〈ネットワーク〉の維持・再生産およびアカウント

ネットワークは，社会的必要性が存在し，それが感じられる場面において機会と誘引を媒介にして形成されると考えられる。本調査の過程においては，さらに，〈法的支援ネットワーク〉が公式レベルと非公式レベルという二つの次

元で形成される可能性を考慮したい。それは，既存の司法過疎地調査で観察された「相談者ネットワーク」の多くは警察や県等の上級行政機関のイニシアティブで形成されており，その具体的態様や機能および活発さは特に統一されておらず地域によって独自性をもっていたためである（樫村 2005：180 頁）。

　筆者は，〈ネットワーク〉形成に着目することにより，J 市におけるその作用について理解を深めることができると考える。以下では，司法過疎地にも潜在的法的支援ニーズが十分に存在しているという既存の研究の知見を前提として，本調査地における〈ネットワーク〉の形成と変容のダイナミズムを具体的に明らかにしていきたい。

◆ 第 2 節 ◆ 公式的次元での既存の提供者による〈ネットワーク〉形成

　本調査では，法的支援供給者相互にみられる業務上の個別の連携やその結集としての〈ネットワーク〉という構造化には，公式レベルと非公式レベルという二つの次元に対応して，二つの動きがみられた。本節では，公式レベルにおける〈ネットワーク〉形成をとりあげる。公式レベルにおける〈ネットワーク〉形成は，既存の法的支援供給者の組織レベルでの取り組みであり，法的トラブルを地域社会の新たな問題として捉えて，既存の法的支援供給者を問題中心の〈ネットワーク〉に組み込もうとする動きが，個々の担当者の任意の行動としてではなく，組織の行動として行われるものである。

　こうした行動は，行政によって行われることが多いが，民間の諸団体・グループが主導する動きであることもある。調査地においては以下の 3 つが確認されている。

　第 1 に，調査地社会に存在する女性を中心とするサポート団体あるいは団体における女性を中心する部局が結集し「J 市女性団体ネットワーク会議」という名称のもと活動を行っている。参画団体は，更正保護女性の会，婦人連合会，商工会議所女性部等地元の 19 団体である。第 2 に，Z 郡の法務局人権擁護課は 2003 年に「Z 地区人権啓発ネットワーク協議会」をたちあげている。人権啓発活動は従来まで国，都道府県，市区町村，公益法人等が，それぞれ独自に実施してきた。しかし，人権問題が複雑困難化・国際化する傾向にある今日，

第6章 〈法的支援ネットワーク〉の形成要因と構造

国，地方公共団体，人権擁護委員組織体及びその他の人権啓発活動を行っている機関・団体等がそれぞれの役割に応じて相互に協力することにより人権啓発活動を総合的かつ効果的に推進しようと〈ネットワーク〉化の動きが生じた。具体的には都道府県レベルとそれぞれの地域ブロックレベルにおいてネットワーク協議会の組織化というかたちで進んでいる[130]。

「Z地区人権啓発活動地域ネットワーク協議会」は，法務局，人権擁護委員協議会，市，隣接する2つの町，福祉保健所，警察署，市福祉事務所の8機関で構成され，調査時点では具体的な活動等はこれからということであったが，現在ではホームページの開設による人権相談所開催の案内，人権啓発活動の紹介等の各種人権関係情報を提供し，啓発活動をより効果的に実施するため構成機関間で意見・情報交換を行っている。

第3に，警察を中心とする〈ネットワーク〉整備化の動きがある。これは警察改革の中で各行政との〈連携〉の必要性が認識されるようになった全国的な動向で，〈ネットワーク〉の体系は各都道府県によって異なる。調査地では2000年頃から強化されはじめ，Z地区相談業務関係機関・団体ネットワーク会議（略称：相談ネットワーク）という名称のもと，地区内における相談業務を受け持つ機関・団体が連絡体制を確立し，住民からの相談に的確に対応することを目的としている[131]。参画する関係機関は，県民生活センター，社会福祉協議会，市役所（生活環境課，市民生活課，福祉保護課，児童家庭課），市女性相談室，県女性相談所駐在（相談員），福祉保健所等であり，行政機関を主とした構成である。当該相談ネットワークはその事務局が警察署警務課におかれ，代表する会長は警察署長となっている。ただし，法律相談に関しての取扱機関は，市民法律相談を管掌している市役所市民生活課が唯一であり，法的専門実務家である弁護士や司法書士，裁判所，法務局といった機関はリストには含まれていない。

---

(130) 早い例としては「東京都人権啓発活動ネットワーク協議会」が東京法務局，東京都人権擁護委員連合会及び東京都を構成員として1998年9月に発足している。人権啓発活動都道府県ネットワーク協議会と人権啓発活動地域ネットワーク協議会の事務局は法務局・地方法務局及びその支局に置かれている。
(131) Z地区相談業務関係機関・団体ネットワーク要綱第一条。

第2節 公式的次元での既存の提供者による〈ネットワーク〉形成

この〈ネットワーク〉は次のようにアカウントされている。上記例のそれぞれの〈ネットワーク〉に参画する団体は一覧表としてリストアップされ，関係機関の担当職員に配布されていた。社協の相談員は，当該リストを見ながら警察を中心とする相談〈ネットワーク〉に関連して，以下のように述べている。

【社協専任相談員からの聞き取り③ Data #16】
『ネットワークがあるのはいい。業務内容を報告して，こういう相談はここへつなげばいいんだとわかる。女性問題は市の女性相談員にすぐつなぐ。児童の場合は，児童相談員に，精神［に関する相談事案］は保健所につなぐ。リストに入っていない司法書士のＩ氏には個人的につなぐ。特に頼りになるのは，市の女性相談員，児童相談員，警察署のＱさん。』

(2003年8月21日フィールドノート記録より)

上掲の相談員は警察を中心とする〈ネットワーク〉のリストを活用しつつも，それに限定することなく，特に頼りになるものとして名前を挙げている個人的な信頼関係を基礎にした〈連携〉関係も利用する。法的支援供給者相互の紹介／案内といった〈連携〉には，窓口に立つ者同士の信頼関係がその利用度や円滑さに影響する。これは，次節でとりあげる個人レベルの取り組みに顕著な側面でもある。

聞き取りを総合すると，実際のところ，警察を核とする〈ネットワーク〉体制というのではなく，個別の相談内容に関して該当する各々の関係部局の個人レベルにおいて〈連携〉が確保されており，ある部分において（DV問題や精神保健問題等）警察が他の行政機関と密接な〈連携〉をとっているともいえるようだ。

警察を中心とする〈法的支援ネットワーク〉化への動きには問題もある。ひまわり基金法律事務所弁護士によれば，刑事事件の場合，警察は権力側，相手方になるのでのぞましくないという評価もあるという。実際，警察等が被害者の立場で相談するのは意味のあることであるが，民事関係の〈ネットワーク〉を作るといっても対応能力が全くないのではないかとのことである。また，実際には警察に相談の窓口があることで相談者のたらい回しの一要因となるとの懸念もある。例えば，一般的にヤミ金問題でも相談にはのるが対応はしないと

いう対応をとる（県警から事件摘発とする指示がある場合は異なるが）。警察はDV問題も他の法的支援供給者へふること等を例に挙げ，相談者に無駄足をふませていることを指摘する。このような問題への対処は，法テラスによる的確な情報提供業務やその前提となる利用可能な法的支援供給者とその〈連携〉構造に関しての情報集約にまかされていよう。

◆ 第3節 ◆ 非公式的次元での業務遂行者による〈ネットワーク〉形成

　J市においては，組織的レベルでの〈ネットワーク〉形成だけでなく，むしろ，それに加えて，個人レベルでの連携〈ネットワーク〉化への取り組みもきわめて重要だと感じられている。個人的な〈ネットワーク〉は，支援者やその組織の担い手たる個人対個人で成立する。それは，組織図や一覧表等の形をとることがなく，趣意や名称についてのアカウントも存在しないのが普通である。非公式〈ネットワーク〉は，相談員らによる個別的な取り組みや「出会い」や「声掛け」を基礎とする。法的支援供給者間の業務の相互紹介関係が代表例であり，相談員あるいは専門家という個人レベルの努力によって構築されたものである。第4章第3節，第6節から第8節で記した，社協相談員と司法書士や消費生活相談員との〈連携〉がそうである。

　非公式の〈ネットワーク〉形成の具体例を示そう。県民生活センターで3年間の在職経験をもつ元消費生活相談員は，相談員就任時に各関係機関に挨拶回りをおこなった。それはセンターの方針ではなくパートナーの相談員と話し合って自主的に行ったものであり，裁判所，法務局，ひまわり基金法律事務所等を訪問し，相談業務担当部局や関係者と「顔つなぎ」をした。このことで，一部の機関については一定の〈連携〉関係が形成された[132]。このように業務に熱心な相談員や専門法律実務家は他業種の法的支援供給者と協力関係を構築しようと自主的に行動をとる。その理由には，日常相談業務への対応に疑問や不安を抱いていたり，より円滑で適切な処理を模索する上での問題意識をもっていたりすることが関連している。

　このような取り組みのなかには，相談業務所掌者や助言提供者間に既に存在していた私的な社会関係性を利用し〈ネットワーク〉構築へと発展するものも

ある。例えば，上述の司法過疎地調査では，小規模都市部においては地域の活動的な年代のリーダーたちの間には学校の同窓であるとか共通の知り合いがいるとか親族であるとかいう機縁や人的結合がかなり重要な資源となっていた（樫村 2005：180-181 頁，J 市における人的結合の実態については第 10 章にて詳述する）。

さて，非公式の取り組みにおいて特徴的なことは，相談者による機関利用評価あるいは法的支援供給者の関係者等との情報交換によって得た事情や評価がその〈連携〉構造に影響を及ぼしうるということである[133]。本調査では前述のとおり，法的支援供給者の相関関係を理解するため，個々の法的支援供給者ごとに他の法的支援供給者の業務をどのようにみているのか，実態をどの程度まで把握しているのか，また，地域社会における位置づけや評価について可能な範囲で聞き取った。それは，該当機関において実際の相談業務を担当（供給）する者に加えて，受付窓口や事務を執り行う者についても聞き取りの対象とすることによってである。その中でわかったのは，相談事案を振り分ける立場にいる者や相談者に応対する窓口に立つ者が，他のさまざまな法的支援供給者に関する比較的多くの情報を相談利用経験者から得ているということであった。それらの情報は，法的支援供給者の諸機能やサービスについての実態，あるいは利用者による評価であったりする。そして，それらの情報は，法的支援供給者の担当者が，随時，情報交換をおこなうことで関係する相談供給媒体に

---

[132] 急増する消費生活相談に対応する生活センター相談員の相談業務の繁忙ぶりについては広く知られるところであるが，この元相談員は当時の日々を振り返り，相談者のために業者と「戦う」ように交渉していたという。そのような相談者への熱心な対応やフォローの基準はセンターで何らかのかたちで示されているものではなく個々の相談員に任されているのだという。この元相談員は，もちろん当事者の自主交渉を消費者教育の意味からも促すことが前提だとしたうえで，県民センターに相談してくる人はそもそも交渉力もない人が殆どであり，高齢者等は，強い態度で話ができないことから，当事者にかわって業者と交渉する機会がかなり多かったのだと説明した。

[133] 守屋（2006）によれば，「法的サービスのネットワーク化」の特徴としての非公式性は，提供される複合的な法的サービスの質がそのサービスの受け手と提供者にも必ずしも自覚的に意識されていないことに問題があると指摘する。すなわち，ネットワーク機能の可視化の必要であり，そうすれば，利用者はネットワークを通じて提供されるサービスの複合性を認識したうえで選択することが可能となるし，ネットワークの構成員である提供者も複合的な法的サービスの質の高度化を自覚的に追求できるからである。

第6章 〈法的支援ネットワーク〉の形成要因と構造

共有されることとなる。

　法的支援供給者に関する評価として聞かれた具体例は次のものである。社協の専任相談員によれば，既出の元消費生活相談員の県民センターで在任当時の体制は評判が良かった，市役所職員，裁判所職員は，それぞれ別の機会に，社協のふれあい相談は随分人気があり相談実施件数も多い，と述べていた。こうした評価については，第4章においても具体例を挙げたものである。

　実態や評価に関する情報の流布あるいは浸透は，人々の機関利用パターンに影響を与える。例えば，ある法的支援供給者は次のように述べる。市役所で提供される，週1回の法律相談が地元の弁護士2名によって交替で担当されていることは，一部の市民には良く知られている。そのため，「心得ている」相談者は，当日の担当の弁護士について市役所へ電話をかけ問い合わせるという。同様のことが，法律相談センター利用者においてもみられるようになったことは前章でふれた(134)。このように，評判にもとづいて利用パターンが相談利用者間で形成される。それだけでなく，相談業務所掌者や助言提供者がそれらについて情報を知った場合，別の新規の相談者に対してその評判や利用方法の情報を提供することもある。相談者の機関利用パターンは利用者間の口コミのみならず，現場の担当者・窓口の職員らによっても伝達されるということである(135)。

　さて，現場の担当者・窓口の職員が相談利用者からどのように諸機関利用の感想，情報，評判を聞くのかについて詳しくみてみよう。本調査で，他機関への案内・紹介業務に関して聞き取りをおこなった際に聞かれた興味深いものに「相談者が戻ってくる」という表現があった。それは，相談者が甲という法的支援供給者へ行き，そこで案内や紹介があった他の乙という法的支援供給者へと実際に相談へ行ったが，ある評価や感想とともに機関・甲へと再びやってくることを意味する。そのような「戻ってくる相談者」が法的支援供給者の担当者に語ることは他の機関利用に伴う不満足感であることが多い。次の元消費生

---

(134) 公設事務所弁護士の定着効果でもある。詳細は（Yoshioka 2007: 28頁）。
(135) 我が国の第一線職員研究において，ストリート・レベルの官僚の概念をめぐる見解は必ずしも統一されてはいないが，職種や業務による区別ではなく市民との相互作用を持つものとして一致している（伊藤 2006）。

第3節　非公式的次元での業務遂行者による〈ネットワーク〉形成

活相談員からの聞き取り記録をみてみよう。Ｘ１とは地域に新規導入された法的専門サービスをさしている。

【元消費生活相談員からの聞き取り①　Data #17】
元消費生活相談員Ｋ氏は相談者にＸ１を紹介しても，県民センターへ戻ってくるケースが多かったという。私は，それは何故かを聞いた。
『Ｘ１さんは話が早いので，言いたいことも充分言えないままに話が終わる。契約書があれば払わなくてはダメだと言われるので，払えないからどうすればいいかの相談はされず，センターへ戻ってくる。』
と，Ｋ氏は言った。　　　　　　　　（2004年2月24日フィールドノート記録より）

　上記例では，多くの相談者が「戻ってくる」ことを通じ，元消費生活相談員のＸ１に対する評価（相談者の力になってもらえないというもの）が形成されていた[136]。
　別の例をみてみよう。法律相談センターの事務員は，相談日が週一度ということから，急ぐ相談者から，他に利用可能な相談窓口を紹介してもらえないかと尋ねられることが多い。事務員に対する聞き取りの最中，他機関（ここでは無料の法律相談を実施している行政機関Ｘ２）を紹介することに話題が及ぶと，以下のように「戻ってくる相談者」について言及した。

【法律相談センター事務員からの聞き取り②　Data #18】
『だけど，Ｘ２の方へ（相談に）行ってまた戻ってくる人もいます。言っていることがわかないまま，終わってしまったという。はっきりわからない

---

[136] 法律相談場面における弁護士と相談者との相互作用について，リプスキー（1986）は弁護士によって来談者が統制される傾向を指摘する。すなわち，法律相談の面談は，情報蒐集を効率化するために予め作成された書式に則るよう来談者を誘導する定型化されたもので，弁護士は来談者の意見に耳を傾けるが議論や質問を遮断するという優越した立場にたつ。リプスキーによれば，このような弁護士の優位性の構造はすべて効率，完全性，およびサービスの名の下に正当化される。他方，法律相談過程における会話構造の分析では，日常会話とは異なり要件（トピック）が自発的に切り出されることは少なく，助言者による促し（トピック開始誘導発話）があって相談者によるトピック呈示がなされるという発話デザインになっている（樫村 2002）。

第6章 〈法的支援ネットワーク〉の形成要因と構造

と言える人はいいんだけど，アドバイスがよくわからないと…。』
（2004年3月15日フィールドノート記録より）

　上掲の2つの例にみられるように，現場の担当者・窓口の職員が他の法的支援供給者を紹介する場合，その紹介した他の法的支援供給者から相談者が「戻ってくる」ということを往々にして経験している。そして，自身が他機関を紹介／案内するといったかたちで，対応した相談者から当該法的支援供給者に関するさまざまな情報を獲得する。しかし，相談業務従事者にとって相談者が「戻ってくる」ことは好ましくない。そのことがある機関について繰り返しみられるようになると，現場の担当者・窓口の職員は相談者が「戻ってくる」ことを回避しようと努める。現場の担当者・窓口の職員は相談者に対して当該法的支援供給者を紹介／案内することを控えるようになり，関係者間の「つなぎ」，「ふる」といった〈連携〉の諸態様が活動として選択されなくなる。現場の担当者・窓口の職員はできるだけ「戻ってくる」相談者を減らそうと試みるからである。

　相談者が異なる複数の法的支援供給者を巡ることは，関係者から法的支援供給者を「はしごする」と指摘されることがある。「はしご」という表現は，シンパシーを含んではいない。これに対して相談者が「戻ってくる」ということは，紹介元である当該法的支援供給者や担当者に対して，相談者が期待を持ち続けていることを意味するので，シンパシーを含む[137]。

◆ 第4節 ◆ 〈法的支援ネットワーク〉の形成における個人の役割

　ネットワーク分析の立場からは，頑強で固定化しているネットワークが好ましいものと考えられている。ネットワークが安定しているあるいは頑健である

---

[137] 法律相談場面の会話分析およびコミュニケーション研究からは，複数の法律相談を連続して訪れるという行動パターンや相談者が複数の助言機会を獲得しようとすることについて，相談者が助言の法的品質に不満足を感じるわけでもなく，また，相談者が事実を十分に伝える能力がないからでもなく，解決に関して自らが抱く考えや計画に照らして助言を受け入れようとするからであると解釈できる（樫村2000）。

第4節 〈法的支援ネットワーク〉の形成における個人の役割

というのは何をもっていうのか。安田（2001）によれば，人々が関係を維持するのは役割の維持であり，特定の個人と関係をもつわけではないという。そのため，ネットワーク内の人々は入れ替わり立ち替わるかもしれないが，役割関係のネットワークはきわめて安定しているという。

この点に関して，さらに安田の主張（安田1997，安田2001）をまとめるならば，ネットワーク分析ではネットワークが変容することをそれが脆弱であると捉え，変化にさらされないネットワークこそが頑健なネットワークであるということになる。しかし，これには，ネットワーク内の行為者が入れ替わる場合，その役割と機能が代替するものによって維持されなければならないという条件がつく。すなわち，ネットワーク分析では役割というものを特定の個人と切り離し，独立して存在するものと考えているようである。これに対して，J市における〈法的支援ネットワーク〉は，より個人としての現場の担当者・窓口の職員に依存する度合が高いように思われる。

本節では，法的支援供給者の〈ネットワーク〉化において現場の担当者・窓口の職員の果たす役割をみることにしよう。法的支援供給者のコンステレーションと呼んだものは，地域における法的支援供給者構造のマクロな様相のみをアカウントするもので，実際の業務遂行のレベルでは，個々の法的支援供給者や専門的助言者に列なる下位の〈ネットワーク〉が重要である。また，そのレベルの〈ネットワーク〉化においては，「つなぐ」や「戻ってくる相談者」等のような，異なる種類のアカウントが用いられる。このレベルにおける〈ネットワーク〉は，特定の分野において関係する相談員や担当者を束ねるリーダー的役割者を中心に形成される〈連携〉である。

実際，本調査の開始時に，ある問題について知りたいということを地元の人に話すと，その分野の中心人物や情報通の存在を教えてくれるということが何度かあった。以下は，J市女性団体会議ネットワークが主催した行事にて，人権擁護委員協議会のブースを訪れ，男女一名ずつの人権擁護委員と対面し聞き取りを開始した時の記録である。

【人権擁護委員からの聞き取り④ Data #19】
私はブースの横に並べられていたパイプ椅子に委員らと向き合って座った。す

第6章 〈法的支援ネットワーク〉の形成要因と構造

ぐに二人は
「『会長』に話を聞くのが1番いい」
と私に言った。昨日，団体紹介の際，マイクを握って話していた男性である。あいにく今日はこちらに現れないという。

(2004年2月1日フィールドノート記録より)

また，同会場のDV問題に関するサポート団体のブース内で，「私」が掲示物を見ながらメンバーの女性2名から説明を受けていた時，次のように言われた。

【女性相談員からの聞き取り① Data #20】
二人は私に
『こっちの人じゃないよね』
と確認するように言った。私は頷き，名刺を出して名乗った。そして，3月半ばまで島にいる目的を話し，調査地のDVの実態について知りたいと言った。
『だったら，Mさんに話を聞いた方がいい。』
と，二人は口を揃えてある人物の名前を言った。どうやら男性からの相談にものっていて，J市ではよく知られた人だという。

(2004年2月1日フィールドノート記録より)

　上掲のデータで言及されている「会長」や「Mさん」は，その専門や所掌する領域の問題について地域社会で最も情報通であり，仲間内でリーダー的役割をつとめていた。そのため，他の法的支援供給者によって，取り扱うトラブル領域を超え目立つ存在として認知される傾向にある。

　他の事例としては，島内でクレサラ・多重債務問題に熱心に取り組み個人レベルでの連携関係を構築している司法書士の存在について，裁判所書記官，裁判官，ひまわり基金法律事務所弁護士が一目置いていた。当該司法書士と日常的に〈連携〉を組んでいる者の中には，筆者に対し，必ず会って話を聞くべきだと助言する人もいた。

　個人レベルの取り組みにおいては，形成あるいは強化された〈連携〉関係やまとまりをなすネットワークの構造がそれを構成する個体の人員の交代によって変容する可能性がある。構成アクターの人的資本に変化が生じるとそのネットワーク構造はそのまま維持されるとは限らず，少なくとも部分的に変容する

可能性がある。これは，任期の定めのある相談員の交代であるとか，ある個人の団体やグループからの離脱であったりすることが多い[138]。特に，主要な役割を果たしているアクターの人員交代は全体構造にも影響を及ぼす可能性が強い。しかしながら，人的交流や役割移動は，J市のような地域社会では，あまり頻繁におこらない。

　本調査では，〈法的支援ネットワーク〉の〈連携〉構造はその行為者の私的な人間関係や資質に少なからず影響を受けていた。しかし，それらの影響は，否定的というよりは，むしろ肯定的なものである。例えば，相談担当者の個人的能力や熱意と社会関係は，社協の総合相談が事件の振り分けにおいて効率的に機能し，全体のネットワークでも重要な役割を果たしていた。

　その反面，各法的支援供給者の現場の担当者・窓口の職員が別の者に交代することは，ネットワーク全体構造の少なくとも一部について確実に変化をもたらす。相談を提供する者が何者であるか，その者の人的資本や社会関係資本によってネットワーク内の当事者間相互関係，〈連携〉の諸態様，情報共有（頻度と範囲）のそれぞれが決定され，そのまとまりとして全体の法的支援供給者ネットワークが再編成されるからである。

◆第5節◆ 〈連携〉の形成と〈ネットワーク〉への参入

　第5章および第6章では，本調査調査時点まででJ市内で調達可能であった相談サービス（法的なものを含む）を，既存のサービスと新規導入された法的専門サービスの，各法的支援供給者が〈法的支援ネットワーク〉を形成するという仕方で活動していると理解できることを説明した。そして本章では，〈法的支援ネットワーク〉がいかに形成維持されているかを検討した。

　ところで，新規法的サービスのひとつである法律相談センターは，個別の法的支援供給者から各担当者レベルでの紹介が多少みられるものの，法的支援供

---

(138) 例えば，消費生活相談員，市女性相談員，県女性相談員，社協相談員は嘱託契約で任期は3年から5年であった（再任が一度認められる場合も）。いずれも重要な役割を担うアクターである。

第6章 〈法的支援ネットワーク〉の形成要因と構造

給者相互の〈連携〉には，深くは組み込まれていない。その理由は，弁護士が常駐でないこと，相談日が週に一日のみであること，隔週で本島からの弁護士が交替で担当しているシステムであるため継続しての相談や事件依頼が難しいこと，ひまわり基金法律事務所の弁護士には当該事務所への利用を選択するのが自然であること等，複数の要因があげられる。また，筆者の視点から特に印象的であったのは，法律相談センターの認知度の低さであった。すなわち，ひまわり基金法律事務所よりも設立時期が2年も早いものの，J市の主要な法的支援供給者の現場の担当者・窓口の職員であっても法律相談センターの存在自体を知らないことがしばしばあった。

他方で，ひまわり基金法律事務所では個別の事案紹介や依頼は時折みられるというものの，隣接業種士と特別な〈連携〉はない。また，交流会や研究会等の機会もないという。行政側が公的な委員会等に弁護士を必要としたり，講師として必要としたりする機会があることが一般的であるが，J市の場合は市外から招聘している模様とのことだ。逆に，行政からの相談がくる場合があるが，公的に弁護士を活用する意識はみられていないという。

地域社会における地理的位置関係が相談者の利用状況や他の法的支援供給者との〈連携〉に影響を与えるものであることは，第9章で詳述する。

このように，新規の法的サービスは，2003年夏から2004年3月時点の調査で上記までにみた〈法的支援ネットワーク〉において深い〈連携〉関係をもちえていない。このことの理由は，さしあたり次のように考えられるであろう。

これまででみたように，地域社会に新しく配置される相談サービスは，その実質的利用者のみならず，既存の類似サービスの供給者からも評価される。それら相談業務の担当者は，相談員という立場や，専門職であれば他の「士業」者であることが多い。また，窓口の職員とは，相談に関する業務の受付や事務作業に携わる人たちを含む。これらの人々は，相談者から相談媒体に関する情報や評価に関わる照会を受けたりもするし，実際に法的支援供給者評価に関わる感想を知り得る機会に接している。そして，既存の相談業務を媒介するさまざまなアクターから認知され，ある種の評価を受ける利用者の感想から機関に対する評価は，協働関係のある他の法的支援供給者のアクターと共有されることがある。

J市の地域社会では，相談業務に携わる人々の連携構造の基礎に地域生活で培われた社会関係性がみられることも少なくないため（第7章の記述も参照のこと），その評価は業務のみならず広く社会生活において取り結ばれる結合関係上でも伝播の可能性をもつ。新規のサービスが既存の〈ネットワーク〉に組み込まれるには，統合的評価が形成された上で，既存の〈ネットワーク〉構成員らによるある種の裁可のようなものが必要となるのではないであろうか。

　では，一般に，〈ネットワーク〉への参入，つまり〈連携〉を形成するには何が必要条件となるであろうか。一つは，〈ネットワーク〉の構成員である機関（個人）との接触機会が，協同関係が築けるかどうかという〈ネットワーク〉参入の契機となることもある（偶然性）。もう一つの手がかりは，サービスの私的性格（とりわけ有料性）をめぐる考え方である。法律相談センターおよびひまわり基金法律事務所が，警察を中心とする〈連携〉の〈ネットワーク〉に組み込まれていなかった。これは，行政主導の〈ネットワーク〉が「公的」な性格のものと考えられ，そこに私的性格のサービスを組み込みにくいという組織上の理由があるかもしれない。実際，市役所職員による語りによれば，相談先を案内する際に「ひまわり」（ひまわり基金法律事務所はこのように略称されている）を案内することもあるが，住民が有料であることが気にかかる等，相談の有料／無料が，紹介活動に一定程度影響を与えているということである。弁護士サービスの有料・無料性をめぐる論点については第9章にて詳述する。

◆ 第6節 ◆　相談利用者の評価と〈法的支援ネットワーク〉

　相談の担当者ないし窓口の職員への聞き取りを総合すると，提供される法的支援について利用者がもつ評価も，〈法的支援ネットワーク〉のあり方に影響を与えるものと言えるであろう。提供される法的支援について利用者の評価に影響するファクターは，以下の3つに分類可能であろう。

　第1に，相談者がいかに言いにくい，伝えにくい，切り出したい，疑問点を話させるかである。相談者にとって相談事は切り出しにくいもので，限定された時間において核心にふれられずに終わることもある。一般的に相談内容の核心は相談時間の終盤になって出る，あるいは相談回数を重ねることで相談者が

第6章 〈法的支援ネットワーク〉の形成要因と構造

本当は最も相談したかった事案が出てくるともいう。これは，助言者側の察知や配慮が必要であるし，それを促すには技術を伴うことによる。さらに，これらは，相談時間に代表される助言者側の環境に左右されるものでもある。もっとも法律相談に対しては，その一般的基準である 30 分は短すぎるという指摘がなされることが多い。弁護士に代表される専門職では報酬額を考慮すると，現実として多くの時間を費やすことは難しい[139]。その点で，行政機関や民間有志の相談供給媒体は繁忙度によるものの臨機応変な対応が可能なため，その結果として，相談者に好意的に評価されるということがある。

第 2 に，法的支援供給者の場に関するものである。弁護士に代表される個人の法律専門家の事務所では，プライバシーへの配慮がある等この点に関して条件が整っている。これに対して行政機関においては，相談室をめぐる環境設備はさまざまであり，利用度に差を生じさせる。

第 3 に，適切な助言を得られるかである。専門的助言者が必要な場合，専門的知識が付与されることが前提であるが，この場合は供給側と需要側にとって齟齬が生じない配慮が必要である。上掲データにもみられたように，相談者のなかには，専門家による見識（相談者が望んでいた回答）が付与されたことがわからず，ニーズが満たされたとは感じ取れない者もいる。そのことが，不満足な結果，齟齬を生むのである。

上記のほかに，相談者による相談および法的支援供給者への評価に影響を与えるものとして，相談事案への助言供給以外に付随した対応や情報提供も積極的に作用する。例えば，筆者が同席した社協での相談では，相談員は，借金返済をめぐる方策について相談に訪れたシングルマザーの話を聞いて，相談終了後に子供の給食費の減免手続を知らせすぐに手配をしていた。また，筆者が知る範囲においては，社協の専任相談員，消費生活相談員，市・県の女性相談員等は，相談から一定の時間を挟んで個別自主的に電話等で様子を伺う等，相談者へのフォローアップを時おり実施していた。これらの支援的な対応は，すべ

---

[139] 法律相談が事務所経営にペイしないことから，従来までの弁護士会の法律相談に対する関心がその技術および質の向上よりも量的拡大に向けられ，個々の弁護士領域に任されていた（長岡 2002）。

第6節　相談利用者の評価と〈法的支援ネットワーク〉

て相談の担当者または窓口の職員の熱意による自主的な取り組みである。

さて，J市の法的支援供給者の相互関係には，本調査終了後，次のような変化がみられた。

行政機関との連携が設立以来みられなかったひまわり基金法律事務所が，2004年秋に社協の法律相談の委託を受け，相談を担当するようになったのである。このことには，図らずも筆者が仲介者として両者を引き合わせるという経緯があった。双方とも必要性を感じていたものの機会を見いだせずにいたが，本調査を通じて両者が対面する機会が成立するとになった。その後，正式に社協側から，ひまわり基金法律事務所弁護士に法律相談担当の委嘱があったということである。

本章でしめした知見を基礎とすると，〈法的支援ネットワーク〉の全体のかたちや内部のありさまは，〈ネットワーク〉の構成員の人的資本に大きく依存する。また，〈ネットワーク〉構成単位の果たす機能がより効果的に働くかどうかということに対しては，上述のように，相談利用者による評価が要因の一つとして作用するものである。このことから，相談供給行為の結果として，相談利用者側から査定される個別的ないし個人的評価によっても，法的支援供給は影響されるものということができよう。

◆第7章◆ 地域社会と〈ネットワーク〉結合

◆第1節◆ 「知り合い」という社会関係

　ゴフマンは，人々の対面的関わりとそれに参加する権利と義務という構造を論じるうえで，社会関係における「知り合い」と「知り合いではない」者同士の関係を区別した。そして，それぞれの特徴についてエチケット集や人類学による観察資料を用い例証を行っている（Goffman 1963〔ゴッフマン 1980〕）。ゴフマンによれば，「知り合い」という社会関係は，お互いが相手特有の特徴を知っていて相手を個人的に確認することができるという必須状件が充足されると成立するもので，あらゆる社会関係の一側面である。さらに，人間関係は程度や種類に大きな違いがあるが，すべて「知り合い」という関係を平等に持っているものである（ゴッフマン 1980：119-121頁）。

　この「知り合い」という関係の重要性は，本調査においてもしばしば感じられるところであった。そのため，筆者は，本調査のある時期から，法的支援供給者の聞き取りにおいて，関係者が「知り合いであるか」を質問することを行った。例えば，下記は，法律相談センター事務員に対する聞き取りでの応答の様子である。

【法律相談センター事務員からの聞き取り② Data#21】
　私は〔センター〕来談者が〔事務員S氏の〕知り合いであることがあるかを聞いた。
　『あります。顔だけ知っているという，ただ見たことのある人から，同級生，良く知っている人まで。』

第 7 章　地域社会と〈ネットワーク〉結合

とS氏。気まずい思いをする，あるいは相談者が戸惑っているように見えることもあるかについては，
『相談の内容によると思います。土地や破産を除く金銭貸借だといいけれども，離婚だと相談者が気まずい思いをするようだ。』
と言う。電話〔相談受付〕の時点で知人であると気付くことがあるかを訊いた。
『実際，事務所に来て〔知り合いだと〕わかるのがほとんど。結婚すると姓が変わりますよね。』
相談終了後，顔見知りであれば，少し世間話をすることもあるという。私は，知り合いにここで働いていることを伝えているのかを聞いた。
『ごく身内のみにしか言っていない。通りかかって，私がここにいるのを（外から）見て，あとで，あそこで働いているの？と聞かれる。それで，どういう所なのか教えて，知人が悩んでいるので紹介したいと言われることもある。』
とS氏は答えた。そのような場合は，相談日，料金等を説明するのだと言う。

(2004年3月15日フィールドノートより)

上記切片から，相互あるいは間接的に知り合っているという社会関係が，法的支援供給過程で，一貫して考慮される重要な要素の一つであることが感じられよう。そのような事実の背景にあるのは，J市の地域社会のあり方である。本章では，このことについて検討していく。

◆ 第 2 節 ◆ シマ社会・ネットワーク結合度

沖縄の方言では集落や字をシマと呼ぶが（大城 1993a），さらにそれぞれの文化的伝統と人間との結びつきが生む固有の意味と個性に着目し，集落や島全体を「シマ（島）」，さらには「シマ社会」と呼ぶことがある（末本 2000）[140]。本調査においては，調査地社会の住民が地域社会を「シマ社会」あるいは「しがらみ社会」と称し，その地域性について説明する場面が何度かあった（筆者が耳にしたのは，字や集落に限定されずJ島全体を指し示すものが多かった）。それらは，しばしば「どこでつながっているかわからない」という表現によって語ら

---

[140] シマは，広義には島，群島，島の一部といったまとまりある広域的な生活圏域を，さらには沖縄地方全体を指す言葉としても使用される（堂前 1997）。「シマ社会」意識に着目し，そこから地域犯罪に対抗する婦人会活動を捉えようとする論究に林田（2001）がある。

第2節　シマ社会・ネットワーク結合度

れる。下記では、このような地域性についての語りや説明が生じる背景と、そのような語りによって構築される地域性のあり方を、詳しくみていくこととする。

　第1章でもとりあげたように、バーンズは、ノルウェー島嶼社会の分析において、単純で原初的かつ村落的な小規模社会と近代的で文明的かつ都市的社会との根本的な差異のひとつが、社会的ネットワークの網目（mesh）が前者では小さく、後者では大きいことであると指摘した（Barns 1954）。つまり、バーンズによれば、ネットワークの網目が小さい社会においては、Xという人間のネットワークに含まれる個々人の多くがXとは独立に相互に知り合っていて、多くの共通の友人がいたり、共通の親類縁者がいたりするようなことが生じるということを意味している。

　エリザベス・ボットは、「ネットワーク分析の母」と称され（Freeman and Wellman 1995：15）、その著作 Bott（1955）[141]および Bott（1957）は、比喩的表現ではなく分析道具としてネットワーク概念を用いた先駆的研究と評されている（ミッチェル1983）。ボットは1955年の論文で、ロンドンの20組の家族を調査対象とし、夫婦役割の分離度が家族ネットワークの結合度によって影響されることを定性的に分析した。ボットは対象となった夫婦が「援助の必要性」という要因から分類可能であるとし、(1) 地域社会内に密度の高いネットワークをもち、固定的な夫婦役割分担を有し、共通の趣味や外出機会をもたない夫婦と、(2) 地域社会の外部に拡散したネットワークをもち、柔軟な夫婦役割分担を有し、共通の趣味や外出機会をもつ夫婦の2つのタイプに分けた。

　ボットによれば、夫婦が地域の人々と密接に関係を有するようなネットワークにおいては、一定の規範や圧力が存在しやすいために、ネットワーク内での相互援助が可能である。他方で、夫婦を取り巻くネットワークが地域という一定の広がりを超えて拡散している場合には、ネットワーク内には夫婦が同調しなければならない特定の規範は存在しえず、地域社会から援助を獲得することもできないという。ボットの研究は多くの研究を刺激し、いくつもの追試調査

---

[141] これらは、Bott 1957（ボットがロンドン大学にて社会人類学の博士号を取得した学位論文）のⅢ章とⅣ章の原型である。

第7章　地域社会と〈ネットワーク〉結合

がなされた。結果的には，検証されたとも反証されたともいいがたいと評されている（安田 1997：143-148 頁，野沢 2006：93 頁，Bott 1971 も参照のこと）が，その理論概念は持続的影響を与えた。

　なかでも，重要な概念は，ネットワーク結合度（network connectedness）である[142]。ボットの定義によるネットワーク結合度とは，A の知り合いである X と Y が A とは独立して相互に知り合っており，接触をもつ程度である。そして，ボットは，ネットワーク結合度を高度に結合したネットワーク（highly connected network）と分散したネットワーク（dispersed network）という対概念として説明したが（Bott 1955：348 頁）[143]，これはバーンズが社会的ネットワークの網の目としてその細かさと粗さとして説明したことと同等である。本書では，ネットワーク結合度という用語をボットの定義にならい用いることとする。

　ネットワークの結合度は，関係の安定性と継続性によって規定される（Bott 1955：378 頁）。ボット論文のデータによれば，家族あるいはそのネットワークの他の成員たちの物理的移動が多いほど，ネットワークが分散するという傾向が示されている。そして，人々の物理的移動に大きく影響を与えるのは，職業システムや経済システム等，社会移動に関係する要因である（Bott 1955, Boissevain 1974）[144]。

　翻って，J 市では四面環海による隔絶性という地理的要因が，人々の物理的移動を大きく制限している。島という限定された広がりの中では，通勤圏域と生活圏域の重なりが生じる等，人々は狭小な社会圏の中に包含される。すなわち，ボットの概念を用いれば，J 市は高度に結合したネットワークをもつ地域

---

[142] ネットワーク分析ではネットワーク密度（network density）と呼ばれているものである。
[143] ボットによる「高度に結合した」ネットワークと「分散した」ネットワークという対概念での説明は，Bott（1957）では緊密な網目（close-knit）とそれに対してゆるやかな網目（loose knit）という用語に置き換えられた。この対概念は，Wellman（1979）や Burt（2001）等，その後のネットワーク分析に大きな影響を与えている。
[144] 調査地における産業の概況として，第一次産業 13.7％，第二次産業 19.0％，第三次産業 65.9％（2000 年国勢調査）。2001 年の有効求人倍率は 0.47％（J 市および Z 群島を含む Z 地方），全国平均は 0.56％。

社会であるということになる。地域社会内に存在するさまざまなネットワークは、継続的に固定化する傾向にあり、成員の入れ替わりは生じにくい。

 他方で、関係の安定性と継続性ということから忘れてはならないのが、地域社会における血族・親族とそのネットワークである。親族システムは、その親族成員の間に親しい紐帯が育つことを促すので、おもに親族によって構成された親密なネットワークは、緊密に編みこまれたネットワークとなりやすい（Wellman 1979）。実際に、調査地では同一の字や集落に何代にもわたって親族が居住していたり、近隣に近親者や縁続きが凝集的に居住していたりすることが珍しくない[145]。

 もっとも、血族・親族のネットワークは、地縁によるネットワークとは、別のものである。そこで、血族・親族ネットワークやそれに類似するネットワークの構成員が、他地域に移動する際に高度に結合性をもつそれらのネットワークがどう変容するのかは、興味深い問題である。

 以上のように、J市（J島）は社会的なネットワークと血族・親族ネットワークが複雑に絡み合う社会である。空間に広がりがあれば、通勤・通学をはじめとした日常の行動範囲や生活圏域が広域化し、人々のもつ社会ネットワークも拡散しうるが、隔絶された島という一定の地域空間の中に限定されることで、成員として社会生活を継続する以上、関係性は連続的に結合しうるし、それらが限りなく複雑化する可能性をも有している。実際、J市の人々はこのようなネットワーク結合度の高さを強く認識しており、人々はJ市での生活を説明するために「どこかでつながっている」あるいは「互いに知り合っている」というアカウントを多用するのである。

---

[145] 例えば、市女性相談所相談員はDV問題に関連して次のように述べている。『ここは身内社会、島社会なので2次被害がある。2000人の集落のうち8割が従兄弟、はとこで固められている。昔は近親婚も多かった。また、島の生活というものは、隣3件向こうに配偶者の実家があったりするもの。接近禁止命令も、職場も居所も500メートル圏内では実質意味がないものである。』（フィールドノート2004年2月13日より）。

第7章　地域社会と〈ネットワーク〉結合

◆ 第3節 ◆　多重的関係・紐帯の強さ

　第6章で詳しくみたように，法的支援供給者間の〈連携〉において，それぞれの相談員や相談窓口担当者が学生時代の同級生，先輩後輩関係，家族を通しての知人である等，人的なつながりがしばしばみられた。そこではそのような人的つながりが，法的支援供給者間の〈連携〉を活性化，円滑化させるという効果を中心にみたが，ここからは別の側面をとりあげたい。

　本調査において，筆者が一定の期間，行動をともにしていた法的支援供給者（相談員）と業務上密接な〈連携〉を行っている別の機関に属する法的支援供給者は，親族関係における縁続きにあたるということを，他の職員や関係者には伏せていた。その理由について聞くと，「いろいろとやりにくくなるから」と相談員は答えた。この事実は，フィールドを去る調査終了日に，筆者がお世話になった挨拶のため，訪問した際に打ち明けられたもので，非常に驚くことであった。筆者はJ市の出身ではなく"よそ者"であるから，両者間に別の文脈における紐帯が存在するとは想像だにしなかったからである。職場という社会的領域に親族関係のネットワークが絡み合うということは都市部ではなかなか生じにくいものである。関係性を明かすと「いろいろとやりにくくなる」ということが意味するのは，相互に関係する者たちが個々に高度に結合したネットワークを有しているため，問題が生じるということなのであろう。そして，それは相談員という仕事の性質から，地域住民のトラブルに関与し，きわめて私的な情報を知り得る立場にあることにも大きく依存しているように考えられる。例えば，とある相談員は自身の業務について以下のように語っている。

【とある相談員からの聞き取り① Data#22】
　「狭い地域なので，知り合いが多い。友人にも相談員をしているとは言わない。言うと，間接的に広がり〔相談者が〕来づらくなる可能性がある。たまに，同級生や近所の人が相談に来る時は，むこうがひいてしまう。そういう時は，話さなくていいからお茶でも飲んで帰ってというところから入る。そうすると，〔相談者は〕話してくれる。自分でもよくこんな小さい島でやっていると思う。相談員は3年目，慣れたのはつい最近，苦しかった。」

　　　　　　　　　　　　　（予備調査2003年8月21日フィールドノートより）

132

第3節　多重的関係・紐帯の強さ

　この語りは，シマ社会において相談員をつとめるということの実践の説明である。この相談員は長年の地元生活者（40代で婚姻にて周辺離島から移り住んできた）である。相談員の直接の「知り合い」や間接的に関係性をもつ住民が相談者となる現実は，相談員という仕事に従事していることを周囲には明かさないという選択をとらせる。実際に，「知り合い」が相談者として来所し対峙する場合は，相手の心理的負担を配慮し，来談理由である相談内容を自発的に話し始めるのを待つ。シマ社会において相談者が「知り合い」であるということは，相談内容に関して相談員自身が関係性を有する者が関与していたり，あるいは，職務上知得した情報や秘密に関係者が含まれていたりする可能性が大きい。このような相談員の業務は容易なものでなく，精神的負担も大きい。

　前述した，法的支援供給者間に親族関係が実はあったという事例に戻ると，事実関係に筆者は驚いたが，相談員が事実を伏せていたということには驚かなかった。なぜなら，筆者自身，限定された調査期間であったにもかかわらず，この時点までに滞在型調査を進める中で人間関係における煩労をいくつか経験してきたからである。例えば，調査対象者と予測しえない場面——生活用品の買出し，銀行，病院，図書館といった日常生活のさまざまな場——で思いがけず出会ったり，調査中に別件の調査協力者と気まずいかたちで遭遇するといったことがしばしばあった。後者については，第2章でしめしたように，調査方法が同時並行的に異なる調査対象の協力獲得に向け調整を行い，アポイントメントがとれた場所から訪問する，あるいは人に接触するという方法を採用していた中で，不都合があったものである。

　象徴的な出来事の一つを挙げるならば，次のようなことがあった。調査が始まってまだ間もない頃，筆者は，〈法的支援ネットワーク〉構造の把握に欠くことのできない重要人物M氏との調整を行っていた。ところが，とある行政職員L氏への聞き取りをおこなっている最中，その場にM氏が突然現れるということがあった。それは，M氏とL氏が友人同士であったためである。M氏は，たまたま時間ができたのでL氏の職場へ別の友人を伴って会いに来たのである。両者間には相談業務という仕事上の〈連携〉もあったが，当該訪問は全くの私的なものであった。この出来事は，筆者にいくつかの気づきを与え，それ以降の調査者としての行動を変化させるものとなった。

133

第7章　地域社会と〈ネットワーク〉結合

　まず，調査地における私的な人間関係が法的支援供給者間の〈連携〉に関係していることに気づき，「シマ社会」と呼称される地域性を認識する機会のひとつとなった。そして，調査地が狭小な社会生活圏域であることを直に体感する経験でもあった。強調すべきは，予期せぬ訪問という出来事が調査者である「私」のみに困惑をもたらしたということである。この出来事に関するフィールドノーツの記録をみてみよう。下掲は，L氏から聞き取りを行っていた終盤場面の記録である。

【相談員L氏からの聞き取り①　Data#23】
　〔聞き取りもほぼ終わったところで〕私は相談室の写真を撮らせてもらうため，一旦室外へ出て準備をすることにした。そこへ，駐車場側のドア〔相談室へはプライバシーへの配慮から駐車場から出入可能な別の入り口が設けられている〕から，M氏と知人らしき女性が2人，相談室へ入ってこようとしていた。特に，約束していたわけではなく，仕事上も〈連携〉をとっていて，個人的に時間があれば，頻繁に行き来しているようだ。L氏は，タイミングがいいと，嬉々として私にM氏に話を聞くようすすめた。私は，M氏の様子から気まずさを感じる。M氏が明らかに疲労感を露わにしていて，促すL氏に，
　『大学生と話をしにきたんじゃない。』
　と言ったからだ。私は，その場にいること自体が気まずく感じたが，そのまま帰るのもまたよくない気がして，
　『日曜に〔市主催の行事〕で紹介してもらった際，水曜に一度〔M氏の勤務する〕事務所へ電話するというお話でしたが，ちょうど明日〔水曜〕は祝日なのでどうすればいいですか。』
　と聞いてみた。M氏は特別におかしな様子もなく，
　『金曜に一度電話してみて。』
　と言った。私は少しほっとする。では，あらためてお願いにあがりますと，私は言い，相談室から出た。相談室の外にいたL氏に今日のお礼を言い，その場をあとにした。　　　　　　　　　　　（2004年2月10日フィールドノート記録より）

　予期せずしてインフォーマント（調査協力折衝中であった）と面会がかなったことは，以降の訪問調整や折衝を省略し，また既に接触していた調査対象者からの紹介もあり，結果的には，関係形成が円滑に運んだともいえる。しかし，筆者が予定していた順序どおりにはいかず聞き取り手続の手筈が狂う結果となったこと，礼儀としての配慮から（当該対象者へ先にアクセスできなかった理

第3節　多重的関係・紐帯の強さ

由等について）弁明の必要が生じたのである。

　再び，親族関係を職場では隠していたという先の事例に戻るが，相談員が筆者に秘密を打ち明けてくれたのは，良好な人間関係を形成できたことにも加えて筆者が"よそ者"であり，調査期間を終え調査地を去ろうとしていることがわかっていたからでもあろう。つまるところ，私的結合関係を地域社会内の他の成員に秘匿するということは，成員として地域社会生活を円滑に進めるための術であり生活者としての実践ということになる。

　さて，予期しない仕方でM氏に出会ったというData#23の出来事は，調査者である「私」のそれ以降のふるまいや意識を変化させることとなった。この出来事で体験したような気まずさを感じずに済むよう（不都合やトラブル等が極力生じないように），関係社会に配慮した調査方法や日常行動を心がけるようになったのである。つまり，どこで関係性がつながっているかわからないということを意識して，調査者（生活者）として行動するようになったわけである[146]。

　このように，調査地社会の成員間にみられる結合の連鎖は，相互交流による密接な連帯や結束をはじめ，法的支援供給においても〈連携〉を図り易い等，有益である反面，ある種の煩わしさを発生させる。関係連続性や結合の連鎖に関する成員の意識は，社会内において成員がとる行動を規定する。ボットによれば，ネットワーク結合度が高ければ，ネットワークの成員は規範について見解が一致しやすく，互いに接触を保ち，必要であれば助け合うために規範に従うように互いにインフォーマルな圧力をかけ続ける（Bott 1957：60頁）。

　シマ社会でみられる結合の連鎖がいかなる仕方で人々の行動を拘束するのかについては，関係の結合に関する諸研究からみていくことが理解の助けとなろう。例えば，グラックマンによる単一的関係（simplex relations）と多重的関係（multiplex relations）という区別を導入する。単一的関係とは，一つの文脈の

---

[146] 他方で，この事件に関して感じた気まずさは，調査地をとりまく社会関係の緊密さだけにあるとはいえないとも考えられる。ヴァン＝マーネン（1999）は，フィールドワーカーが受ける制約のひとつとして，「ある種のインフォーマントを使ったラポールは別のインフォーマントとのラポールをあらかじめ除外する（Berreman 1962）」という指摘している。

みによる関係結合であり，多重的関係とは，近隣関係，仕事上の関係，親同士の関係，同一宗教等の二つ以上の文脈で連結した関係をさす（Gluckman 1955）[147]。

人類学者のカプフェラーは，ザンビアの工場で働くアフリカ人労働者についての分析で，5つの交換内容（会話，冗談，仕事上の援助，個人的サービス，金銭的援助）を区別し，諸個人の相互関係において二つ以上の交換内容を持っている場合には多重送信的関係を，反対に一つの関係性しか持たない場合は単一送信的関係を有するとみなした（Kapferer 1969）。つまり，カプフェラーによれば，強い紐帯とは多重送信性を意味する。

他方，ボワセベンは，人々を結合する社会関係の中でも「役割」概念に重きをおき，二人の人物の間に単一の役割関係のみがある場合を単一送信的（uniplex）あるいは単紐帯的（single-stranded）関係と，多くの役割が重複する場合を多重送信的（multiplex）あるいは複紐帯的関係であると記述する（Boissevain 1974〔ボワセベン 1986：55頁〕）。

以上，3つの関係の結合に関する研究は，それぞれ，文脈，交換の内容，役割という側面に着目したもので，それらを援用しつつ，J市の地域社会のあり方にたちかえると，それは，高密度なネットワークの結合と連鎖により異なる文脈において別の役割を有する多重的関係を創出しうる社会と換言することができよう。上記の筆者が体験したいくつかの出来事とそこでの煩労は，生活圏域の狭小さに加えて多重的関係が公的及び私的な場において生じうることを筆者が予期していなかったことに原因があると解釈できる。

さて，ボワセベンは，単紐帯的関係が長期にわたって存続するならば，複紐帯的関係になりがちであり，複紐帯的関係はひとつの紐帯—役割が他の紐帯を強化するという意味で，単紐帯的関係よりも多くの場合，強力になりがちであると指摘する（Boissevain 1974〔ボワセベン 1986：55頁〕）。そこで，以下では紐帯の強さについての諸特性をみてみよう。

グラノヴェッター（Granovetter 1973）は，ミクロレベルの相互作用がマク

---

[147] Gluckmanの概念を都市的社会関係における紛争処理のあり方に関連して検討するものに，和田（1982）がある。

第3節 多重的関係・紐帯の強さ

ロレベルのパターンにしっかりと関連づけられていないことが現代社会学理論の弱点であると指摘し，個人的なネットワーク（interpersonal network）の諸過程を分析することがもっともその橋渡しをするうえで有効であると指摘した。そして，個人間の紐帯（interpersonal ties）の強さにのみ視野を限定するという戦略をとり，そのうえで，ネットワーク分析を用いることによって，どのようにすれば，情報伝達，社会移動，政治的組織化，一般的な社会凝集性等，マクロレベルの多様な現象とそれを関連づけることができるのかを詳細にしめした。

紐帯の強さ（strength of ties）とは，グラノヴェッターによれば，ともに過ごす時間量，情緒的な強度，親密さ（秘密を打ち明けあうこと），助け合いの程度という4次元を（おそらく線形的に）組み合わせたものである[148]（Granovetter 1973）。この定義は複数の要素を含んでおり多義的であり，紐帯の規定のされ方によって弱いとも強いともいえる問題を孕んでいると批判されている（鹿又 1991）。

グラノヴェッター自身による再訪論文（Granovetter 1982）では，オリジナル論文が弱い紐帯の強みを強調するためにバランスを欠いていたとして，強い紐帯と弱い紐帯の双方についてその役割を整理している。そこでは，弱い紐帯より強い紐帯はアクセスが容易であり，援助を提供するより強い動機付けに支えられているという特徴が指摘された。例えば，失業時の貧困層や職探しやソーシャル・サポートの提供については強い紐帯が「強さ」を発揮するという[149]。

近代社会においては，個々人が演じる役割ごとに相手にする観客（audience）は異なるということが多くなる（Barns 1954：44頁）。コールマンは，グラックマンのいう多重的関係の一帰結は，ある関係で得られた資源が別の関係

---

[148] 多重的な関係と強い紐帯とは，同意なのであろうか。この点について，グラノヴェッターは，自身の定義にもとづく「強い紐帯」とは，たいていの場合，多重的な紐帯（multiplex ties）であるが，そうではない可能性も残すとジンメル（Simmel 1950：317-329頁）を引用している。

[149] 一方で，ソーシャル・サポート研究からは，自分を取り囲むネットワークの密度や境界密度が低いほど重なり合う部分の少ない多くの種類の関係をもち，それら多くの関係から，さまざまな役割についての的確なサポートを受けることができる環境にいるとの指摘がなされる（浦 1992：30頁）。

で使用するために転用されることであるとして，閉鎖性および転用可能な社会組織がいかにして社会関係資本をもたらすかを説明しようとした（Coleman 1988：222頁）。

　J市においては，友人，近隣住民，幼馴染，同級生，子供の同級生の親同士といった私的な関係性が公的場面における法的支援供給者の〈連携〉を促進し円滑に運ぶ反面，結合の多重性および連鎖を認識しつつ，社会生活を円滑に営み面倒を起こさないように，その両面の効果を考慮して行動している，行為が制約を受けているとも考えられる。これは，関係性の資源が別の関係性で転用されているということ(150)，関係の結合が生むマイナスの効果として行為者の予測し得ない文脈での転用（時に行為者にとっての不都合を生じさせるという事）を意味するものでもある。

◆第4節◆ シマ社会での〈法的支援〉供給と獲得

　多重的関係が潜在的に生じやすい社会では，人々はそのことを意識するため，行為が拘束される。そして，それはもめごとに関与すること，その解決に関して相談を行うこと，紛争処理を専門家に依頼する場面においても影響を与えよう。上記の相談員が相談業務に従事していることを明かさない，また，相談センターの事務員が仕事の内容を明かしていないという事実は，その現れであると解釈できよう。本節では，このような多重的関係が創出されやすい「シマ社会」において，トラブルに対して法的支援を供給することと，法的支援を獲得しようとすることには，いかなる機会あるいは困難が発生することになるのかについて検討する。

　こうした影響は，司法書士の顧客獲得に関する説明でも聞かれる。下記は，司法書士から聞き取りを行った場面の記録抜粋である。

---

(150) 筆者が2009年に法テラス地域事務所で実施したスタッフ弁護士らによる関係機関との〈連携〉に関わる取り組みに関する調査で，離島にある法テラス佐渡法律事務所における実践では，業務から完全に離れた懇親の機会を設定する等，関係者の交流機会が，スタッフ弁護士を中心とした緊密な〈連携〉の維持・再生産を可能にする要因の一つとなっていることが観察された（吉岡2010）。

第4節　シマ社会での〈法的支援〉供給と獲得

【司法書士 I 氏からの聞き取り　Data#24】
　司法書士 I 氏はシマ社会での顧客獲得について，知人や同級生等からの仕事依頼は極力受けないようにしているという。シマ社会だと，不都合が生じるのだという。子どもの同級生の親でも断るという。相談者が，女性の場合は，結婚で姓名が変わっている場合もあるので，電話を受けても事務所のほうで調べてから受任するか返事をすることもあるのだと言う。簡単に受任せず，それくらい慎重にやるということらしい。
　『もしかしたら，そうかなと思った時は，慎重になるね。』
と I 氏は言った。

（2004年3月3日フィールドノートより）

　司法書士 I 氏（40代男性）は，登記事件についてさえ，事件を受任するにあたって依頼者が親戚筋や知人関係にあたらないか事前に調べるということだ。女性のクライアントの場合には，婚姻によって改姓している可能性についても注意を払うほどである。このことは，本章冒頭で提示した法律相談センター事務員に対する聞き取り記録にもみられるものである。
　ところで，調査地において，人々が「どこでつながっているかわからない」という意識への配慮が相談という行為に影響を与えるという事実は，本書とは別の調査結果からも明らかになっている。
　「暮らしと法律に関する意識調査」（以下，6地域調査）[151]は，2004年12月に本調査地を含む弁護士過疎地域6箇所で実施した郵送方式による質問調査である[152]。調査対象は，調査地ごとに20歳以上の住民1000名を住民基本台帳から無作為抽出した総計6000名である。調査票回収率の平均は29.7％，調査地での回収率は22.0％であった。調査票の設問項目の構成は，地域のルールやしきたりについての意識，法律についての意識，弁護士についての意識，仮想的紛争事例に関して制度的紛争解決者が頼りになるか否か，紛争や相談経験を

---

(151) 基礎調査において，訪問調査とは別に実施された大量意識調査（viii頁を参照）である。
(152) 本調査地を除くと，対象地は青森県五所川原市，岩手県二戸市，京都府京丹後市の一部（峰山町），奈良県五條市，長崎県壱岐市である。

問う質問群であった。調査票の最後の設問は,「新しく開業する弁護士や公設事務所(ひまわり基金法律事務所)への期待を自由に記述して下さい」というものであった。以下,本調査地で回収された自由記述回答をみていきたい[153]。

> 「地域の弁護士は少なく限られているので,相談しにくい面がある(狭い地域だから秘密が漏れる恐れがある,どこかでつながっている)」
>
> (調査票 No.6547,原文のとおり記載)

> 「○○(J市名)には縁故関係ということでなかなか相談しにくい。どこかで繋がっている為,相手方に有利になる事がある。」
>
> (調査票 No.6564,原文のとおり記載)

　まず注目すべきは,上掲の2つの回答とも地域社会における社会関係について,「どこかでつながっている」という表現を用いているということである。この表現は,上記までで詳しくみたように,地域社会で一個人が有するさまざまな結合・紐帯が連結していたり,多重性を帯びているさまを表すアカウントということができる。また,地域社会で,こうしたアカウントが広く通用するということがいえる。
　注目すべきもう一つの点は,両者ともに「つながっている」がゆれに秘密が洩れるということに言及していることである。
　上掲2つの自由回答は,緊密なネットワーク社会で,弁護士のもとへ相談に行くことによってどのような事態が生じるのかについての生活者による記述データといえる。そして,弁護士に相談へ行くという行為は外聞を憚るものであり,個人情報や生活歴の秘匿が困難な地域性から,「相談しにくい」という共

---

(153) 社会調査(この場合,質問紙調査)では,一般に,自由記述式質問(open-ended questions)は回答者に負担が大きく,調査設計者が意図しなかった回答が記入されることがあるといわれる(岩井・保田 2007:20頁)。他方で,調査票の末尾に自由記述欄を設けることが,回答という負担を強いた回答者に対しての配慮であることや,調査に対する不満や不明点を知る上で有効という指摘もある。

第4節　シマ社会での〈法的支援〉供給と獲得

通の感想を抱いている。次に，別の記述回答をみてみよう。

> 「弁護士を信用しないわけではないが，小さい島だと『うわさ』になるのが正直言ってこわい気がする」　　　（調査票 No.6539，原文のとおり記載）

上掲の回答データの「小さい島だと『うわさ』になる」という部分は，前掲の2つの回答と同様に，生活者によるネットワークの結合と社会関係性の因果関係に関してのアカウントである。また，弁護士を利用することが，噂になる可能性とその懸念とともに意識されていることが確認できる。

「弁護士を信用しないわけではないが」という記述からは，2つのことがわかる。ひとつに，回答者が弁護士に対して有する意識であり，それが，どの程度まで明確かは不明であるものの，弁護士というものが相談者に対して秘密保持義務を有するということを認識しているということである。ふたつに，弁護士によってではない，どこかで誰かによって（という意味で），事実が洩れ知られる可能性が現実に強くあるのだということである。

下掲の回答データは，相談に行くという行為をプライバシーと結びつけるアカウントである。

> 「こちらは離島なので相談してもプライバシーが守られていない事が多い（10年～15年前）」　　　（調査票 No.6549，原文のとおり記載）

この回答者は，過去の相談経験をもとにしていると推測可能である。経験についての詳細はこの回答限りでは不明であるものの，先の回答群と同様のことをしめしているといってよい。以上までをまとめると，以下のボットの指摘，「小規模で相対的に孤立した閉鎖的な地域社会では，人々はプライバシーというものを知らず，誰もが他の人々全員を知っている。どんな行動をとったかは社会の成員に知られてしまい，噂話やパブリック・オピニオンによるインフォーマルな制裁から逃れるすべはない（Bott 1955〔ボット 2006：74頁〕）」は，J市の社会関係にもあてはまるといえよう。

J市において，ボットが指摘する，プライバシーの確保が困難であるという

第7章　地域社会と〈ネットワーク〉結合

特徴が見られるとすれば,「どこかでつながっている」というアカウントは, "誰もが誰もを知っている" という伝統的村落生活における社会生活を送る上での知恵ないし実践的知識と関連づけられる。さらに, それは, ネットワーク特性の密度と多重性の実践的記述であるということが可能であろう (Fischer 1982 [フィッシャー 2002：203-204頁])。つまり, 調査地社会の住民は, 社会ネットワークの密度と多重性について「どこかでつながっている」という表現を用い説明し, その相互作用するさまを強く認識して実践的に行為しているということである。

このように, J市の人々は, 上述したような関係結合の連鎖がプライバシーの確保を困難にさせていることを, そして, そのことを地域社会の特質と結びつけて十分に認識していることが窺える。さらに, それが, 質問紙に回答するにあたって, 弁護士を利用するという行為に関連して語られていることが重要である。

以上をまとめると, メンバー（成員）自身が「しがらみ社会」「シマ社会」と呼ぶ地域社会においては, 人々は, 法的サービスを利用する際にそのアカウントによって指示される相応しい行動をとる傾向があるということになる。

実際に, 法的支援に関するさまざまな場面で,「シマ社会」についてのアカウントはみられるものである。以下は, 社協において元消費生活相談員K氏（40代女性, 過去に消費生活センターにて相談員の経験あり）から聞きとりを行っている場面の記録抜粋である。

【元消費生活相談員からの聞き取り② Data#25】
　島の狭い社会や人とのつながりについて話が及ぶと, K氏が, 思い出したかのように, 調停をわざわざ本島で申立する人も多いのだと言った。特定調停等は申立者が殺到している状態で, 人が集中してしまう。そこで, 知人にばったり会う, 見られるのを避けるため, 本島で申し立てるというのだ。J支部の裁判所内には, 私も入ったことが一度あるので, 調停室前の待合スペースのレイアウトや, 人と鉢合わせしてしまう廊下や所内の様子はよく理解できた。しかし, それでも本島までいって申し立てることの労力や交通費等のコストを考えるとにわかには信じがたかった。私は,
　『(相手方の) 住所地じゃないと申立できないのでは？』(154)
　と聞いた。

142

第 4 節　シマ社会での〈法的支援〉供給と獲得

『住所を移すのは簡単ですよね。』
　と，K氏は即答した。そのために住民票をうつすことや，交通費をいとわないということらしい。私は，まだ信じられなかったが，K氏は平然としてそういうことがあるのだと，相談員の経験上いうのだから，真実なのだろうと思った。
（2004年2月24日フィールドノート記録より）

　他の地方裁判所支部地でも同様であることが多いが，調査地における裁判所内調停室の待合は一箇所のみでスペースも狭く，その場に赴くことで島の人間と鉢合わせすることは避けられない。このデータでは島の人間に見られることを避けるため，わざわざ本島での調停申立にふみきる人々がいるということが語られている。

　しかし，このデータを解釈する上で背景として動員される知識は，なにも裁判所を利用する際に他の住民によって目撃される，あるいは実際に誰かと鉢合わせることに限定されない。それは，この社会の関係のパターンに関する知識なのだ。この知識によれば，調査地のようなネットワーク結合度の高い社会では，調停手続を主宰する調停委員が相識の間柄であること，間接的に縁続きであったりすること，さらに事件当事者や内容の背景を知っていることが実際にままある[155]。このことは調査地や島嶼部に限ったことではないようだ[156]。

　表16からわかるように実際に調査地での調停は一定数実施されてきている[157]。しかしながら，聞き取りデータからは，可能であれば地域社会の外で

---

(154) ここでは特定調停が話題となっていたため，相手方の住所地を管轄する裁判所という意味での発言である。
(155) 法律相談を実施している社協での同席観察では，相談を担当していた司法書士が相談事案の相手方についての情報や地域での評判を知っているということがあった。司法書士G氏にとっては，このようなことは珍しいことではないということであった。
　［司法書士G氏は，借主のことをよく知っているらしく，『この人は私もよく知っているけど（回収は）難しいと思う。』と，言った。いわゆる常習者だとのことだ。司法書士の事務所に来たこともあるらしい。］（2004年2月17日フィールドノート記録より，社協での金銭貸借に関する相談に同席した際のもの。）
(156) この問題は古く，1950年代末頃から田舎に行けば調停委員が申立人や事件内容を知っているということが，調停委員選任手続の問題とからめて問題視されていた（座談会1958：319-320頁）。
(157) 調査地と人口規模がほぼ同じで，本島と飛行機で往来する必要のあるN島の支部との比較は，興味深いものである。

第 7 章　地域社会と〈ネットワーク〉結合

＜表 16＞家事調停事件新受件数

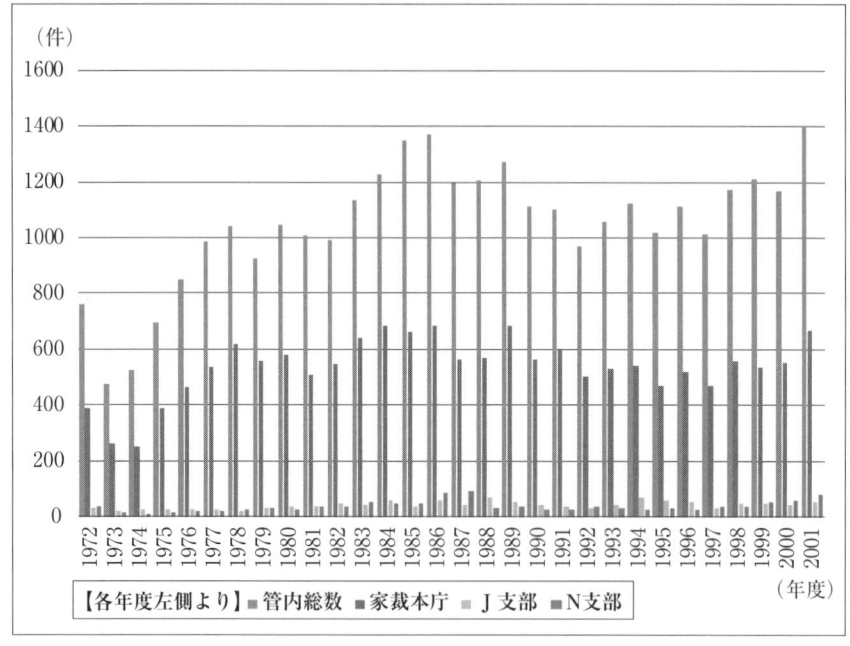

出典：本表は司法統計年報をもとに筆者が作成した。

調停を行うことを希望する者もいることが推測される。

　しかし，やはり，資力のある者，金銭的採算にとらわれず心理的負担を重視する者が，地域外での法執行や法利用行動をとっており，そのような選択肢をもてない人々は，法利用行動そのものを回避する傾向へと拘束されているのではないか[158]。すなわち，トラブルを経験しその法的解決を欲する人々は潜在的に多く存在しているが，地域社会内部への弁護士の配備あるいは定着という，

---

[158] 同様のことは，離島での法律相談を経験した弁護士からの聞き取りにおいて指摘されている（米田 2007）。案件を扱うべき裁判所が地理的に遠方や島外にある場合，法的に強い手段にでることに躊躇する場合がある。こうした事情は，法律家にとって伝家の宝刀ともいえる訴訟の利用をはじめとする法的手段の利用が地域固有の事情で制約されている。離島の司法過疎地での法律相談について，弁護士は受任するかどうかを検討する際，当事者にかかる旅費負担や自身の活動力を考える（米田 2007：41 頁）。

第4節　シマ社会での〈法的支援〉供給と獲得

アクセス可能な環境を整備することによってこれらの人々を実際の利用へと促すことにはならないのではないか。

　例えば，ドメスティック・バイオレンス（DV）は，J市でも古い社会問題のひとつである。J島内に要保護者のシェルターを設置することの必要性が長く訴えられつつも，秘密裏に公的に保護施設を設置することが困難であった。女性相談員らをはじめとする法的支援供給者は，地域社会内での匿名性の保持が困難であることをその理由としてあげる。シェルターを設置したとしても，現実に秘密性を維持することが不可能であるということだ。これまでは，関係者間（教会牧師，人権擁護委員，医師等）で要保護者を匿う等して対処してきており，それらメンバーを中心として，DV問題に悩む人々をサポートするNPOを設立している[159]。しかしながら，被害者の島外への脱出でのみしか解決できない現状となっており，DVに関しては，地域社会のあり方ゆえに，その内部に法律家や法執行機関が介在することがなじまないということが顕著である。

　以下のデータは，法律相談センターにおける本島からの弁護士からの聞き取りで，調査地でない別の離島での出張相談に関しての話題が出た場面である。

【本島の弁護士F氏からの聞き取り　Data#26】
　一度は聞き取りを終わろうとしたので，私は様子をみると，
　『巡回法律相談というものを，やっているんですよね。』
　と，弁護士F氏が話を始めた。
　私は，進んで話をしてくれることが嬉しかったので，
　『少ししか聞いたことはがないので詳しく教えて欲しい。』
　と，言った。巡回法律相談とは，沖縄弁護士会主催でやっている離島での無料法律相談らしい。
　『年に一度，泊りがけで2日間相談に行くというもの。［私は］a島［沖縄本島の周辺離島］という所に一度行きました。』
　F氏の話しぶりは，巡回法律相談について肯定的に捉えているようである。私は，需要があると感じられたかを訊いた。
　『そうですね。2件ありました。』

---

[159]「ハートサポートZ」は，2002年春にDV被害者，教師，牧師，看護師，医師，福祉事務所相談員，警察官等の有志によって設立された。

第7章 地域社会と〈ネットワーク〉結合

とF氏は即答する。
『ただ，強く言われたのは，[相談にきたことが]絶対にばれないようにして下さいということですね。』
　私は，同じことを別のb島［沖縄本島の周辺離島］への移動相談を経験したというD弁護士も言っていたことを思い出した[160]。

(2004年3月11日フィールドノートより)

　上記の語りは，別の2つの島（いずれも沖縄本島の周辺離島）で人々が相談に行くということが意味するものを示している。一般的に，相談者が，弁護士に対して，来談の事実を隠してほしいという依頼をすることが通常なされるものかどうかは筆者にはわからない。弁護士がプロフェッションとして秘密保持の義務を負うことについて人々が通常どの程度認識しているのかも不明である。わざわざ言語化して弁護士に念を押すのは，初の弁護士利用であり，弁護士の秘密保持義務についても知らないということかもしれない。あるいは，移動相談という特設の相談供給形態であり，無料でなされていることも関係しているかもしれない。だが，少なくとも，地域社会の他の成員に知られることへの懸念は相当なものであることが窺える。
　このような考慮から，J市では，地域社会の外で弁護士を依頼するということが頻繁に行われているようである。その際に，人々は，「知り合いの本島（から）の弁護士」を求めようとすると述べる。この「知り合いの本島（から）の弁護士」という表現は，シマ社会というパターンを背景として理解されるべき実践的表現——アカウント——にほかならない。このアカウントのうち「知り合い」が意味するところは，弁護士へのアクセスに対してコネクション（直接あるいは間接の）を有するということである。つまり，カテゴリーは全体として「私は，弁護士という法的専門家を頼る必要がある場合は，なんらかの縁故関係のある者でかつ関係社会の外部に存する弁護士に依頼するであろう」という実践的規範に従っていることの表現なのである。このアカウントとそのもと

---

[160] 調査者である「私」は，記録で引用されているD弁護士は沖縄本島の周辺離島であるb島に，弁護士会実施移動相談（1泊2日）を担当したことがあるという話をそれまでの聞き取りで聞いていた。

146

で行われる J 島外での弁護士の探索については，次の第 8 章で取り上げることにする。

第8章 「知り合いの本島(から)の弁護士」への依頼

◆ 第1節 ◆ 着目の背景

　調査地における，法律相談センターやひまわり基金法律事務所が設置される以前の法的サービスの需要と供給に関する実態については，第5章で記述した。その特徴の一つは，外部からの法律家，つまり，コミュニティ外部からの弁護士調達であった。これらが，およそいつ頃からどの程度みられたのかについて，本調査の限りでは不明であるが，従来までの司法過疎対策に関する議論ではいわば苦肉の策として生じたことと推測されてきたと言えよう。ところが，こうした依頼パターンは，少なくともJ市の人々にとっては，苦肉の策というだけでない理由があるようであった。

　例えば，筆者は2004年の調査中，ある20代の女性（図書館司書）に弁護士に事件を頼む必要がある場合どうするかという質問をしてみた。その女性からの答えは，『自分は知り合いの本島にいる弁護士に頼む。』というものであり，それは，きわめて自然な選択肢の一つに聞こえた。実際，このような頼ることが可能な相手としての「知り合いの本島の弁護士」「知り合いの本島からの弁護士」というアカウントは，滞在調査中に，度々聞かれたのである。

　筆者は，次第にこのアカウントが「シマ社会」というアカウントと関連があるのではないかと考え，このアカウントに興味を抱くようになった。まず，関心を抱いたのは，その「言い回し」が異なる場面および発話者により何度も繰り返し聞かれたということである。もう一つは，本調査の性質から，調査地における生活者としての情報が次第に増えるにつれ，例えば現地の生活者はどのようなときに本島に行くのか，本島との往来はどのような感覚を有するものな

第8章 「知り合いの本島からの弁護士」への依頼

のかということが詳らかになるにつれ，この「言い回し」が現実の生活から自然に生起するものであることがわかってきたということである。

◆ 第2節 ◆ データにみる「知り合いの本島(から)の弁護士」

本章では，「知り合いの本島(から)の弁護士」というアカウントが語られるいくつかの場面を，フィールドノートから抜粋したデータの断片群（segments）を通じて検討していく。

最初にみる語りは，J法律相談センターの相談担当日に来島してきた弁護士E氏に対する聞き取り場面からの抜粋である。前述のように，J市では，法律相談センターが1999年に開設され，相談日は週に一度のみである。弁護士は非常駐で，隔週でJひまわり基金法律事務所の弁護士と沖縄本島から来島する弁護士が相談を担当していた。以下は，本島在住の弁護士E氏への聞き取りの冒頭で，通常業務で調査地に来島することがあるかどうかを質問している場面である。直前には，筆者はE氏のセンター相談担当がいつであったか聞いており，それが忘れるほど前のことであったこと，今日は朝10時頃にJ島へ飛行機で到着したという話があった。

【本島の弁護士E氏からの聞き取り Data #27】
　E氏は，センター担当以外の用件［仕事］でJ市へと来島することは殆どないという。
『自分は，本島でも支部［沖縄支部］で那覇ではないし，頻繁に来島するのはZ地区出身で那覇で開業している先生が多いですね。』
とE氏は言った。　　　　　　　　（2004年2月12日フィールドノート記録より）

ここでの「頻繁に来島するのは」は，弁護士の通常業務内で調査地を訪れる機会が多いことを意味している。すなわち，これは，弁護士の顧客獲得地域に関する言及ということができよう。ここからは3つの重要な点がわかる。第1に，沖縄本島で開業している弁護士といっても，那覇近郊で開業している弁護士と弁護士E氏のように那覇以外の支部に所属する弁護士では主たる活動地域が異なるということである。南北に長い本島の地理的形状を考慮しても自然

第2節　データにみる「知り合いの本島（から）の弁護士」

のことといえる。もちろん，このようなことは調査地だけにいえることではないし，内地（本土）においても同様のことがいえるであろう。南北東西に伸びるような形状の都道府県は多いし，交通網の整備状況等アクセス面から顧客獲得範囲が地理的要因に依存することは容易に予測がつく。

　この語りからわかる第2の点は，J市を活動地域としているのは，a「Z地区出身」で，かつb「那覇で開業している」弁護士である，ということである。aとbの二重条件になっていることに注意する必要がある。もちろん，このデータだけではaとbの要素が何故，頻繁に来島する弁護士である理由としてあげられるのかは了解可能ではない。

　第3の点は，那覇で開業しているZ地区出身の弁護士がJ市を顧客対象エリアとしてカバーしているという情報を本島の他の支部に所属している弁護士が有していることである。同一単位弁護士会に所属する弁護士間で，主要な顧客獲得地域の情報を共有している，あるいは共通認識していることは一般的といえるのであろうか。

　このアカウントは次のように理解される。まず，aの「Z地区出身」であるが，Z地区とはJ市（J島）を中核とする周辺離島を含めた地域の名称であることから，調査地に頻繁に来島するのは「地元出身の」弁護士を指していると換言できよう。次に，b「那覇で開業している」弁護士がよりJ市に来島しやすいとは，直前にE氏自身が支部の弁護士であることを言及しているため，調査地へのアクセスの容易さを意味していると解釈できる。沖縄支部の裁判所は，那覇市街からかなり離れている。弁護士の調査地へのアクセスは空路になり，那覇空港へのアクセスを考慮すると那覇市街で業務をおこなっている弁護士は，来島することが容易である。

　しかし，それ以上の理解を筆者はもつことができなかった。実際，弁護士E氏の発言に対して，筆者である「私」は頷いただけで踏み込んで聞くことができていない。なぜなら，「私」は，この時点ではのちに「知り合いの本島（から）の弁護士」というアカウントに注目するとは考えていないからである。また，聞き取りの導入段階で早く本論に入りたいと考えており，特に注意を払うことがなかったからである。

　次にもう一つの場面をみてみよう。これは法律相談センターにおいて担当弁

第8章 「知り合いの本島からの弁護士」への依頼

護士に聞き取りを実施した際のものである。聞き取りの目的は，本島の弁護士から見たJ市の実態を探ろうとするものであった。「私」は，聞き取りの直前に，J法律相談センターの事務員から，当日担当の弁護士が交代になったこと，その担当弁護士のD氏[161]は今回が初めてのセンター相談担当であることを聞いていた。断片は，調査者である「私」が弁護士と挨拶を交わして着席後，もらった名刺を見ながら，弁護士がどこで業務を行っているか（所属事務所の所在地）を尋ねている聞き取りの冒頭場面である。

【本島の弁護士D氏からの聞き取り Data #28】
まず，名刺からD氏の所属する事務所と所在地を確認する。那覇市のT事務所。ボス弁ほか3名が在籍し，沖縄では大きい事務所だという。企業法務を多く請け負っており，大手企業の顧問になっているようだ。同事務所に所属するボス弁に次ぐベテラン弁護士が，頻繁に仕事でJ［島］に来島しているという。おそらくその人がよく話しに出る，Z出身のX3弁護士という人にあたるようである。D氏は，このことを言っていいかどうかわからない，と訂正するように付け加えた。
　　　　　　　　　　　　　　　（2004年2月26日フィールドノート記録より）

　上記のデータは，弁護士D氏への聞き取りの際，所属事務所について質問している際にその事務所に「頻繁に来島しているらしい本島の弁護士」がいることがたまたま明らかになった場面である。「おそらくその人がよく話に出る」とは，「私」が当該聞き取り実施日までに，他の法的支援供給者やタクシーの運転手等から聞いていたある人物（Z出身の那覇の弁護士X3）と名前が一致したことを意味している。
　次にみるデータは，地元の弁護士A氏[162]に対する聞き取りの抜粋である。A氏との面会が実現するまでには時間を要し，数度にわたる電話依頼の末に実現した。以下は，A氏の個人事務所で実施した聞き取りからの抜粋である。その直前では，他の離島からの事件依頼があるかを聞いており，「私」が次の質問に移る場面の記述である。

---

(161) 弁護士D氏：20代男性，那覇市で勤務弁護士，東京出身。
(162) 弁護士A氏：70代男性，J市在住，地元出身。

第2節　データにみる「知り合いの本島(から)の弁護士」

【地元の弁護士A氏からの聞き取り　Data #29】
［地元の］B弁護士や司法書士らとの連携がないことは既に分かっていたため，あえて聞かず，A氏は本島の弁護士と連携をもっていたのかを訊くことにした。
『ない。1961年から1967,8年まで刑事は僕ひとりだった。刑事の場合は，被告が本島の出身者であれば，本島の弁護士。被告がこの島の人間でも，親戚中に本島の弁護士とつながりがあれば，そういうことで，本島の弁護士がきていることも稀にあった。』
とA氏は言った。　　　　　　　　　　　(2004年3月10日フィールドノート記録より)

　A氏は，1961年から1968年までの8年間の間，J島には弁護士はA氏しかいなかったということ，特に刑事事件弁護についての苦労について言及している。この語りで注目したいのは，「この島の人間でも親戚中に本島の弁護士とつながりがあれば，そういうことで，本島の弁護士がきていることも」という箇所である。「そういうことで」とは具体的にどういうことなのか，当該聞き取りの際に特別に「本島の弁護士」を意識できなかった「私」は踏み込んで質問することができていない。「そういうことで」とは，本島の弁護士がJ市に来島して業務を行う理由を示した順接表現であると考えるのが適当であろう。すなわち，「親戚中に本島の弁護士とつながりがある」ことが，本島から弁護士が来島することの理由になるということになる。ここに調査地における弁護士利用についての「つながり」という人的関係資源の重要性をみることができる。
　次の語りは，相談センターに来島した弁護士F氏[163]（40代，那覇で個人事務所を経営）に聞き取りをした際のものである。「私」は，法律相談センターでの担当業務で来島した弁護士に対して聞き取りを行なう際には，その冒頭で通常業務でJ市へ来島することがあるかを決まって質問するようにしていた。

【本島の弁護士F氏からの聞き取り②　Data #30】
私は，センター担当とは別に，J市あるいは周辺群島に来島する機会がないかを聞いた。
『Jはゼロ，N島［J島とよく比較される別の西南諸島の中核島］は刑事で1件。

---

(163) 弁護士F氏：40代男性，那覇市で個人事務所を経営している，沖縄本島出身。

第8章 「知り合いの本島からの弁護士」への依頼

開廷表を見ても,資力のある人は本島からの弁護士を委任,受任する形が多いですね。』
と,F氏は言った。　　　　　　　　　(2004年3月11日フィールドノート記録より)

　この語りからは3つのことに注目できる。第1に,弁護士F氏はこれまでの通常業務ではJ市を訪れる機会はなかったこと,第2に,J市と並ぶ中心的な離島のN島には,刑事事件での関わりから訪れたことがあるということである。第3に,「開廷表を見ても」という部分である。
　この点について詳述するために,次のデータ切片をみてみたい。これは上記F氏へのインタビューと同日同所にて採取されたもので,F氏のほうから単位弁護士会が主催している離島における巡回法律相談制度について言及があった場面のものである。このデータの直前で,F氏は巡回法律相談担当時の感想を,相談ニーズが感じられたと肯定的に述べている。

【本島の弁護士F氏からの聞き取り③ Data #31】
F氏が相談に行った当時は,那覇からa島[沖縄本島の周辺離島]への直行便があったという。
『裁判所開廷表を見ても,本島の弁護士ばかりでしたね。』
と,F氏は言った。　　　　　　　　　(2004年3月11日フィールドノート記録より)

　弁護士F氏はJ島以外にも異なる2つの離島において相談実務経験がある。以上の2つの語りからわかるのは,まず,「本島の弁護士」というアカウントが使用されるのはJ市への出張に限ったことではないということが確認できる。そして,「開廷表」が実際にどちらの裁判所についての言及であるかについては,データ切片#30では那覇地方裁判所N支部(N島)であること,#31で言及されている島名から那覇本庁と推測される。F氏からの発言がある前,「私」は予定時間がおしてきて聞き取りをそろそろ終了させる心づもりでいた。そして,既出データと同様に私は「(知り合いの)本島(から)の弁護士」を注視していなかったため,私はただ頷いただけであった。
　次に,別の語りを検討したい。下記のデータは,社協での消費生活相談が全て終了した後に(当日は1時間40分で3件の相談があった)相談室に残って,相

第2節　データにみる「知り合いの本島(から)の弁護士」

談員2名（相談員O氏[164]と消費生活相談員K氏[165]）と話をしていた時の記録である。2名の相談員とは既に何度も会って話を聞いてきており，フォーマルなインタビュー以外の交流の時間をもっていた。

【社協専任相談員と消費生活相談員からの聞き取り　Data #32】
O氏とK氏は，相談ができる場所ということで，「○○」という政治関係団体においても相談をやっているという話を始めた。その団体へは，沖縄本島からX4という弁護士が頻繁に来島して相談にのっているのだという。私は，どのようにしてコンタクトをとればいいのか助言を求めた。K氏はその「○○」について電話帳で見たことがあると言い，電話帳にのっているのではないかという話になった。O氏が［○○に関係する］知人がいるらしく，私が聞き取りできるかどうかを聞いてみてくれるという。O氏自身が昔そこで弁護士に相談したことがあると漏らす。私はその事実に興味をもったが，O氏の話しぶりから，その場で詳しく訊くのは控えた。　　　　（2004年2月24日フィールドノート記録より）

　このデータからまず分かるのは，相談ができる場所として，政党団体関連のものがこの地域にあるということ，そして，そこには「本島から」が相談担当のため来島しているということである。そのような政党団体主催の相談サービスは，筆者の調査の限りでは，この地域の〈法的支援ネットワーク〉には組みこまれてはいない。

　上記までのデータに登場した弁護士D氏，E氏，F氏は3名とも本島にて業務をおこなっている弁護士であり，自身らの日常的業務において調査地に来島することはないということであった。3名とも，それぞれセンター相談日（聞き取りが実施された日）の朝に飛行機で来島して，夕方の便で本島に戻っていった。彼らは調査地に顧客関係を有するいわゆる「知り合いの本島の弁護士」には該当しない。しかし，ここで重要なのは，本島－J市間を頻繁に往来しているという「知り合いの本島の弁護士」というものを本島にいる弁護士である3人が認知していることである。

---

[164] 40代女性，周辺離島の出身で婚姻によりJ市に移住。
[165] 40代女性，内地出身で婚姻によりJ市に移住。

第8章 「知り合いの本島からの弁護士」への依頼

◆ 第3節 ◆ 小　括

　上記において，人々の弁護士利用・調達パターンの説明について6つのデータ切片をみてきたが，調査地では「（沖縄）本島の弁護士」を利用する層の存在，そして調査地内に顧客を有し，沖縄本島から頻繁に来島する弁護士が一定数いることがわかる。それは，法律家の常駐という不在解消がおこなわれた以降も，少なくとも，これらの弁護士たちの語りにおいて自然なかたちで語られている。また，J島に関しては，地元とは，J市だけでなくZという地域を意味するようである。事実，Z地区出身の弁護士は現実に相当数存在するにもかかわらず，その大半が沖縄本島の那覇市等で開業しているのが現状である[166]。弁護士がより魅力的なビジネスチャンス獲得から大都市部へ集中する傾向があることは一般に指摘される。しかし，「シマ社会」という人々のアカウントを考慮すると，島内で弁護士が開業しにくい，あるいはしない事情というものは，第7章でくわしくみたネットワーク結合に由来する部分がありそうである。

　法的アクセスの保障については，弁護士の探索およびそのサービス購買活動における地理的，時間的コストを基準に議論されることが多かった。専門的助言が供給可能な法律専門家が，必要な際に頼むことが可能な「近くにいること」は重要である。この場合，「近くにいること」とは，すなわち時間・移動距離・費用面から利用可能である範囲としておく。しかしながら，上記に挙げたデータ群は，従来の議論前提とは異なり，近くではなく，島の外にいることが利用者にとってある点で都合がよいことを示しているようである。

　「知り合いの本島（から）の弁護士」というアカウントは，本章の冒頭で記述したように，人々による直接的な言い回しで用いられる表現である。筆者が直接耳にしただけでなく（予備調査時2003年7月，本調査時2004年1月末から3

---

(166) ほぼ人口が同規模である別の離島であるN市においても同様に本島からの弁護士の往来がみられることが基礎調査における聞き取りで明らかになっている（『科学研究費補助金（基盤研究（B）研究成果報告書（1）15330004弁護士過疎地における法的サービス供給の構造——事例調査と大量調査を通じて——』平成18年6月提出，研究代表者：樫村志郎）。

第 3 節 小 括

月中旬），2004 年に実施した大量意識調査（6 地域調査）の自由回答欄には，「本島の知り合い○○（人名）先生がいます」（回答番号 6573）とカテゴリーそのものの記述がみられる。前章での社会関係の結合についての検討は，「知り合いの本島からの弁護士」アカウントが理解される背景のうち，地域社会の圏外で対処行動に出ることが好まれる要因の一つを提供する。

　もっとも，このような行動は，相当の資力を有するという限定層に通用するものに過ぎないのではないかという疑問もあるであろう。もし，そのような限定層であるとするならば，このような人々は相当の資力がある上で面倒を厭わないという，これまでの司法改革論議の想定外層であることが推測される。この疑問に答えるために，次の第 9 章では，弁護士による助言が有料であることに関する意識を見ていくことにする。

第9章 法律相談のサービス性と購買行動

第1節 地理的空間とサービス購買行動

　「地域」を研究主題とする学問的分野は，地理学と地域学である。その双方における「地域」の概念および類似する用語は，厳密にはニュアンスの違いはあるものの，すべて「地球表面上の一定の広がり＝(空間)」を意味している（大友1997：5頁）。

　地理学および地域学において，島嶼地域をめぐる研究手法は多岐にわたっている。本書での島嶼地域における法的サービスの法社会学研究の可能性を探るという目的から参照すべきは，地域振興・地域政策という観点からの行政や医療等基礎的な生活条件に関する専門サービスについての研究，そして，地域観光学および地域経済学からのアプローチであろう。これら諸研究による知見から，法的サービスの供給および購買行動を考察することは可能であろうか。消費者購買行動を研究するアプローチは多様であるが，本書の目的から購買行動の空間的把握，関係位置の観点が重要であると考えるため，本節では，生活圏域と購買圏域について考察することとする。

　地域社会における生活の空間的把握は，20世紀初頭にアメリカ農村学のギャルピンによって展開された手法である。当時，農村における社会問題——一般的に散居農場の形態をとっておりそれに応じた生活諸策を講じる必要があった——への対策として，実態としてその地域性を把握する必要があった。そこで前提となったのが，農村社会における生活圏域を確定する方法である[167]（熊谷ほか1980：916頁）。

　以下では，J市の生活圏域についてみてみたい。J市では，島内の市街中心

第9章 法律相談のサービス性と購買行動

地には，行政および医療に関するサービスが集中して存在している。司法サービスについても，裁判所（地・家裁支部および簡裁），法務局はそれぞれ市街中心地のバス通りに面して所在しており，新規法的サービスとして導入された法律相談センターおよびひまわり基金法律事務所も同様に市街地が設立地として選択されている（第5章参照）。

一般に，生活圏はモータリゼーションの進展により拡大したといわれる。J市は，車社会であると一般に言われ，家庭での乗用車保有台数も多い。J島内を運行する交通機関としては，民間企業運営のバスが利用できるものの，路線・便数ともに限定されたものである。島内北部や北西部等の農村地帯に居住する住民にとって車を用いなければ市街地へのアクセスは良いとはいいがたい。自家用車を交通手段として有しない者も相当数存在するため，とりわけ市街地外に居住する人々にとっては移動手段調達の問題がある。

さて，調査地住民は島内で供給される諸生活サービスにどれほど依存しているのだろうか。購買行動研究を概観すると，生活圏と対比して購買圏の測定がなされている。購買圏の把握には，財につき，日用品や食料品といった最寄品から買廻品までの代表例を挙げ，それぞれと居住地の関係をみていく手法が多く採用されている。あるいは，宮澤（1996）でみられるように，財によって購買地の選択様式が異なるとして，あらかじめ財の購入頻度（毎日，あるいは2,3日単位，1カ月，半年，1年あるいは不定期）を分類し，購買圏を測定する手法もある。

中野（1975）が実施した離島住民に対する購買圏およびサービス圏に関する調査によれば，肉類，酒類，菓子等の最寄品は低次の生活圏あるいは第一次購買圏を構成する。なかでも，菓子は最も低次圏域を形成する。一方で，荒物，下着，洋服，呉服と財が買廻品になるに従って，学校区に代表される第一次圏から第二次圏へ，低次から高次の購買圏域をとるようになり，それにともなっ

---

(167) ギャルピンがウィスコンシン州のウォルワース郡で実施した調査では，商店，工場，学校，図書館，教会，銀行等がある人口200〜300の田舎町（village）と農場農民との間には，社会関係（12の市街地を基軸として12の商取引圏，11の銀行利用圏，7つの新聞購買圏，12の牛乳集配圏，12の教会勢力圏，9つの高校通学圏，4つの図書館利用圏等）があり，地域的統一性があると分析された。

第1節　地理的空間とサービス購買行動

て本土中心都市（中野の研究では博多）への志向傾向が現われはじめる。

　従来の購買行動の要因研究では，概して低次財の購買ほど店舗の分布との関連が，また高次財ほど消費者属性との関連が示されている[168]（田辺1971，林1979，戸所1981，市南・星1983）。例えば，中野（1975）は，買廻品のなかでも洋服は，購買頻度が高く流行および情報に接触の多い商品であるので，住民が購買可能な地域の中でも都市的要素の高い中心地を選択する傾向を認めることができると指摘する（中野1975：208頁）。また，石川（2005）は，離島域における住民の最寄品と買廻品の購入先について調査分析をおこない，選考性の高い財の購入先に離島地域と本土の主要都市との結びつきのパターンを読み取ることができると指摘している[169]。そして，宮澤（1996）の五島列島における調査研究によれば，低次財は自地区の近隣店舗で購入し，高次財になるほど福江市で購入する傾向が明らかになっている。また，高次財のいくつかは島外での長崎市でも購入されるパターンが明らかになっている[170]。

　このような，低次財を居住地に近接した圏域で購入し，高次財になるほど遠距離の大きな中心地に依存するという購買パターンは，都市地域だけでなく本土の村落地域でも一般にみられるものである（国民生活センター1985，大杉1987，安食1988）。

　医療面からの指摘をみると，高次の財およびサービスの提供へのニーズと高齢化に伴う高度医療サービスの必要性から生じる遠距離通院の問題等は，もともと，本来生活圏を拡大していくなかで充実されるべき課題とされている（石川2005：25頁）。だが，離島をはじめとする隔絶性や非連続性を帯びた地域では購買者による行動圏域の拡大には特別の困難がある。隔絶性は，離島と本土

---

(168) 宮澤（1996）によれば，消費者購買行動に対する地理学のアプローチは，(1) 商圏構造を消費者の側から研究する系統で中心地理論の修正を試みるもの，(2) 人間の行動としての購買行動に着目し，それに作用する消費者のさまざまな属性の影響を明らかにするという1960年代以降の行動論の台頭とともに盛んになった系統，とに分類できる。ここでいう消費者属性とは，社会・経済的特性と消費者の内面的な特性の二つに大別され，研究の視点は前者から後者へ移ってきた。
(169) 石川（2005）が調査対象としたのは長崎県の離島地域であり，本調査地と同じく群島型に区分される離島群である。
(170) 宮澤（1996）が消費者属性として選択した要因は，居住地，女性の就業，女性の就業地，自動車保有台数，1カ月の買い物総額等である。

第9章　法律相談のサービス性と購買行動

間での人の移動や物財の輸送等の相互作用を強く制約しており（宮澤 1996），これらが，高次のサービス購入への相当の時間的・経済的制約となっていくからである。

　このような離島の地理的側面である隔絶性・杜絶性は，本土の村落地域とは比較にならないほど購買行動に対して大きな時間的，経済的制約となろう。離島地域における消費者購買行動の特徴とは，都市地域と比較して消費財の需給に顕著な不釣り合いが見られる点であり，こうした特徴は本土の村落地域と共通しているといえる。

◆ 第2節 ◆　法的サービスの性格と購買行動

　前節の諸研究の知見を基礎として考えると，法的サービスはどのような性格を有すると考えられるであろうか。
　第1に，法的サービスは，弁護士に代表される高度専門な知識をもつ専門家によって供給されるサービスであり，高次の財といえる[171]。
　第2に，法的サービスは信用品質，あるいは信用財としての特徴をおびているといえる。消費者購買研究における，消費者の情報探索の見地からその性格をみてみよう。情報探索の理論は，スティグラーの JPE に掲載された「情報の経済学」論文（Stigler 1961）によって先鞭がつけられ発展した。その後，Nelson（1970）によって消費者の情報探索行動にもとづき，探索財（search goods）および経験財（experience goods）という分類がなされ，Darby and Karni（1973）により信用財（credence goods）という区分が付加された。法的サービス利用者である一般の市民や企業には，法的専門知識や能力を欠く場合が多いため（情報の非対称性），サービス提供を受けた後も当該サービスの品質につい

---

[171] 専門サービスの供給配置について，フィッシャー（1996）は，都市度の濃淡によって利用可能な施設やサービスがあるとして，1930 年代のカリフォルニアで特定のサービス（店舗，制度，レクリエーション）が確実に存在するのに必要な都市規模があるということが古くから指摘されていたという（Keys 1958）。フィッシャーによれば，サービスが専門的あるいは一時的なものであればあるほど，コミュニティの規模が重要となり，専門サービスの例としては交響楽団や形成外科等をあげ，これらは十分な量の定常的な顧客を見いだすことのできる大都市に集中すると指摘する（フィッシャー 1996：92 頁）。

162

第 2 節　法的サービスの性格と購買行動

て評価することが困難である（太田 2001，太田 2002）。

　すでに見たように，購買圏に関する諸研究からは，低次財は居住地に近接した圏域で購入し，高次財の購入になるほど遠距離の大規模中心地に依存するという購買パターンが一定程度認められる。法的サービスが高次の財という性格をもつとして，購買行動研究との知見の重なりがどの程度みとめられるであろうか。

　なお，情報通信技術の発展により，本や CD 等の選好性の高い財の購入には通信販売やネット販売の利用がみとめられる（石川 2005）。また，衣服類の購買については，通信販売の利用が広く浸透したものとなっている（宮澤 1996）。これらは，購買のための時間不足と購買機会の減少に対処するための現実的な購買選択肢となっている。法的サービスの領域においても，インターネットを媒介した法律事務所ホームページや広告に代表されるように，法的サービスの電子市場が展開されるようになった。とりわけ，法律相談サービスについては，電子メールや FAX という通信技術を媒介しての供与形態が珍しくはなくなっている。2006 年より開始した法テラスのコールセンターにおける情報提供業務についても，全国集約的な情報網の構築による法的支援供給者の案内・紹介は通信技術を用いて法律相談へのルートを提供している[172]。

　樫村（2005）によれば，司法過疎問題を生み出す前提の一つは，高度な専門性をもつ法的助言や代理のような法的サービスが多くの場合に対面性を要求することにある（樫村 2005：165 頁）。すなわち，法律実務専門家の地理的分布に偏りがあるために接近可能性に困難が生じるのである。法的サービス供給において基本的に対面性が要求されるものとして，法的サービスの通信販売・購買

---

[172] わが国の消費者購買行動研究では，通信販売に未だそれほど関心が向けられてはいない。その理由として，宮澤（1996）は，(1) 地理学の購買行動研究はその空間的側面に向かい，店舗の選択と移動を伴う購買行動を取り扱うものであったこと（神谷 1982），そして通信販売では店舗選択や店舗への移動が見られないので研究対象外とされたこと，(2) 通信販売は，1985 年前後を境に小売市場において急成長しており（島田 1990），地理学の消費者購買行動研究が進展した時期はそれ以前であったこと，を指摘している。通信販売は，1980 年代後半以降，マーケットに出現するようになったが，山村での生活行動の研究（国民生活センター 1985，大杉 1987，安食 1988）においても通信販売の利用は未だ言及されていない。

がいかなる場合に可能であるのか，具体的ケースを複数検討することで，対面性が必要される事案，環境，場面が明らかになる可能性がある。そして，それらを検討することは，法的サービスの性質について，また，地理的特徴をもつ地域への法的サービス配置に配慮すべき問題について，部分的な説明を可能にするであろう。

◆ 第3節 ◆ サービス購買指標としての価格

本節では，法的サービスの価格について検討を加えたい。

ウォルターズとポールは，購買意思決定の基準となる要因について，(1) コスト，(2) 性能，(3) 適合性，(4) 便宜性という4つの側面からなる指標をしめした（Walters and Paul 1970）。(1) コストの指標とは，商品の獲得と維持に関わるものであり，価格，修理，設置，維持費，付属品のコスト，機会コスト等が含まれる。(2) 性能の指標とは，製品の使用に関わるものとして，耐久性，能率，経済性，材質，信頼性である。(3) 適合性の指標には，商品に対する好ましさとして，商標，スタイル，店のイメージ，製品のイメージ，時間的要因，外見が含まれる。さらに，(4) 便宜性の指標として，店の立地条件，店内配置，店の雰囲気，店のサービス，関連製品といった購買に関わる時間や環境要因をしめした。以上をみると，製品の購買意思決定は，商品の品質のみならず，時間的要因や店の立地条件等，消費者自身が商品への到達（購入）に至るまでのコストという，地理的・時間的要因の影響を受けるものであると確認される。ウォルターズとポールはこれら4つの指標の中で，コストの基準が消費者に最も重視され用いられる傾向にあると説明する。また，消費者が商品を評価する際，評価対象となる製品属性のタイプは消費者や製品カテゴリーによって異なるが，価格はどの製品においても重視される属性である（白井 2006：18頁）。

さて，J市でよく聞かれたアカウントのひとつに，法的サービスの有料性に関するものがある。例えば，新規の法的サービスであるひまわり基金法律事務所および法律相談センターについて，利用経験者やその経験を聞いた人々に，サービス（法律相談）の評価を尋ねると，それが有料であるということがまず言及することが多かった。有料への言及は，新規のサービスを知っているかど

第3節　サービス購買指標としての価格

うかという質問で答えが是か否かのみで足りる場合でもみられるものであった。あるいは，法的支援供給者の担当者に対して「法律相談を住民へ案内することがあるかどうか」という質問をした際に，有料であるため案内を控える傾向にあるというかたちで聞かれるものであった。

　以下の場面は，法律相談センターにおいて，事務員S氏に対し，センターでの通常業務に関して聞き取りをおこなっていた際に，センター受付の電話が鳴った場面の記録抜粋である。調査者である「私」は，S氏の応対から電話の内容が相談料の問い合わせであることを察する。

【法律相談センター事務員からの聞き取り③ Data #33】
11時57分，センターに電話があり［聞き取りを］中断する。内容は，相談料が無料かどうかの問い合わせのようだ。電話を切った後，
『結構，予約問い合わせの電話があるんですね。』
と私が言うと，
『今日は多い方です。電話はたいてい月曜と水曜が多い。週明けと相談日前日ということで。』
とS氏は言う。
『予約をとっているようには聞こえませんでした。』
と私が言うと，
『有料だと告げると，「おり返します。」という返事が多いです。』
とS氏は答えた。　　　　　　　　　　（フィールドノート記録04年2月16日より）

　「私」の『結構，予約問い合わせの電話があるんですね。』という発言の背景には，聞き取りの中断はこの場面が最初ではなかったことがある。直前のフィールドノート記録には，「11時40分，問い合わせの電話でしばらく中断する。S氏は，電話口でセンターに弁護士が常駐しておらず，木曜日に相談を受けつけているという説明をしていた。電話の主は，電話でも相談できると思っていたようだ。」と記述がある。当該調査日の聞き取りは，11時過ぎから始まったが，最初の中断である電話から20分と経過せず同じような問い合わせの電話があったため，筆者は頻繁であるとの印象をもった。なお，調査日は月曜日であり，予約可能な次回の相談日は3日後の木曜日である。

　上記の観察は，センターでの相談サービス利用に関心を寄せた人々が利用に

165

第9章 法律相談のサービス性と購買行動

際して事前に電話で問い合わせをしてくることがあることをしめしている，また，そのサービスが有料であることを知ると，予約はなされなかった。ここから，有料性は，少なくとも，利用予約を再検討する要因として働いているように思われた。

相談サービスの利用にあたって，それが無償で利用できるかどうかは，利用を考慮する判断基準の一つであることはいうまでもない。法テラスでの情報提供業務においても，コールセンターのオペレーターが弁護士への相談を希望する者の多くはそれが「有料」であると伝えると躊躇する，無料での利用を志向する傾向にあることが報告されている（金平2007：39頁）。

これは，法的助言サービスが信用財であることの一つの現れであると解釈できる。信用財の顕著な特徴として，供給側と顧客側に頑健な情報の非対称性がみられる（中泉2003等）[173]。それゆえ，購買後であっても当該財の品質について評価できないため，消費者にとっての購買リスクは最も高いと指摘される。

次の場面は，社協において地元の司法書士G氏[174]に聞き取りを行った際の記録である。この前で，G氏の日常業務について質問を行い，J市では司法書士間での連携がとりたててないことを確認している。

【司法書士G氏からの聞き取り Data #34】
私は，公設事務所［ひまわり基金法律事務所］のことを知っているかそれとなく聞いてみた。すると，G氏はしばらく天井を見て考え，
『自分の知人が，そこへ相談にいったが，そういうケースだとこれこれ幾ら位かかります，と言われただけで，30分相談だから5000円とられたってね，驚いていた。』
と言った。G氏にとってもこの話はニュース性があるように語られていた。
『自分のところでは相談は無料でやっているからね。』

---

(173) 中泉（2003）は，信用財市場の理論研究として，医療サービス市場の最適価格規制について論じている。
(174) G氏は，地元出身で，J市で個人事務所開設後，20年近い経験を持つベテランの司法書士である。通常の司法書士業務において中心となっているのは登記事案であるという。社協での法律相談は月に2回，G氏を含む4人の地元司法書士によって交替で実施されてきた。当該データは相談時間の合間に相談担当司法書士としてのG氏から話を聞いている場面のものである。

第3節　サービス購買指標としての価格

とさらにG氏は続けた。　　　　　（フィールドノート記録2004年2月17日より）

　直ぐに上記データを検討する前に，法的支援供給者による案内に関する別のデータをみておきたい。以下は，市役所の市民生活課係長Y氏に聞き取りを行っている場面である。第4章でみたように，J市役所では長年にわたり無料法律相談を実施してきた。市民生活課はその管轄部署であり，市民からの問い合わせや予約の窓口である。

【市民生活課係長Y氏からの聞き取り Data #35】
私は，市役所として，公設事務所［ひまわり基金法律事務所］を案内することがあるか聞いてみた。
『有料である，お金がかかるということが気になるみたい。無料の方がアクセスしやすい。』
とY氏は即答した。私は，
『やはり，相談に対価を支払うことに抵抗を感じる人がいるということですか。』
と聞いた。
『感覚としては，弁護士のところへ行くということはお金がかかるということを持っているのだけれども，相談のみで終わるといこともあるでしょ。話を聞いてもらってすんだという，そういう場合は，どうしてお金とられるのかということだと思う。』
とY氏は答えた。　　　　　（2004年3月5日フィールドノート記録より）

　上記切片の場面で，筆者がY氏に対し，J市として法律相談に関連して市民から問合せがあった場合に公設法律事務所を案内することがあるか質問しているのは，他の司法過疎地における調査経験に基づく。例えば，2003年夏に島根県浜田市において訪問調査を行なった際，ひまわり基金法律事務所が設置されて間もないこともあり，地方自治体や裁判所において，市民からひまわり基金法律事務所に関する照会があることやその場合の対応について，個々の職員が戸惑いや違和感を表明しているという事実があった（Yoshioka 2007：23頁）。
　この場面において，市の職員Y氏は，市民からひまわり基金法律事務所に関する照会があること，そしてその対応として，ひまわり基金法律事務所への

167

第9章　法律相談のサービス性と購買行動

案内がおこなわれることもあるとしながら，案内した場合に市民側からネガティブな反応がみられることにつき即座に言及している。有料であるということが，相談利用者にとって何らかの理由から「気になること」であることは，利用料の発生が相談というサービスを利用するかどうかを判断する一つの基準とみなされていることがわかる。

　上掲の二つのデータが重要であるのは，情報の提供というものが対価を必要とするサービスであると考えられていない点である。司法書士のデータでは，弁護士による助言があったにもかかわらず，それが対価を支払うべきサービスとはみなされていない。また，これらの場合，その相談者は，助言以上のサービスを受けていないように思われる。つまり，相談者への情報の提供——法的にはどのように扱われ，いかなる法的手段がありうるのか，その場合費用がいくら位かかるのか——といった内容に回答が得られるだけでは，有料のサービスとはみなされないという判断が見て取れる。

　あるいは，これらで言及されている「相談」は，相談者にとって弁護士への事件委任が必要であるかを判断するものであったが，何らかの理由によって事件委任は必要でないとい判断するに至ったケースであるのかもしれない。その場合でも，有益な情報の提供はなされていると考えられる。しかし，そのような程度であれば，相談が利用者にとっては有料サービスとして対価を支払う価値を見いだせないものであったというのである。また，司法書士G氏については，言及されている友人のみならず，相談のみでおわった際に弁護士が相談料を請求したことに自身も驚きを感じている。

　ところで，情報の経済学による既存の価格研究への寄与について，青木(2004)は以下のように指摘する。既存の価格研究では，消費者の価格情報の処理形態が明らかにされないために，商品特性に基づいて価格の働きを予想するのが困難であったが，情報の経済学を導入し新たな商品分類を考えることによって消費者の情報取得方法と商品分類との関係が規定されるようになった。つまり，当該商品が3つの商品群のうちのどれに分類されるかという位置づけがわかれば，消費者の情報取得がどのようなかたちで行われるのかがある程度予想できることになる。さらに，この情報取得形態の予想に基づいて価格という情報の受け止め方についても予測が可能になる（青木2004）。

第3節　サービス購買指標としての価格

　消費者は，製品やサービスについての蓄積された価格情報により，内的あるいは標準的価格として，参照価格を形成する（Helson 1964, Monroe 1973, Monroe & Petroshius 1980）。内的参照価格（internal reference prices）とは，消費者が価格の妥当性や魅力度を判断する際の基準として過去に観察したさまざまな価格の記憶から想起する価格であり，「消費者が妥当だと考える価格」（白井 2006：39頁）である。

　内的参照価格の形成メカニズムについて多くは詳らかではないが，多くの研究で購買経験あるいは情報に容易にアクセス可能な環境によって参照価格が導き出されるとの指摘がなされている（Zeithaml and Graham 1983：607頁）。例えば，ゼイサムルとグラハムは，歯科・医療・法律という3つの専門的サービスに対する内的参照価格の誤差率について調査し，精度はサービス類型や内容によってかなり異なることを明らかにしている（Zeithaml and Graham 1983）。当該調査では，3つの専門サービスをそれぞれ5項目に分け，法律サービスの分類は，初回訪問，交通事故の弁護，氏名変更，責めのない離婚であった。ゼイサムルとグラハムの狙いは，内的参照価格の正確度について購買経験を変数として測定するため，専門的サービスの購買経験をもたない学生を対象として選定した。結果として，サービスについて購買経験のない消費者の参照価格は不正確なものであった[175]。

　翻って，上掲データにみられる有料に対する驚きという違和感は，内的参照価格の概念によると，購買経験をもたないため内的参照価格の形成において対比が生じたと説明されるものとなろう。すなわち，この場合，内的参照価格との差異が，この場合は割高感として生起したということである。白井（2006：39-40頁）によれば，当該商品の価格と内的参照価格との違いがはっきり認識できる場合，対比（contrast）が生じたと説明でき，対比の大きさは内的参照価格との差が大きければ強く，小さければ弱いものとなる。データにみられる価格（有料）が驚きをもって受け止められるということは，実際の価格と想起された内的参照価格との差について大きく対比が生じたと，まずは解釈できる。

---

[175] Monroe and Petroshius（1980）は，参照価格は特定の商品の実際上の価格とは必ずしもいえず，似通った商品の平均価格であると主張している。

169

第9章　法律相談のサービス性と購買行動

　では，何故，低い内的参照価格が生じたのか。J市においては従来から無料で提供されている相談サービスが複数存在していた事実が，当該相談サービスが有料であるという価格情報の受け止めの前提として働いていると考えられよう。相談の限度でのサービスは，「話を聞いてもらってすむ」というニーズの満たされ方として理解されるが，そのような形式での支援はこれまで有償のサービスではなく，無償で実施されてきたためといえよう。つまり，そもそも当該サービス（行為）に対して価格が発生すると想定していなかったということであろう。

　であるならば，弁護士はこの事実をどのように見ているのだろうかという疑問が湧く。以下のデータは，法律相談センターで，相談担当のために来島した本島の弁護士Ｅ氏からの聞き取りの場面の抜粋である。

【本島の弁護士Ｅ氏からの聞き取り② Data #36】
Ｅ氏が，最近，誰かと話した話として，
『お医者さんと話だけをしてお金払うのには抵抗がないんだけど，弁護士となんか依頼し裁判とか依頼しないで話だけをしてお金を払うのが理不尽だと考える人が非常に多いらしいです。』
と言った。私は，思わず，
『理不尽』
と繰り返して言った。
『うん，感性なんで，目に見えるなんか成果品ないですから，なんか作ってもらうとか，たぶんそういうのがないんでしょうね』
とＥ氏は言い頷いた。　　　　　　　　（2004年2月12日フィールドノート記録より）

　上記のＥ氏の聞き取りの後，筆者は，Ｊひまわり基金法律事務所の弁護士Ｃ氏にこのことを伝え意見を訊いている。以下は，その際の記録の抜粋である。

【ひまわり基金法律事務所弁護士Ｃ氏からの聞き取り⑦ Data #37】
私は，Ｅ氏から聞いた話をして，同じようなことが島内でもみられるかを聞いた。Ｃ氏は頷くと，
『地元企業のオーナーでも顧問料を支払う意識がなかったりする。都市部ではありえない話ですが。』
と言う。

第 4 節　法律相談の無料性

> 私は，
> 『それは，土地ゆえのものなのか，それともリーガルカウンセリングのようなものに対価を払う意識がないのか，どちらなのでしょうか』
> と訊いた。
> Ｃ氏はすぐに
> 『後者の方だと思う。』
> と返答した。それはどうしてなのかと私は訊いた。Ｃ氏は，またすぐに，
> 『それはこれまでの弁護士がそういうことを広めてこなかったから，築いてこなかったから。』
> と即答した。　　　　　　　　　　　　（2004 年 12 月 2 日フィールドノート記録より）

　司法書士Ｇ氏のデータでみたように，Ｊ市の地域社会では司法書士がかねてから無料で法律相談を提供してきた。弁護士の実質的不在に代替するシステムとして司法書士が活躍してきたといえる。上掲データにあらわれているように，馴染みの顧客関係における"お付き合い"として，あるいは今後の営業施策のために，司法書士が実態として無料で法律相談を提供してきたことは，Ｊ市の場合に限らず指摘されることである。登記外の多様な相談事は昔から司法書士のもとにもちこまれていたが，一定の範囲内で法律相談を業として行うことができるようになったのが比較的最近である[176]。こうして，Ｊ市では，専門的（法的）相談サービスを受けるという行為に対価が発生する社会的土壌がなかった。また，次章で詳しくみるが，Ｊ市の調査地社会では相互扶助形態がなお残存しており，相談という行為に対する意味合いやそれに対する対価の意識を形成してきたのであろう。

◆ 第 4 節 ◆　法律相談の無料性

　本節では，法律相談の無料性についてさらにみていくこととする。以下のデータは，前節でもとりあげた法律相談センター事務員Ｓ氏の語りである。

---

[176] 弁護士法 72 条の規定により，弁護士に業務独占がなされてきたもので，近時の法改正により司法書士にも一定の制限内で認められるようになった。

第9章 法律相談のサービス性と購買行動

> 【法律相談センター事務員からの聞き取り④ Data #38】
> 私は，調査を通じてJ市では市役所で無料の法律相談があることが比較的良く知られているように感じたと言って，このことがセンターの業務に対して影響していると感じることがあるのかを訊いた。
> 『うーん…［しばらく考えて］無料で相談をしている場所がないか聞かれることもあります。そういう時は，こちらから市役所をご案内することもあります。』とS氏は言った。
> (2006年3月15日フィールドノート記録より)

　相談利用者が，法律相談センターで，無料での法律相談サービスの調達可能性について尋ねるということが窓口の職員によって語られている。有料のサービスを供給することが建前の法律相談センターもまた，無料法律相談の探索の端緒となることがある。

　わが国で行政サービスの一環として地域社会の住民に対し法律相談を含む各種相談サービスが多様なかたちでまたその大半が無料にて提供されてきたことは，諸外国と比べ特徴的であるといえよう（樫村 2000，村山・濱野 2003）。例えば，市・区単位自治体には，住民相談や法律相談の窓口が比較的古くから設けられており，その他自治体の多くの部局には所管事項に関して相談窓口がある。これら行政の法的支援供給および相談サービスがカバーする問題領域（つまり相談抱えるトラブルやもめごと）は広範囲に及び，その取扱件数が極めて多いということも特徴である。

　地方自治体で提供される相談としては，法律相談，人権相談，消費生活相談，子育て相談，女性相談とがいったものが代表例といえよう。ただし，行政過程についての法社会学研究は少なく，その中でも，規制行政については僅かであるが研究がおこなわれているのに対し，給付行政（欧米諸国においては重要な研究対象となっている）に関する研究は殆どなされていない（村山・濱野 2003：154頁）。すなわち，行政展開の相談サービスが具体的にいつ頃から存在し，現在どのような態様であるのか，また，紛争当事者たる住民がどのように扱われ，案件が処理されているのかについて実態はほとんど分かっていない[177]。

　日本弁護士連合会は2003年より全国地方自治体を対象として弁護士の法律

第4節　法律相談の無料性

<表17>地方自治体における弁護士活動の実態

調査年月	地方自治体	回収率（%）	顧問弁護士がいるという回答の割合（%）	法律相談の実施ありという回答の割合（%）
2003年3月	県	97.9	76.1	37.0
	市・区	63.4	79.6	81.0
	町・村	52.1	44.2	28.0
2004年4月	県	100.0	72.3	48.9
	市・区	81.5	78.1	84.4
	町・村	65.4	50.0	35.0
2006年4月	県	70.2	76.0	42.4
	市・区	70.1	81.0	83.2
	町・村	55.5	55.0	39.1
2008年4月	県	74.5	74.3	57.1
	市・区	72.7	83.1	73.0
	町・村	52.4	57.5	28.7

出典：日本弁護士連合会発行による『弁護士白書』(2002年創刊)の2003年版から2008年版を参照して筆者が作成した。数値は小数点第二位を四捨五入したものである。

相談等への関与についてアンケート調査を実施している。その結果によれば，地方自治体において展開されている弁護士による法律相談は，県レベルでは約半数，市区レベルで8割以上，町村レベルで3.5割の実施である。市・区自治

---

(177) その理由のひとつとしては，わが国では歴史的事情から行政が司法に対して相対的に閉ざされたシステムとして機能してきたことがある（村山・濱野2003：154頁）。また，自治体供給の無料相談サービスが生じた背景について考えられる仮説としては，官民尊卑の伝統，あらゆる領域を行政がカバーすることを当然とし後見的な介入と紛争の管理を基本的な任務とするという観念とプラクティスが政策当局と市民双方の側に存在していたこと，他方で弁護士の数を人為的に抑え，訴訟提起等裁判所利用を容易にする制度的工夫が長年政府によってされてこなかったことや，法を対等な当事者間の争訟において双方の主張を根拠づけるものとしてとらえて行動するのではなく，むしろ行政ないし国家が紛争を処理・管理する道具として捉えて行動するパターンが関係者にみられること等があげられている（村山・濱野2003：81-82頁）。

第9章　法律相談のサービス性と購買行動

体においては窓口設置数および開設頻度ともに多く，町村レベルは規模が小さい傾向にある（日本弁護士連合会2003, 2004, 2005, 2006, 2007 b, 2008 c）。相談開設形式は自治体によってさまざまである。日弁連調査で報告されているものは，単独自治体による実施，複数の自治体による合同実施，弁護士会への委託，個人弁護士への個別委託，社会福祉協議会委託等である。

　上記のように行政サービスとして弁護士による法律相談を供給している地方自治体は多い。そして，それらの殆どが無料で提供されている。各地の自治体の無料法律相談実施要綱によれば，「市民福祉を向上させる」，「市民生活を安定させる」等の政策目的があるとされている。しかし，それらの政策目的は極めて抽象的であり公費によって，希望する住民のすべてに，その所得や資産の多寡にかかわりなく先着順で法律相談を提供することがいかなる政策目的の実現に資するのかを十分に検討したうえで，費用対効果の観点からも妥当な事業であるという判断に基づいて事業を実施しているとは想定し難い。そうした抽象的な政策目的のみに基づいて，すべての住民に無差別に提供される無料法律相談事業を正当化することは，とりわけ自治体財政が逼迫した今日の状況においては困難である（阿部2005:17頁）。

　ここで，J市における無料法律相談に関するデータと記述をみてみよう。
　まず，最初にとりあげるのは，法律相談センター事務員S氏への聞きとりで，過去に実施した無料法律相談会についての言及があった場面のデータである。S氏は，説明にあたって何時の出来事であったか思い出すために，事務キャビネットにファイルを取りに行き，戻ってきて机の上に広げた。調査者である「私」がファイル内資料（相談者数の内訳）の数値を確認していると，以下の発話がなされる。

【法律相談センター事務員からの聞き取り⑤ Data #39】
『無料だと（相談者が）結構くるんですね。』
と，S氏が資料の数字を指し示した。相談者の合計は，5日間で54人となっている。30分ごとの枠で，1日あたり10人程度の来談者があった計算になる。通常に比べてかなり忙しかったことが明らかだ。
『無料であることは，やはり影響する？』
と，私は聞いた。

174

第 4 節　法律相談の無料性

> 『無料であると，簡単なことも相談しやすいということがあると思います。』
> と，S 氏は言った。　　　　　（2006 年 3 月 15 日フィールドノート記録より）

　S 氏は当時の様子を振り返り，「無料だと結構くるんですよね。」とセンター通常業務時の相談者数との違いを第 1 に述べている。この場面の直前の記述は，調査も終盤に近づいていたため，調査者である「私」が確認したい事項を次々と質問していくというスタイルになっていた。そのため，直前の記述は，車でセンターを訪問する相談者が大半だという話題であり，全く違う話題になっている。

　第 6 章でみたように，調査時点において，J 法律相談センターは相談利用の低迷に直面していた。それが，2001 年のセンター開設 3 周年という記念行事で無料法律相談会を実施した際には，5 日間の相談日で合計 54 人が相談を利用したということである。30 分ごとの枠で，1 日あたり 10 人程度の来談者があった計算になり，通常のセンター利用状況と比べると著しく多い。

　他方，J ひまわり基金法律事務所の弁護士 C 氏のもとには，地域住民の法律相談料への驚きの声や相談を無料でおこなってほしいという要望が次第に届くようになった。そのため，C 氏は，事務所宣伝の新たな試みとして，「初回の相談料 30 分無料」のクーポンをつけた事務所広告を地元のフリーペーパーに試験的に掲載した。その結果，当初の予想を大幅に上回る反響があり，事務所への来所者は増加し，同時期に検討していた地域ケーブルテレビへの広告をとりやめるほどであった。ただ，地元のフリーペーパー自体が採算上の理由により発行を中断し，無料クーポンつきの事務所広告は 6 ヶ月で終了されるかたちにはなった。

　ここで，商品特性と広告の関係から考察を行いたい。ネルソンによれば，広告は消費者に情報を提供するのではなく，商品の売り上げを高めることにあるため，消費者は広告の主張には懐疑的になる傾向がある。そのレベルは，商品特性によって異なり，購買前の情報探索によって確かめられる探索財よりも購買後にしか品質がわからない経験財の場合により懐疑的になるという（Nelson 1974[178]）。そして，購買後も品質の判断ができない信用財については，経験

175

第9章 法律相談のサービス性と購買行動

財の場合よりもさらに広告の主張に対して懐疑的になるという（Darby and Karni 1973, Nelson 1974）。

一方，青木（2004）によれば，購買者は信用財を購買する場合，価格情報のみに頼るのではなく，自らが信頼を評価できる他の情報（周囲の評判等）によって総合的に評価しようと努めると予想される。そのために，価格情報については経験財の場合よりも影響度は小さくなるという。逆に，購買すれば品質がわかってしまう経験財において価格の「情報としての信頼性」は，購買後も品質がわからない信用財における価格情報の信頼性よりも大きいという（青木2004：182頁）。

以上をふまえると，上記でみたデータと記述から，J市においても，無料という価格情報には一定の集客効果があるといえる。

さて，第6章でみたひまわり基金法律事務所への来所経緯では口コミが効果を発揮しているようであった。ひまわり基金法律事務所や日本司法支援センターの4号業務対応事務所に赴任したスタッフ弁護士らからも，赴任から時間を経るごとに実際の利用者による紹介で新規の来談者へとつながる口コミの傾向とその効果が報告されている[179]。信用財の，消費者には品質評価が困難でひいてはモニタリングができないという性格は，利用者としてはサービス提供者を信用するか，信用の保証となるように長期的信頼関係を構築するほかないという指摘もある（太田2002）。

地域社会への法的専門サービスの配置導入は広報の仕方と合わせて考えていくことが必要となろう。

一方，相談利用者は相談事案（内容）によって有料であることと無料であることの妥当性について判断しているとも考えられる。以下のデータ切片は，上記でみた法律相談センターでの事務員S氏に対する聞き取り直後の場面である。

---

(178) Nelsonは，探索財と経験財の広告が伝達する情報内容の違いについても指摘している。探索財の広告では，属性に関する情報等ダイレクトなものが，経験財の広告では，ブランドの評判等のノンダイレクトな情報が伝達されるという。
(179) 例えば，日本弁護士連合会（2008a），田岡（2005），本林他（2008）等に報告されている。

第4節　法律相談の無料性

> 【法律相談センター事務員からの聞き取り⑥ Data #40】
> 私はS氏に，
> 『来談者にとっての30分で5000円の設定への評価は，窓口で対応していてどのように感じますか。』
> と訊いた。S氏は，
> 『電話でも聞けるちょっとしたことを聞きたいという人からは，「ちょっと高い」という反応がかえってくることもあります。木曜日にしか弁護士は来ないので電話での相談はできないという対応をします。反対に，複雑な内容だと何度もお金を払っても来たいと言う人もいますね。』
> と答えた。
> 　　　　　　　　　　　　　　　（2006年3月15日フィールドノート記録より）

　上掲データは，相談者による相談内容の評価（見立て）によって相談料発生の適切さが判断されることがあるということの語りである。相談者の抱える相談事案（内容）が「電話でも聞けるようなちょっとしたようなこと」と評価されるものであれば，対価を支払うことを厭う。反対に，複雑で自分では対処できないようなものであれば有償サービスへの違和感は生じないということであろう。前節でとりあげた3つのデータ（司法書士G氏，市役所職員Y氏，弁護士E氏）でも，相談が一回性を帯び事件依頼を経ずに終結するケースを想定しているといえる。これらデータ群のみからは不明であるが，相談者が何らかの理由によって，当該相談のみで事足りる，あるいは，弁護士に事件依頼をするに至らないと判断したケースにおいては相談に金額が発生するのはおかしいと考える。

　これに対して，相談者の抱える案件内容が「複雑な内容」である場合，相談に金額が発生しても特に問題は生じないということになろうか。ここでは，データのさす内容が相談者の経済的価値観によるかもしれないため，そのように考えることができるにとどまる。しかし，相談内容の複雑性によって金額の妥当性が評価されていることが確認できる。

　以上のことからいえることは，相談の内容や性質が対価支払の妥当性についての評価に関係しうるということである。ここには，利用者と弁護士の間の認識の齟齬が見られる。

第9章 法律相談のサービス性と購買行動

　一方で，サービス供給側である弁護士にとって，法律相談はあらゆる法的サービスのとば口であるが，受任に結びつかない相談は，一般に経営的見地からの時間的拘束に対するペイとして現実のインセンティブは低いものである。事務所を経営する上での一般的な売上額からみると，30分5千円という相談料は，それほど高価ではないという認識にたつであろう[180]。相談者側でサービスの対価について案件内容によって評価の違いが生まれるということに注意を払ってはいないであろうし，もともとその点に助言者側である弁護士は注意を払う必要はないともいえる。

　他方で，利用者側にとっては，弁護士という専門サービスの利用にふさわしい複雑な事案でなければ，相談サービスの対価が想定されるよりも高額であるという認識に由来する不満をもち，ひいては弁護士利用そのものについての否定的な評価につながる可能性もあるということである。

　本調査終了後，上記までで記述した状況に興味深い変化がみられた。

　ひまわり基金法律事務所では，相談のみについてある時期から無料で実施する方針に切り替えたのである。その一方で，法律相談センターはその利用度の低さから有料法律相談サービスを廃止するに至った。これらは，地域社会の支援慣行が，法的支援供給者の行為のあり方に変化をもたらしたことを意味するであろう。

　本節までの知見を基礎とすると，日本司法支援センターの情報提供業務が無料で実施されるようになったことには意義があるかもしれない。そもそもコールセンターによる情報提供業務には実体に関わる聞き取りと助言に及ばないで，適切な手続き・機関・方法を教示・紹介することがどの程度可能なのか，相談と振り分けの分離可能性について原理的な問題があるが（濱野2006a：31,34頁），事案内容についての適切な相談先への案内が無料で情報提供されるということは，相談利用側のサービス対価へのギャップを解消しうる可能性もあるし，確実に法律専門家による法的解決が必要な人々に法的サービス入手可能性がもたらされることにもつながる。

---

(180) 日本弁護士連合会（2002）および「弁護士センサス」（2008年日本弁護士連合会実施）より。

第 4 節　法律相談の無料性

　本章では，法律相談の価格が法的支援供給のあり方を規定する一つの側面について見てきた。ここで注意したいのは，関係性社会では，金銭的採算に見合わない相互扶助が存在することである。トラブルやもめごとを抱えた場合，自身と「知り合い」という関係性のある者へと依頼することは，「シマ社会」を肯定的に使用する行動である。もし「シマ社会」という主観的現実をより深く理解するならば，これらの行動やそのアカウントを統一的に理解する方法が見いだせないであろうか。次の第 10 章では，これら残された疑問に答えるために，相互扶助のさまざまな形態，とりわけ同郷的結合について，やや突っ込んでみていくこととする。

◆第10章◆ 弁護士利用における紐帯と空間

◆第1節◆ ユイマール・門中

【社協専任相談員からの聞き取り④ Data #41】
「ユイマール精神ってご存知ですか。」
社会福祉協議会の専任相談員O氏は，私たち［筆者ら］[181]に確認するように尋ねた。
「人が困っていたらみんな親戚中で助けるもの。サラ金業者にとってはおいしい場所です。」
とO氏は続けた。
（予備調査フィールドノート2003年8月21日より）

上記は，社協の専任相談員O氏が，金銭貸借トラブルに関する相談の実態を説明しようとした際の発話である。ここでは，調査地社会でみられる相談の特徴のひとつとして，金銭トラブルに関して親族間での助け合いが強くみられるということが主張されている。本章では，この記録抜粋で言及されるユイマール精神を含め，調査地社会に深く根付いている相互扶助のさまざまなかたちを検討していく。

恩田（2006）は，日本の農山漁村にみられるユイ，モヤイ，テツダイといった伝統的互助行為の慣行をフィールドワークで収集した資料をもとに体系的に整理した。第2章でみたとおり，島の特性には四面環海による地理的非連続性からとりわけ古い社会システムや相互扶助のネットワークが残存している。恩

---

(181) 本記録は基礎調査における訪問調査時に採取されたものであり，［筆者ら］とは，研究グループのメンバー2名および筆者を含む3名をさす。

第10章　弁護士利用における紐帯と空間

田によれば，それは内陸部以上に典型的な村落の三形態（農山漁村）[182]が凝縮されているからで，もとより日本が島国であることを考慮すると，日本社会全体がこうした互助特性を持つとも考えられる（恩田 2006：411頁）。

　伝統的互助行為の慣行としてのユイは，結合の意で交換的な共同労働を意味し，労力の提供に対し金や物でなく労力で返すのが特徴である。モヤイ（催合）が生産手段の共同による集団労働であり，テツダイが片務的であるのと異なる[183]。ユイを要求する立場をユイを雇うといい，それに対してユイを貸す，ユイに行くという表現がなされ，一戸単独では不可能な屋根替，家の建築，田植え収穫等がその対象である[184]。冒頭で示した記録中のユイマールとは，一般に助け合いや相互扶助を意味し，沖縄社会ではその互助精神性を表すものとして日常的に用いられている[185]。ユイマールの語源は，近所の者同士で賃金を受け取らずに順番に働くこと，すなわち「雇い廻る」にあるという。

　ユイマールの一形態として，J市および周辺離島群のZ地方では，共同店と呼ばれるものがある[186]。共同店とは，地域住民による出資型共同売店で，選ばれた理事により運営管理されているいわばシマ共同体の生活拠点である（恩田 2006：342頁）。沖縄の共同店は，明治期に沖縄本島北部の国頭村で設立されたのが最初とされ，その後，中頭郡や島尻郡の農業地帯や離島の農村集落等各地に広がり，村落の立地条件や社会的条件によって多様な展開をみせていった

---

(182) 恩田によれば，村落は農村，漁村，山村から構成され，農村と山村は互助形態が類似することが多く，漁村は漁労組織や漁獲物の分配等に農村とは異なる固有の互助行為，互助組織がみられるという。
(183) 百科事典マイペディア「ユイ」より。
(184) 見田・栗原・田中（1994）『社会学事典』弘文堂より。ユイの語源と意味の変化については，有賀（1957）を参照されたい。有賀によれば，東北地方の農村においては昭和初期の時点で，「ユイ」が古くから農業上の共同作業に限らず何らかの共同行為をさすのに使われていた。
(185) 例えば，筆者が同行した社協による島内最北部での移動相談は，月に一度のデイサービス活動に組み入れられるかたちで実施されていたが，毎回スタッフと共に冒頭でなされる体操は「ユイマール体操」というネーミングで，「ユイ，ユイ，ユイ，ユイマール」と歌いながら行う。
(186) 共同店研究は田村（1927）の『琉球共産村之研究』によって開始され，平（1957）や玉野井・金城（1978）等，奥区の共同店を研究対象とするものが多い。その他，沖縄国際大学南島文化研究所（1982：65-75頁）等がある。

(安仁屋ほか1979:48-50頁)。Z地方でも，J島のほか，d島（字単位）や船で30分程度の距離に在るf島にもみられる。これら共同店は，戦後のZ群島開拓移住に伴い設置されたもので，入植者たちの養蚕や牧畜等の産業おこしを支えたのは，これら『共同体』を中心としたユイマールであったという（恩田2006:342頁）。

　他方，沖縄社会を語るうえでその特徴といえるのが地縁・血縁による結合関係である。門中は，墓を一つにする男系を中心にした血縁集団であるが，親戚一族の範囲よりはるかに広く，数千人以上に及ぶ。血縁集団とはいっても親族の範囲を超えることがあり，姓や出身地が異なる者も含む広い社会的ネットワークが特徴である（恩田2006:291頁）。沖縄社会では，姓が異なっていても出身地が遠く離れていても同じ門中である場合があることから，人々はよく「知らぬ人とはめったにケンカしてはならぬ。どこに門中の人がいるかも知れぬ」と言うのだという。このような墓を共有した同族意識は，選挙や就職，経済活動等の面でもフルに活用されて現代社会においても威力を発揮する（大城1993b:272-276頁）。

◆ 第2節 ◆ 同郷的結合

(1) 郷友会

　一般に同郷者による結合とは，異郷の地にあっても同郷者が結集や連絡をとりあうなどして親睦をはかることを，または雇用や教育等生活面における情報交換や支援等相互扶助のために結合することを意味する。同郷を同じ民族やエスニシティとして捉えるならば，その結合形態は特定地域における結集的居住というコミュニティ形成やエスニックセグリゲーション[187]にまで拡大されよう。

　本章では，同郷的結合の一形態である郷友会をとりあげ考察の対象とする。その理由は，郷友会が調査地である沖縄社会を語るうえで無視できないもので

---

(187) 日本の地理学研究者の間では，1980年代以降の日系ブラジル人や在日コリアンを対象に一定の研究蓄積がある（李2002）。

あり，かつ，母村の人間関係を異郷にあっても維持し相互扶助の精神によって支えるという郷友会の機能が調査地社会における「知り合いの本島の弁護士」という概念を説明する上で重要な要素の一つとなっていると考えるところにある。

　郷友会とは，「原則的に，故郷を同じくする者とその家族が，旧来の地縁・血縁を構成原理として，成員相互の親睦・扶助等を基本的な目的とする集団」と規定される[188]。現在では，おもに沖縄地方や奄美地方[189]でその実態が強くみられる。他の地域においてもみとめられ[190]，その分布は全国にわたるという調査報告もある（松本1994）。その歴史は古く，戦前にまで遡る。農村から都市に出稼ぎのために流れ出てきた人々は，先にその土地にいた先輩や親類のもとで働くケースが多かった。同郷の者同士が集まって互いに助け合い親睦に努めるといった同郷者同士の結びつきが，やがて組織をつくるようになったものが起源であるようだ（戸谷1995：222-223頁）。

　このように，郷友会結成の動きは出郷地における就業機会獲得に強く関係があったと考えられ，現実に特定の職業集団としての側面をもつものも多くあった。例えば，甑島（鹿児島県薩摩郡下甑村の瀬々野浦集落）出身者の関西地区への就業と定住過程については，森川（1987）による出郷者の生活史研究や，丸木・山本（1991）の口述生活史研究や，鯵坂（1994）等の研究等があるが，大正時代の初期から親族・同郷のつながりを頼りにしてセメント会社，製鋼所，

---

[188] 玉城・稲福（1991：86頁）。
[189] 奄美群島における郷友会は「ごうゆうかい」と呼ばれ，田島の一連の研究（田島1988，田島1989，田島1994），須山（2005）等がある。奄美群島の中心都市である名瀬市における郷友会は，1950年代から1960年代前半にかけて結成されたものが多く（田島1994：13頁），これは沖縄の郷友会設立時期と重なる部分があるといえよう。また，その設立背景や当時の機能について須山（2005：42頁）を参照すると，雇用と人口流出，出郷者の生活支援や就職斡旋等，両者はきわめて類似していた部分があるといえよう。しかしながら，同郷人組織は一般に出稼ぎ者や移住者が結成しているので，その設立時期が出稼ぎ・移民の開始と同じ頃であるという指摘（石原1986：12頁）をみると，これは自然の帰結かもしれない。
[190] 例えば，富山県の山村出身者による京都西陣地区での同郷的結合について，松本（1968），松本（1971），鹿児島県甑島出身者による尼崎市での結合について松本（1985 a），森川（1987）。瀬戸内島嶼部出身者による東京，大阪，広島での同郷団体結成について岡橋（1987），岡橋（1990）等。

第 2 節　同郷的結合

鉄工所等へ就業し，移住するパターンがあったことが明らかになっている[191]。

(2) 郷友会の活動と機能

沖縄県においては，1950 年代以降，戦後の農村からの人口移動を背景として，人口集中化の激しい那覇に出身集落（母村）単位の多くの郷友会が生まれていった[192]。その機能は「村から離れたものがかつてのふるさとで持っていた伝統的な社会・文化的関係を失うことなく，都市へソフトランディングするきわめて効果的な役割を担ったもの（戸谷 1995：228 頁）」であった。

沖縄県内で組織されている郷友会は，1980 年当時で 250 以上（琉球新報社 1980：4 頁）であり，現在も相当数にのぼるとされるが，郷友会数および会員数の正確な把握は困難な作業である。その規模は，マンモス的なものからシマの部落単位のきわめて少人数のものまでさまざまであり，結成単位は，離島，集落，そして最小単位はムラ（字）である（黒田 2000：114 頁）。

郷友会の活動は，一般的な年中行事として，敬老会，運動会，合同成年祝，学事奨励会があり，特に定期行事における運動会の位置づけが重要であるという指摘もある[193]。郷友会によっては郷友会誌が刊行されていることも少なくなく，特に会員の名簿編纂は重要な活動と位置づけられてきている[194]。また，ほとんどの郷友会は結成時に会則を定めているようである。

郷友会に関する社会的関心は，月刊郷土誌「青い海」によるキャンペーンによって惹起された。郷友会研究は，石原によって 1979 年に先鞭がつけられ，石原（1986）として纏められた[195]。また，沖縄の地方新聞である琉球新報は，

---

[191] その他にも，沖縄に関する郷友会について，「先発者を頼っていくので自然にその職種も同じ傾向がみられる。」（石原 1986：75 頁）を参照されたい。
[192] 最も古いものとしては，大正 5 年に設立された大宜味一心会（沖縄北部の大宜味村出身者による）等がその代表例である。
[193] 例えば，ほとんどの郷友会において発足当時から運動会はメインイベントである。会員の傾ける情熱や凝集力の強さに関して，石原（1986：46-52 頁）が詳しい。また，奄美出身者の同郷団体の運動会行事の様子や会長のライフヒストリーをフィールドノート形式で記述したものに小林（1986）がある。
[194] 異郷の地にあって結集し相互扶助するとなれば，会員居住地の把握は最優先課題となる。詳しくは，石原（1986：59-61 頁）を参照されたい。なお，名簿編纂への取り組みを知るに「一人も記載漏れをださないように」という記述もある琉球新報社（1980：302 頁）を参照されたい。
[195] 玉城・稲福（1991）は，郷友会研究にあたって注意すべき問題を整理している。

1979年から1年間にわたり、県内の250以上あるともいえる（1980年当時）郷友会のうち、部落単位以上のものについて193回の連載を行い紹介している。さらに、調査地に限っては、調査地発行の月刊情報誌『Z（諸島についての方言）』に「郷友会だより」という記事枠がある。

(3) 県人会・自治会との差異

同郷的結合による団体結成として一般的に想起されるものとして、県人会の存在がある。宮本常一は、その著書の中で県人会と郷人会を区別し、その差異を以下のように記している。「県人会が県出身者の中でも有力な人によって組織されているのに対して、郡人会をはじめ、町人会、村人会となると、一地域から出た者によって組織され、この方には一般労働者もまじっていてその団結はこまやかなものになってくる」。さらに、郷人会は「成功したものもののみが集まっているのではなく、郷土を等しくして共に働いているものが結束してつくっているから親密の度もつよく、また内部での序列もはっきりしている」（宮本 1984：29-32頁）。県人会の実態についてはいまだ十分に把握されておらず、本書でも踏みこまないため、上記の指摘をただちに支持するのは留保が必要であるが、本書では県人会と郷友会の差異について以下のような点を指摘したい。

第1に、その組織形成の差異として、郷友会の結成単位は、島、集落、部落等、その単位が細分化されていることである。県単位はあっても、「集落単位の同郷の者で、連帯組織をつくることは殆どない」（戸谷 1995：231頁）。第2に、その活動内容の差異として、郷友会は「単なる親睦団体にとどまらず」（須山 2005：41-43頁）、郷友会独自の制度——例えば、一部の郷友会活動にみられる郷友墓とよばれる共同墓地の所有（石原 1986：68頁）、互助事業としての奨学金・貸付制度（石原 1986：66頁）——等がみられる。同郷的結合研究の先達である松本は、全国での同郷団体調査において県人会とのつながりの有無を問い、わずか8.3%の同郷団体が県人会の傘下にあるとの回答であったことから、同郷団体と県人会は組織を異にするとして、県人会を明確に区別する立場をとっている（松本 1994：24頁）。

他方で、地域社会における組織体としては、自治会がある。高橋（1995）は、那覇市における自治体組織の研究の中で郷友会の機能を自治会のそれと比較し

て，那覇市の自治会の中には郷友会の性格をもつものが少なからずみいだされるとして，郷友会規則に注目し，それが自治体の目的や活動とかなり共通すると結論づけている（高橋1995：206-207頁）。高橋によれば，「自治会と郷友会は，形態的には異質であるにしても（特に成員性における形態的異質性），その機能は根本的に等価である（機能的等価性）」。また，自治会は親睦と共同防衛の機能をもち，郷友会は相互の親睦と扶助の機能をもっているが，両者の機能は基本的に等価であって，両集団はいわば生活防衛・生活維持機能集団であり（実際のデータでは，自治会は親睦機能が特に目立ち，郷友会は相互扶助が特徴的である）」と整理している（高橋1995：212-213頁）。

◆ 第3節 ◆ 金銭と相互扶助・模合

相互扶助という観点から，郷友会活動においては「対価を求めない行動様式」（石原1986：59頁）がみられると指摘される。このような特筆すべき互助意識の存在について，例えば，黒田は以下のように記している。模合が象徴しているような，インフォーマルなレベルでの相互扶助は，郷友会のもっとも重要な機能である。なにか困ったことがあったら，郷友会に行けば，解決の手立てが見つかるのである。就職の斡旋，顧客開拓の援助，教育資金の捻出，冠婚葬祭の手配，娯楽の提供等，郷友会は生活の重要な領域をカバーしている（黒田2000：115頁）。

模合とは，金銭融通の慣行で，一定の人数でメンバーが定期的に集い，n人がn回，掛金を拠出して親とよばれるリーダーが管理をおこない，入札やくじで選ばれたメンバーの一人が受け取るというシステムである。同様の慣行として，無尽講や頼母子講等があり，国内では島嶼地域に多くみられ，海外では東南アジアで散見される[196]。ギアツ（Geertz 1962）によれば，このような講（rotating-credit association）は小規模な資本支出によって貯蓄を結集する効率的な制度であり，経済発展を助ける重要な手段でもある。

模合が行われているのは，なにも郷友会においてだけではない。本書の過程

---

[196] 既出の鹿児島県の離島では，現在でも親世代の年齢層において頼母子講が庶民金融として機能しているという（中久保2004）。

でも，J市慣行として行なわれていることが観察された(197)。上記文献によれば，その実態は親睦目的が濃い少額のものや事業資金目的に至る高額模合までさまざまであるとのことである。

　翻って，郷友会のなかには，模合自体を基盤として結成されたものも存在するようである。石原（1986）によれば，郷友会においてみられる模合形態は(1)親族会模合，(2)事業模合（貸付，事業の運転資金等），(3)親睦模合と大別されるが，当初，生活基盤形成を主目的に行われていた模合は少なくなり，現在では親睦的意味合いを強まっているという（石原1986）。

　このような金融慣行が存在する社会とは，どのような背景をもつのか。コールマン（Coleman 1988）は，社会関係資本の基礎となる社会構造を凝集的な集団におけるネットワーク閉鎖性（network closure）に見出した。そこで，コールマンは，ネットワーク閉鎖性の機能が社会の成員に制裁を加えることを容易にし，恩義と期待を促進するものとして無尽講，頼母子講の金融システムを例に説明をおこなっている。コールマンによれば，模合のような金融システムは集団のメンバーの間に高度な信頼性が存在しえないと制度が存在しえないものである。というのも，毎月の会合の早い回に支出金を受け取った者が密かに逃亡して他のメンバーに損害を与えることもありうるからである。例えば，高度な社会解体に特徴づけられた大都市，言い換えれば社会関係資本が欠如する大都市においてはこのような講（本書では金融システムであるところの模合）の存在は考えにくい。すなわち，コールマンによれば，このようなシステムが存在する社会は「高レベルの常時未決済状態の恩義を内包する社会構造」で「人々が利用できる社会関係資本が多い」ということになる（［コールマン 2006：214-216頁］）。

◆ 第4節 ◆ 「知り合いの本島（から）の弁護士」カテゴリーと郷友会結合

　那覇市には，大規模なものを含めて相当数の郷友会が存在する。例えば，高

---

(197) 第4章第11節でみたように，J島北部では，女性のみのグループが年金を使って模合を行っていた。

第4節 本島の知り合いの弁護士カテゴリーと郷友会結合

橋(1995)は,那覇市とその周辺に拠点をおく郷友会の目的や機能を整理したうえで次のようにまとめている。「那覇市とその周辺において,郷友会の活動は盛んであるといわれるが,それは事実であるといっていいであろう。那覇市の住民は,どこに住んでいようとも,そして自治会に加入していなくても,郷友会に加入していれば,少なくとも一定の範囲において,親睦・扶助の活動を共にしていることになる」(高橋1995:208頁)。実際の郷友会数についての把握は難しく,那覇市に存在するとされる郷友会数は,1980年当時で,琉球新報社(1980)によれば200弱,鈴木(1986)によれば500で,1995年時点で戸谷(1995)によれば200以上,吉川(1989)では300ともいわれている[198]。

表18は,1980年に那覇市において,J市およびZ地区出身者から結成された郷友会について,その名称,郷里地,結成年,会員数,主な活動内容を整理したものである。上段に記載されているものには,沖縄本島に存在するJ市出身者(各集落)による郷友会が複数含まれている[199]。そして,それらを含むいくつかの郷友会は,周辺離島の中核地であった調査地において,Z地域の離島出身者により結成されたものである[200]。筆者は,法的トラブルに関しての専門家であり相談をもちかけられる機会が多いと考えられる弁護士,隣接業種士,裁判所職員に限って抜き出し,備考欄に記載した。大学教職者の氏名についてもいくつかみられたが,表の記載には含めてはいない。弁護士について,

---

[198] 同郷団体の存在を検出することは容易ではないし(岡橋1987:17頁),実態数の把握はその調査方法によっても影響を受けるであろう。

[199] 掲載されている19の郷友会の全てが戦後の結成であり,1950年代から1970年代前半の間に発足し,なかでも1961年から1968年あたりまで活発に結成の動きがあったと思われる。戦前および戦後の那覇市における郷友会の機能を整理した戸谷(1995)によれば,1960年頃までの郷友会は母村から出て来る者の就職紹介や働き口の世話をする機能を担っていた。那覇は,戦前,働き口がきわめて少なく,本土への出稼ぎや海外への移民を送り出す経由地にすぎなかったが,戦後,米軍の巨大基地増設や那覇市の復興建設にともなう経済の活発化による雇用増加,行政機関が就職斡旋を積極的におこなうようになったことで,次第にこれらの機能は薄らいでいった(戸谷1995:227頁)。同様に,郷友会への入会者が減少する傾向がみられた時期として,就業の契機の変化(学校への就職安を通じての求人が従来の先輩・親戚のつて・紹介パターンにとって変わったこと)が関係するという,さらに集団就職の開始が従来のパターンに頼らなくても就業できるようになったという記述もある。また,構成する会員の世代交代による郷友会への関与意識の変化は郷友会活動への参加や活動内容に影響を及ぼし,郷友会自体の機能変化へとつながっていったようだ。郷友会活動のピークは,石原(1986:158頁)等によると,1980年代半ばであったといえる。

第10章　弁護士利用における紐帯と空間

<表18>J市およびZ地区出身者による沖縄本島在郷友会

		郷友会仮名称	結成年	会員数 単位：人（世帯）	主な活動内容	備考*	備考欄：弁護士につき弁護士会名簿の記載有無（○×）
沖縄本島在J郷友会	1	郷友会1	1970	20000（2000）	敬老会・郷里の援助	弁（甲・乙・丙）	甲○（那覇で個人事務所）乙×・丙×
	2	郷友会2	1975	2900	大運動会・のど自慢大会	司・税	
	3	郷友会3	1958	1200	総会・敬老会・運動会		
	4	郷友会4	1967	830（254）	運動会・ピクニック	司	
	5	郷友会5	1967	950（290）	新年会・総会・名簿		
	6	郷友会6	1967	120（35）	敬老会・ピクニック・観月会・野球大会		
	7	郷友会7	1970	155（60）	ピクニック・野球大会・新年会・郷里への援助		
	8	郷友会8	1960	1200	敬老会・ピクニック・運動会・成年祝	裁職	
沖縄本島在Z郷友会	9	郷友会9	1950	2500	郷土支援・運動会・新年会・敬老会・総会弁（丁）・司・税・法	丁○（那覇で共同事務所）	
	10	郷友会10	1959	1800	運動会・敬老会・総会	司	
	11	郷友会11	1960	1500	運動会・敬老会・総会		
	12	郷友会12	1962	250	運動会・新年会・総会		
	13	郷友会13	1973	660（167）	民俗芸能の継承	司	
	14	郷友会14	1967	1000	ピクニック・祭りの継承		
	15	郷友会15	1958	500	学事奨励会		
	16	郷友会16	1971	50			
	17	郷友会17	1956	5610	運動会・ピクニック	弁（戊）	戊×
	18	郷友会18	1968	1300（350）		弁（己）	己○（名護で個人事務所）
	19	郷友会19	1970	400（90）			

出典：石原（1986）および琉球新報社（1980）を参考のうえ，筆者作成。　*〔備考欄〕弁：弁護士，司：司法書士，税：税理士，法：法務局職員，裁職：地裁職員

参考までに2006年の沖縄弁護士会名簿の記載有無を右端欄に記した。
　その結果，表18記載の6名の弁護士のうち3名が弁護士会名簿の記載を確認でき，いずれもその事務所所在地は本島内であった[201]。
　表18作成の目的は，県内における郷友会の中から調査地での「地元」（J市およびZ地区）に関連するものの実態とそれら郷友会の活動に弁護士および隣接業種士の関与があるのかについて手がかりを探ることにあった。備考掲載の弁護士，司法書士がどのような顧客獲得・営業パターンであるかがわかれば，本島（那覇）で開業－出身島というつながりの説明のひとつになると考えた。しかしながら，表18の備考欄記載の弁護士らが，実際，顧客獲得業務においては母村での社会人間関係と無関係であるか，あるいは業務の枠を超えて母村

第 4 節　本島の知り合いの弁護士カテゴリーと郷友会結合

との関係を維持しているかは不明であるし，あくまでも仮説の域を出ないものである。

　ただ，少なくとも，離島出身の弁護士は相当数確認されるものであり，母村を離れて業務を行っているということ，また，その中で出郷地においても母村との関係を郷友会活動から継続している者の存在が確認される。もちろん，郷友会活動に関与していないものの顧客獲得パターンに母村との何らかのつながりをもつ弁護士もいる可能性も大いにある。

　さて，上記までで，相互扶助形態，郷友会の実態についてみてきたが，「知り合いの本島（から）の弁護士」というアカウントの理解を考えるにあたって次のような問いが生じる。出郷した者が故郷との関係をそれほどまでに持続するのであろうかということである。この点に関して，沖縄社会には以下のような指摘がなされることがある。例えば，戸谷は，J 島に新設される空港問題にコミットしていた人々への聞き取りから，本土（ここでは沖縄を除く日本という意味で用いる）ではムラをいったん離れて都市へ移住するとムラとの関係は薄くなるが，沖縄では，村を出た者も自分の故郷に対して村にいたときと変わらないような行動をとるというのである（戸谷 1995：231 頁）。同様に，黒田（2000）は，那覇市と名護市における地域住民組織研究で，沖縄社会には「出身地に対する強烈な固執」を見出すことできるといい，戸谷（1995）の指摘を支持している。これらの指摘は，「J 地区出身の本島の弁護士」というアカウ

---

(200) 表 18 の作成にあたっては石原（1986）の『郷友会社会——都市のなかのムラ』および琉球新報社（1980）の『郷友会』の掲載情報をもとに一部編集した。琉球新報社（1980）は，既述のとおり，沖縄の地方新聞である琉球新報の紙面において県内の 250 以上もの（1980 年当時）郷友会のうち，部落単位以上のものについて 193 回の連載をおこない，それを刊行したものである。そこでは，各郷友会の郷里，結成年，結成をめぐる背景，そして主な活動内容や各会の特徴がまとめられており，その中には，各郷友会の役員名，各会における活躍者と肩書も掲載されていた。

(201) むろん，弁護士会名簿に登載されているからといって，弁護士が現役実動状態であるとは限らない。単位弁護士会側で個々の弁護士の実働状況についてどの程度把握しているかは不明であるが，日本弁護士連合会では，2008 年に実施した弁護士センサス（弁護士基礎データ調査）によれば弁護士の週の労働時間が 40 時間（1 日 8 時間×平日 5 日間）未満の弁護士が 71 歳以上で過半数を超える（57.6%）ことから，法曹人口シミュレーションにおいて弁護士としての現役を 70 歳と設定している（日本弁護士連合会 2009：64 頁）。

ントを，地元出身者が地元社会の住民との間でもつ，強い紐帯を背景として理解することを一定限度で支持するものと言えよう。

◆ 第5節 ◆ 紐帯と空間

　これまでの議論をもとにして，J市の人々が，那覇で開業しているZ地区出身の弁護士との間で維持し続ける，紐帯について整理してみたい。この紐帯の重要性を考慮すると，J島を，単に他の地域から隔絶した社会とみなす見方は，修正を要することになる。そして，そのような修正を施すならば，「シマ社会」というアカウントをより深く理解できるようになると指摘したい。
　自足性を備えた地域社会は，社会学においてはコミュニティという概念で表現されることが一般的である。ウェルマン（Wellman 1979）は，コミュニティが現代社会において衰退化しているのかという社会学における古典的な問題について先行研究や議論をコミュニティ問題（community question）として整理し，喪失論（Community Lost），存続論（Community Saved），そして自身の提唱する解放論（Community Liberated）の3類型に分類した。それまでコミュニティ喪失理論では，近接性が共同的な結合によって決定的に重要であると考えられてきたが，コミュニティ解放論では，移動・通信手段の発展により，コミュニティが地域を超え拡散して存在すると考える。つまり，コミュニティ問題の出発点であった地域や空間といったものから自由になるとするが，ウェルマン自身は，残された問いとして以下のものを挙げている。すなわち，遠距離の紐帯を維持するのにコストはかからないとみてよいのであろうか，という問題である。また，即座に物理的接触が可能な近距離の相手との関係において利点はないのであろうか，という問題もある。これらは，援助およびサポートにとっての近接性（距離）がどの程度まで問題になるか，そして援助およびサポートを供給する紐帯と近接性がどの程度関係するのかという本書の問題関心に関連性が深いものである。
　この問いについて，フィッシャーの研究を検討したい。フィッシャーは，北カリフォルニア地方を対象とした調査から，コミュニティ崩壊理論にとってかわる，都市部という人口密集地では社会的ネットワークが選択的に形成され，

その結集として多様な下位文化が生成するという考えを「下位文化仮説」と呼んで検証しようとした（Fischer (1982)［フィッシャー (2002)］, Fischer (1984)［フィッシャー (1996)］）。その中で，フィッシャーは，紐帯の空間的分布，すなわち相互作用の相手が地域的関係（近距離である）の場合と地域を超えた関係（遠距離である）の場合とでどのような違いが生まれるのか，交際相手に対して知覚される親密性の度合を検討している。それは，人々にリストの中で誰を「特に親密である」と感じているかを問い距離別に分類する[202]というものであった。その結果，遠くの交際相手がより顕著に他の交際相手よりも親密であると分類された。

　だが，それでは，遠距離の紐帯は現実的関与を失い単に情緒的ないし感情的なものに過ぎないのではないか，という問題が生じてくるであろう。この問題にこたえるため，フィッシャーは，さらに，交換という側面に着目し検討をおこなっている。交換は，5つの項目（1.訪問や外出等の社交的活動，2.共通の趣味について話し合う，3.個人的な問題について話合う，4.重要な決定について助言を得る，5.金を貸してもらう）に分類され，非親族を対象として名前の挙がった相手（回答）を距離別に分ける方法がとられた。フィッシャーによれば，5項目の交換は，挙げた順番に，事柄の重大性が増すとしている。

　当該調査から明らかになった一つの知見は，交換には，距離が重大であるようなものと距離が周辺的な費用であるものがあるということである。事柄の重大さが増すにつれて近くにいる交際相手の優位性は減少した。例えば，社交活動は頻繁にその場にいることや接触を必要とするが，個人的な相談事および助言ならびに借金は，電話や手紙で可能な時折の相互作用を必要とするものであった。つまり，親密性，犠牲，信頼が関係する状況では近接性がそれほど重要でない，つまり，近くの交際相手は殆どあるいは全く必要とされないということであった。

　本書の問題意識から，フィッシャーの調査知見をみると，本書で扱う助言探

---

[202] フィッシャーは，距離を車で5分以内，5分から1時間以内，1時間以上と3つに分類した。その理由として，5分という基準は小さな町あるいは大都市の一区域に近似した距離であること，1時間という基準は，地域外への通勤や時おりの訪問の距離的限界を画すものであることとしている。

索行為は，フィッシャーによって定義された交換（個人的な相談事や助言）と同等に考えることが可能であると思われる。

このように，援助およびサポートを供給する紐帯には，近接性が問題にならないと考える余地がある。

しかしながら，忘れてはならないのは，法的支援供給には，有償供給と無償供給の2種類があり，その区別は，少なくとも文化的に支持されるアカウントを通じて，人々の行為を規定していることである。第9章で相談と価格について検討したように本書で対象とする法的支援の探索行為は無償（無料法律相談）および有償での相談サービス利用というものである。また，本書で対象とする法的トラブル処理においては，単発の相談サービス購買行為で終結するもののみならず，継続的な依頼関係のもとでいわば長期でのサービス購買行動も含まれるものになろう。

一方で，J市の人々は，単なる助言は，有償の法的支援供給に相応しくないと考えているようであり，その反面として，無償の助言は近接する支援者から得られるべきものと考えているようである。そうだとすると，有償の支援として相応しい程度に至るような弁護士サービスは地理的境界を超えても探索される（本島の弁護士の来島を求める）ということになろう。「知り合いの本島（から）の弁護士」というアカウントは，このような，地理的境界を超えるサービス探索という活動を，人的カテゴリーとして表現するものであるのではないだろうか。

◆ 第6節 ◆ ま と め

本章では，法律家の不在解消後もなお調査地においてこのような「知り合いの本島（から）の弁護士」というアカウントを理解するためにふさわしい背景知識を記述しようとした。その検討によれば，われわれは，司法サービスをめぐる地域性の作用に，2つのものを区別すべきだとの洞察を得ることになる。

一般に，司法アクセスをめぐる論議は，法律家が近くにいること，現実的に可能なアクセス範囲内にいること，また「いつでも」いることが望ましいという判断を前提にしてきたといえる。これに対して，「知り合いの本島（から）

第6節　まとめ

の弁護士」というアカウントは，従来の議論の前提とされていないパターンを表現しつつ組織する実践を示すものであると考えられる。この弁護士利用パターンはいかにして理解可能なのか。上記までの検討から導かれるものを説明要因として，以下に整理したい。

　第1に，地域社会の圏外で対処行動に出ることが好まれる要因のひとつは，社会関係の結合の高さそのものである。第7章で詳述したように，J市はさまざまな紐帯が張り巡らされたネットワーク密度の高い関係性社会であること，いうなれば，直接的あるいは間接的結合の連鎖や，異なる文脈での関係での多重性が成員らによって強く意識されている。その拘束性から免れるため，人々は「シマ社会」のしがらみの外へと法律専門家（弁護士）を求めようとする。

　第2に，J市の外で対処行動が行われることは，直ちに，そのような関係性の外に出ることではない。人々は，地域社会の外にまで広がる関係性の網の目をたどって，法的支援を求めるのである。J市のようなネットワーク性の高い社会では人々は自身と「知り合い」という関係性のある者へと援助を求める[203]。その社会の外でも，人々が関係性のある者へと援助を求めるというパターンは変化しない。

　第3に，J市にみられる互助慣行の存在である。調査地および周辺離島では，入会権や金銭融通に関する慣行や，地縁団体や共有地（コモンズ），地域住民による出資型共同売店である「共同店」の存在等がみとめられる。本章では，とりわけ同郷的結合について詳しく検討をおこなった。このような互助慣行は，郷里の内部ばかりでなく，郷里から地理的に離れても，地元や親族のつながり等を維持し助けるということを可能ならしめているように考えられる。このような人々の結合や互助意識は，沖縄社会に特有な一面であるともいえるが，一方で，郷友会のような同郷的結合団体は沖縄社会のみならず，日本に点在する伝統的なコミュニティを母村とする出郷者によって多くの都市部において結成されている。この点については，より深い理解のため，互助慣行のみられる調

---

[203] J市で親族・知人間の金銭貸借が多くみられ，そのトラブル対処においても親族・知人間のネットワークに依存する部分が公設事務所弁護士や相談業所掌者によって語られていた。同様のことは，都市部から離島（佐渡市）へ赴任した弁護士によっても報告されている（佐藤 2009）。

査地以外の主要な離島，島嶼部，あるいは農村の状況についても検討する必要があろう。

　第4に，島嶼性がサービスの供給，購買にもたらす複合的要因，とりわけ生活圏域と購買，消費行動がパターン生成の一要因となりうるということである。関係性社会では，金銭レベルでの採算性に捉われない相互扶助を重視する傾向が存在する反面，「知り合いの本島の弁護士」の利用者層が資力に余裕がある一定層に限定されないのではないかとも考えられる。

　以上をみると，法律家不在対処として，やむなく行われていたように見える事態としてのコミュニティ外部からの法律家調達は，実際のところ必然的に発生した部分もあると考える余地がある。このように「知り合いの本島の弁護士」というアカウントは，「シマ社会」というアカウントと深い関連があると見られる。つまり，そのような行動の背景には，コミュニティ外での対処行動に出ることがむしろ好まれ，さらには，コミュニティ内部に法律家や法執行機関が介在することがなじまないという地域社会の主観的に把握された特性－「シマ社会」－があるといえる。そこで，代替する苦肉の策として，やむなく，このような外部からの法律家調達や外部での法対処行動が普及したのではなく，自然の帰結としてこのようなシステムが発生したのであろう。

　弁護士という法律家の適在ということを考えるに，離島・村落等の小規模地域社会において，地域における動態的人口や社会構造，産業経済活動，生活圏域を勘案し，これまで必要条件として求められてきた「利用者が通常アクセス可能な地理的範囲内に弁護士が常駐している」という出発点は，なじまないのではないかと示唆できるかもしれない。もっとも，以上の解釈は，J市への滞在調査研究を通じて，筆者が到達した解釈であって，一つには，より長期の滞在により，また一つには，他の地域との比較検討により，さらに検証される必要がある，一つの仮説であると言わなければならない。

◆終 章◆ 総合法律支援の実効化に向けて

　本書では，地域社会において法的支援供給を行う諸機関の作用を総合的に分析するにあたって，「ネットワーク」という語を用いた。それは，地域社会の住民による法的支援探索は，個々の住民が行うものであるが，その対象は，孤立的に存在・作用する法的支援供給者ではなく，複数のそれらの供給者からなる，相互に関連する総体（ネットワーク）であると考えるゆえである。また，(1)第1章で詳しく検討したように，総合法律支援という概念の基礎には，総合法律支援概念がもともとネットワーク概念であったこと，(2)日本司法支援センターは，情報提供業務をはじめ地域社会のさまざまな相談機関・団体との連携を重視しているが（総合法律支援法第30条1項1号，同1項6号）[204]，連携の確保および強化を行うべき機関・団体は，「広い意味で法律サービスや法律的保護を要する者の司法アクセスの実現に関係している機関・団体」であること，(3)法テラスの連携確保・強化業務には，単に各機関の情報をネットワーク化するだけでなく，法曹を含まない日常的ネットワークに法的支援供給者や司法機関を直接的・間接的に組み込む作業も含まれること（濱野 2007c：29頁）から，法的支援供給の実態について把握し，記述説明することがきわめて重要であると考えたためである。

　つまるところ，本書では，総合法律支援の理念を念頭におき，ある離島の地域社会を対象として，地域社会の内外に存在する公式および非公式の法的支援

---

[204] 立法担当官によれば，日本司法支援センターが連携の確保および強化を行うべき機関・団体は，広い意味で法律サービスや法律的保護を要する者の司法アクセスの実現に関係している機関・団体であり，そのうち高齢者又は障害者の援助を行う団体その他の関係する者との間における連携の確保については衆議院での入念的修正として設けられた（古口 2005：65頁）。

終 章　総合法律支援の実効化に向けて

供給活動を，その地域社会の生活慣行とともに，総合的，包括的に理解することを目指した。具体的には，本書では2つの課題を追求した。第1に，一つの地域社会に存在するさまざまな法的支援供給者が，その社会に生起する法的なトラブルに対して，総体としていかなる仕方で反応しているのかを，複数の支援供給者に目を向けつつ，そのネットワークとしての諸相において描き出すこと，そして，そうしたネットワークの動的な形成維持のため支援供給者がいかに活動しているかを記述することである。

　第2に，法的支援供給が高度に専門的なサービスである以上，その提供者は社会的に希少であり，すべてのそうしたサービスが地域社会の内部で提供されると期待することはできないことに鑑みると，地域社会住民に対する法的支援供給のあり方の一つとして，地域社会の外において，法的支援供給者を探索し，それを獲得するという可能性が無視できない。実際，地域社会の内部に存在する法的支援供給者は，その外に法的支援供給者が存在するということを意識し，語るのである。そこで，本書の第2の課題は，地域社会の住民へと地域社会外から法的支援供給が実現されるあり方を記述することとした。本書では，この2つの課題に答えることを通じて，現代の地域社会における法的支援供給のあり方を詳細に明らかにすることとともに，――比較的に他から隔絶した離島のような社会においてさえも――，それが一つの地域社会内部では完結しない広がりをもつありさまを明らかにした。

　総合法律支援制度は，裁判員制度ともに司法制度改革の柱の一つであり，改革の行方を左右する重要性を持っているが（田中 2006：98頁），両者とも理念の実現には相当の困難と障害が横たわっている（濱野 2007c：25-26頁）。終章では，本書で明らかにしてきたことをまとめつつ，総合法律支援体制の整備に対して実践的示唆を行うこととしよう。

　司法ネット構想をめぐる議論の中で，情報提供に関して従来までの対応や取り組みに対して指摘されてきた問題点は，以下のようにまとめることができる。第1に，相談先等に関する情報が集約・整理しておらずわかりにくいことである。情報提供にあたって情報の集約化である。第2に，適切な紛争解決への道案内を行う相談窓口が十分に整備されておらず，情報を提供する媒体の設置という問題である。第3に，相談窓口とその後の法律サービスの提供とが十分に

連携していないことである[205]。

　本調査は 2003 年から 2004 年にかけて実施したため，本書での記述および説明は，日本司法支援センター設立による総合法律支援体制の始まる前の地域社会の状況であるが，調査地において法的サービスへの潜在的なニーズは非常に高く，ある意味で予測どおりであった[206]。日本弁護士連合会が 2001 年に開始した弁護士過疎地へのひまわり基金事業は，経済的に成立しないのではないかという不安視する向きがあったものの，これまでに開設されたひまわり基金法律事務所は 2012 年 10 月 1 日時点でのべ 112 箇所となり，これまでのところ一定の収益を上げている（田岡 2008：10 頁）。司法過疎地において法的需要そのものが存在しないあるいは低いと考えられていたが，地方社会になお多くの司法需要が存在することは明らかであるといってよいであろう（樫村 2009：4 頁）[207]。また，法律専門家不在地域においても多種多様な法的支援が地域内で調達可能である。それらに対する人々の選択基準や利用パターンは，地理的立地，開設形態，受付・振り分けのシステム，広告，有償性の有無，評判等のさまざまな要因から担当者等によって説明されている。

　司法ネット構想の議論で問題とされた，上記の 3 つの問題点のうち，第 1 および第 2 の問題点に対処するため，日本司法支援センターでは，情報を中央に一極集約しコールセンターを設置することが構想され，無料の電話による情報提供業務が 2006 年 10 月より開始された。しかしながら，そもそもコールセンターによる情報提供業務には実体に関わる聞き取りと助言に及ばないところ，適切な手続・機関・方法を教示・紹介することがどの程度可能なのか，相談と振り分けの分離可能性について原理的な問題が存在しているとの危惧がある（濱野 2006ａ：31，34 頁）。本調査を遂行する過程では，一方では，法的支援サービスの潜在的利用者側は，「このような場合，どうすればいいのか，どこへ

---

(205) 司法アクセス検討会（2003 c）配布資料，司法制度改革推進本部（2004）配布資料等。
(206) 阿部（2007）は，司法過疎地において報告されている法的ニーズには，充たされることなく放置されていたニーズと司法過疎対策事業によって創出されたニーズという 2 通りの解釈が可能であるとし，定量的データ分析により，後者の新たな法的ニーズの創出可能性について分析している。
(207) とはいっても，司法需要は経済的変動により大きく変化する部分があるため，事件発生の安定的水準を推測することは困難である（樫村 2009：4 頁）。

終章　総合法律支援の実効化に向けて

相談にいけばいいのかわからない」という情報不足に直面していることが想像された。他方で，調査時点では，各種相談媒体の受付・事務担当者や助言提供者であっても，個別の事件に適切にフィットする〈連携〉可能な媒体がどの機関なのか，事件の振り分けや他機関の紹介等をめぐり問題を抱えていた。

第4章，第5章，第6章で詳しくみた〈法的支援ネットワーク〉の形成・維持は，こうした問題に対する地域社会の対応の結果であった。地元地域社会に，適切な法律情報サービスがあることは，それでもきわめて重要である。そうしたネットワークには，自生的に形成されたことによる強みもあるが，ネットワークに組み込まれていない法的支援供給者があったり，その作用が個人的熱意に大きく依存していたりするという，限界もあったからである[208]。「司法ネット」は，外部に専門家を求めてこざるをえなかった地域社会住民（潜在的利用者と法的支援供給者）が，より専門的な法的サービスを内部化するきっかけになると期待される。

第6章では，法的支援供給活動を総合的に捉えつつ，〈法的支援ネットワーク〉が二つの次元・層において形成・維持されていることを明らかにした。観察された〈法的支援ネットワーク〉の構造は，実態および評価に関する情報の流布や浸透，また，アクターの人的資本によって変化しうる可塑性を有するものであった。とりわけ，相談実務を掌る行為者によって相談供給媒体の果たす機能までもが変化しうるという本書の知見を基礎とすると，司法過疎地における相談について，希少な相談資源を地域社会の人的資本を用いて効果的に組織することが可能であるという可能性と，支援の人的依存性が高くなりシステムとしての安定性が低くなる限界をみることができよう。

それが離島という地理的に連続性をもたない限定された空間で観察されたことや，調査期間（予備調査から追跡調査まで約1年）という一定期間に限っても

---

[208] 日本の法社会学者らが実施した近年の紛争行動調査によれば，日本の問題処理行動を米英と比較すると，日本では，弁護士などの司法型相談機関への相談が，それ以外の非司法型（民間および行政）の相談機関に相談したかどうかと連携しては用いられていないという特徴がある。また，相談機関はそれぞれの類型ごとにタコ壺化する傾向があり，非司法型相談機関に相談した人が司法型相談機関導かれる可能席は極めて少ないという（村山2009：27-28頁）。

諸変化が観察されたことは，法的支援供給ネットワークが地域社会と強く連携しつつダイナミックに変動する性質をもつことを示唆している。

　司法ネット構想で議論された第3の問題点である相談窓口とその後の法律サービスの提供とが十分に連携していないという点について，日本司法支援センターでは，各地方事務所における他の法的支援供給者・団体との連携・協力関係の構築につき，年度計画において具体的数値目標を掲げ，情報データベースの搭載量を徐々に増やしている。また，利用者負担軽減のために法的支援供給者相互連携の緊密度を上げることを目標とし，「連携指数」として数値化する試みを行っている。「連携指数」は，「連携方法を緊密度の上昇につき4段階（①紹介②取次③転送④予約代行）に分け算定するもの」であるが[209]，その数値は僅かではあるものの上昇傾向にあるようだ[210]。しかしながら，そのために具体的努力がどのような取り組みによってなされているかは，充分明らかにはされていない。

　日本司法支援センターでは，情報提供業務の運営開始にあたり，ネットワークの確認作業を3度実施したが，短期間においても法的支援供給者情報の変更等が確認され問題となったことが報告されている（金平2007）。総合法律支援で目指される地域における法的支援供給者情報のネットワーク構築は，現場レベルでの〈連携〉活動に関するアップトゥデートな情報集約と定期的な更新をいかに行うかが喫緊の課題となろう[211]。

　本書の知見は，また，今日の司法改革の影響力のもとで，専門家に依存することの多い法的支援供給と地域社会の人的資源に基盤をもつことの多い周縁的な法的支援供給とが相互に影響し合うものであることも示唆する。

　第7章から第10章においては，コミュニティ外部との紐帯に基づく弁護士利用パターンについて，その背景・基盤をなす地域社会慣行に目を向けつつ，検討した。その検討が示唆するのは，ある地方における司法需要は，地方社会の人間関係のあり方がその地方における司法需要の内容に影響を与えるので一

---

[209] 日本司法支援センター（2008：31頁）。
[210] 日本司法支援センター（2007），同（2008）。
[211] 近時の日本司法支援センターの業務の現状と課題を報告するものとして，岩瀬（2008），日本司法書士会連合会の協力体制についての報告として，里村（2009）がある。

終章　総合法律支援の実効化に向けて

種独特の性質を帯びるようになり，大都会や他の地方の司法需要とは異なる個性をもつ可能性がある（樫村 2009：5 頁）ということでもある。

　コミュニティ外部から往来する一定の弁護士層というものは，調査地以外にも古くからみられる[212]。例えば，既出の鹿児島県の離島で業務を行ってきた司法書士は，以下のように指摘する。司法過疎地であるシマは，人口，医療，教育の過疎といった問題も同時に抱えており，そうした環境で発生するもめごとに対処するには地域に密着した生活者の視点が必要である。他方で，もめごとを抱える人々は地元には知られたくないという意識から，身近でおこなわれる法律相談を敬遠する傾向があり，もめごとの内容が地域に密着していると潜在化する可能性がある。したがって，法律専門職を送りこむだけでは問題が解決せず，司法過疎地と法律専門職の関わり方が重要となる（中久保 2004）[213]。

　J市で業務を行っている司法書士によれば，島での紛争処理に伴う難しさは『10年もいれば弁護士は食えない。』と表現される。法的紛争解決は「相手方」という対抗関係を生じさせるため，第7章でみたように，ネットワーク結合度が高く，異なる文脈において多重的関係を生じる地域社会では，弁護士自身もその内部で社会生活を続けると対抗関係に巻き込まれることになる。そのようななかで，紛争処理に携わっていくのは大変難しい。地域社会の中に，「相手方」として対立関係を生じさせる法的解決は，島内で紛争の当事者に加担した場合，相手方の親族縁故者や友人関係から悪評を立てられるため，成員（メンバー）によって『島を歩けなくなる』というアカウントがなされる[214]。

　例えば，J市の地元司法書士が紛争処理を行うのは，本調査時点までは多重債務に限定されていた。これは，島民同士の問題（地域社会内に対立関係を生じさせる）ではないため，定着している専門家でも可能であるからだという。利益相反の問題は，調査地に限ることでない[215]。利益相反を避け紛争当事者がそれぞれ法律専門家にアクセスできるようにするためにゼロワン状態を解消す

---

[212] 例えば，座談会（1975）「弁護士過疎を考える」20頁参照。
[213] 中久保（2004）では，血縁・地縁の結びつきから裁判による紛争解決が困難であるとして（2004年当時弁護士はゼロ，4名の簡裁代理権取得司法書士）司法書士を中心に代替する紛争解決システムとしてADRの活用可能性を検討する動きがあると報告されている。
[214] 社会構造の閉鎖性の上になりたつ噂話というものがいかにして集合的な制裁となりえるのかについては，Merry（1984）。

ることは最低限の要請である（田岡 2008）。このような利益相反の問題[216]や，地域社会の中には法律専門家や法執行機関を求めないという事態は弁護士の配置問題に直結する。

　司法過疎対策については，日本弁護士連合会のひまわり基金法律事務所・法律相談センターと日本司法支援センターの4号業務対応事務所が設置運営についての適切な役割分担を目指している（田岡 2008）。双方ともに無駄な予算を使う余裕はなく，最も合理的かつ有効に予算を使うべきである[217]（石田 2006：50頁）。しかしながら，ひまわり基金法律事務所事業は，弁護士の特別会費に依存する制度であるため永続させるには困難があり，日本司法支援センターとの関係を含め，総合的な司法過疎対策が求められる（濱野 2007a：25頁）。ロースクール制度の導入および法曹増員諸施策の結果，地方の弁護士数は増加しており，新たな法的サービスの整備効果は期待されるが，司法過疎現象は弁護士の配置によって自然的に解消される性質の問題ではない。新規法的サービスが導入されても，その効果は地域社会の状況によって異なると推測される。

　第3章でとりあげた地域司法計画は，中央からではなく地域からの運動であることで画期的であるが，弁護士会主導ということでは地域住民の法的需要を汲み上げる作業が必ずしも十分ではないとの指摘もある（佐藤 2004：262-263頁）。例えば，岩隈（2004）は，地域司法計画の策定にあたっては，地域医療計画以外にも参照すべきモデルがあるとして，地域福祉計画[218]や地域保健計画からの示唆を挙げる。社会福祉と公衆衛生の領域は地域の社会的ニーズを政

---

[215] 例えば，あるひまわり基金法律事務所へ赴任した弁護士は，相談者が複数で事務所を訪れる場合が多いため，ケースごとではなく個人ごとにファイルを作成・管理している（樫村 2006）。

[216] 司法過疎地に比較的経験の浅い若手弁護士が赴任する場合，後方支援が重要となるであろう。この点に関して，各ひまわり基金法律事務所には支援委員会が設置されており，年に3回程度，地元等で会議が行われる。所長弁護士は業務報告をするとともに，抱えている課題や悩みを相談することが可能なシステムである。また，公設事務所支援メーリングリストの活用も進んでいたり，日弁連で弁護士過疎地での開業に必要なノウハウを集約し資料集を提供している（日本弁護士連合会 2008a）。

[217] 例えば，任期について，ひまわり基金法律事務所の弁護士とスタッフ弁護士は2年ないし3年の任期があるが，人的交流のシステム（ひまわりからスタッフへ，その逆，定着支援型）が作り出されると，両者の事業遂行の上で大いに役立つ（石田 2006：50頁）。

終 章　総合法律支援の実効化に向けて

策事業に結びつけていく上で固有の専門性を発揮してきたといえるが（岩隈2004：37頁），地域福祉計画および地域保健計画では，策定過程と実施過程とを分けかつ段階ごとに分化した計画枠組みをとっている。

　地域司法計画をこれらの枠組みから見て比較すると，4段階の1段目である構想計画に過ぎないこととなる（岩隈2004：39頁）。また，両者の計画からの示唆として，策定主体の多元性がある。地域司法計画においても弁護士会が策定を独占せずに，自治体をはじめ隣接業種士，自治会，社協，民生委員や大学等を集め協議会に計画の策定を依頼し整合的に組合わすという手法も考えられる。そうすることで，地域の独特なニーズを掴むことが可能になるからである（岩隈2004：40-41頁）。この論点については，社協，人権擁護委員等が地域生活と制度的法的支援との接点としての機能を持っているという本書の知見（第4章）が一定の示唆をもつであろう。

　第9章では法律相談の無料性が，地域社会の相互扶助慣行を背景・基盤として，相談者の法的サービス購買行動基準のひとつとなっており，相談の内容や性格によって有料／無料の妥当性が判断されることがあることをしめした。

　ところで，本書の知見から示唆されるもう一つのことは，法的支援と地域福祉との関係をより正面から議論することが望ましいということである。近時，日本司法支援センターは常勤弁護士らによる積極的な関係機関との〈連携〉活動を推進し[219]，とりわけ福祉職者らとの協働を意味する活動については，"司法ソーシャルワーク"と謳い組織的に取り組みを強化しようとしている[220]。

　社会福祉の領域においては，地域福祉推進の中で関係機関との〈連携〉の取

---

[218] 社会福祉法では，地域福祉の推進のための方策として，市町村には市町村福祉計画の策定を，都道府県に対しては市町村の地域福祉の支援に関する事項を一体的に示す都道府県地域福祉計画の策定を推奨している（第107条，第108条）。こうした自治体による計画の策定の取り組みについて，実際は自治体によって熱意にかなりの差が見られるという指摘もある（服部2006：74-75頁）。

[219] シンポジウム「市民と司法の架け橋を目指して」日本司法支援センター主催（2010年10月5日，於：主婦会館）。

[220] 司法ソーシャルワークの具体的な取り組みについて，弁護士，行政職者，研究者の視点から記述説明するものに，太田・長谷川・吉岡（2012）がある。

り組みが強化されている。このような状況を宮永（2009）は以下のように分析する。社会福祉援助は，戦前戦後を通じて人間らしい水準の生活を実現するための物質的補償を主要課題としてきた。保障されるべき生活の質を問題とすることから，サービス利用者側の多様性にも対応せざるを得なくなっていったことにより，援助機関側の自己完結が困難であるという限界をいわば必然的に意識せざるを得なくなった。高齢者や障がい者，児童への専門的サービス領域を広げ，その質を高めようとすれば，医療や保健，心理，教育，司法，その他の関連領域に連携を求めることが必要となっていった（宮永2009：7頁）。つまり，今日の社会福祉全体の状況は，利用者の生活実態の多様さに触れその視点に接近することで，自らの機関だけで提供できる援助機能に限界を感じ機関内外での業務連携が必然とならざるを得なかった（宮永2009：11頁）。

　社会福祉職者には，誰（機関）と組んで何をすればいいかを考えながら援助を組み立てることが求められている（座談会2009）。福祉職者は相談者の援助にあたって社会資源の利用という考え方をとることが多いように思われるが（吉岡2010），その利用可能な社会資源の一つとして法律専門家が組み込まれてはいないことがこれまでは一般的であったのではないだろうか。たしかに，法律専門家の立場からみると，関係機関との〈連携〉が見過ごされていたわけではない。弁護士はこれまでも人権問題や高齢者障がい者問題等の取り組みにおいて，弁護士会や委員会活動等を通じ，行政・民間機関やNPO等の法的支援供給者との〈連携〉をはかってきた。しかし，弁護士が地域社会における資源と積極的に〈連携〉をとる動きは，近年になるまであまり活発でなかったのではないだろうか。司法過疎地域において新規開業した弁護士からは，地域に既に存在するさまざまな法的支援供給者や相談業務従事者，法律専門家との〈連携〉においてイニシアティブをとっているという報告がなされることがあり，一般に，そのように〈連携〉をとることの有用性が認められているようである。都市部においても，より市民のニーズに接近し法的サービスを供給するために都市型公設事務所が単位弁護士会と賛同する弁護士らによって設立され，地域との〈連携〉を強化しようと精力的に活動している。また，近年になって，法的サービスの質を高める観点から，問題領域ごとに関係する専門職や異業種士との〈連携〉関係を構築の重要性が指摘されるようになったといえよう。（守

終章　総合法律支援の実効化に向けて

屋 2007：34-35 頁)。そうした議論は，地域社会における法的支援のあり方をめぐる議論においても，参照されることが望ましいと考える。

　本書でみた〈法的支援ネットワーク〉が J 市以外の地域社会あるいは離島にどこまであてはまるかについては，各地法的支援供給者のネットワークに関する実践報告をさしあたり参考にすることが可能である。昨今，全国各地で法律専門家を含む異業種士間あるいは専門職ネットワーク化が構築されている（岡山リーガル・ネットワーク研究会 2006)。例えば，財団法人リーガルエイド岡山は，高齢者・障害者の支援のためのセンター設立に先駆け，社会福祉士や行政書士や介護士等の協力を得て支援体制を整備してきた（岡山リーガル・ネットワーク研究会 2006：135 頁以下)。ひまわり基金法律事務所に赴任した弁護士らからは，地域に存在する機関との〈連携〉構築が有用であることが報告されている（松本 2004，田岡 2005)。

　また，2006 年 10 月から全国に派遣されているスタッフ弁護士の活動には，福祉や行政等関係機関との〈連携〉構築において主導的役割を果たしているものがみとめられる（本林他 2008，吉岡 2010)。この点について，日本司法支援センターおよび日本弁護士連合会はスタッフ弁護士の役割として積極的に位置づけるため外部検討会を設置し，実践の把握のため 2009 年 8 月から調査を開始した。筆者は研究者として当該調査に参加し，離島や都市部における法テラス地域・地方事務所で弁護士と地域の関係機関との〈連携〉を構築する要因等について発表している（吉岡 2010)。本書との関連性からは，相談の無料性が潜在的利用者にとっての相談利用行動の基準の一つとなっていることが確認される。また，法テラス地域・地方事務所の調査で，地域の法的支援供給者等に従事する相談業務所掌者にとってもネットワークへ組み入れの考慮のひとつとなっている可能性がある。しかし，都市部における〈法的支援ネットワーク〉の調査は進行中であり[221]，スタッフ弁護士のプラクティスおよび異なる地域

---

[221] 吉岡（2012）では，東京都内における弁護士を含む 9 つの異業種士による合同相談会でみられる協働という〈連携〉の実践を通じて，地域における法律専門職の役割という価値が創生され士業間に共有されていく過程を説明している。地域社会の内部で士業間の協働経験が蓄積されていくことは，専門職間の信頼関係を醸成し通常業務で円滑な協力が可能となるのみならず，地震などの大規模災害が発生した場合に住民の不安や混乱を静め，迅速な法的支援活動を図る基盤になるものでもある（釜井 2008：17 頁)。

での〈法的支援ネットワーク〉の把握と本書の知見との比較検討は今後の課題である。

　司法過疎については，裁判管轄区や地方自治体を単位とする司法サービス拠点の数の不足を指標として論じられることが多いが，司法サービス供給可能性の多寡を間接的に示す指標として理解すべきであり，個々のサービスの流通を単位として議論すべきである（樫村 2009）。そのためには検討すべきは，需要側と供給側双方の移動可能性である。高齢者や障がい者といった潜在的利用者は自らがアクセス主体となることが困難であるため，供給側の弁護士による接近可能性がことさら重要である（吉岡 2010）。

　本書で調査対象とした離島のような地理的に杜絶し交通移動が一定の圏域で限定される場合は，地域内での完結性が要求されるため，観察が比較的容易であった（第 2 章で詳述したように，調査対象地として選定した理由でもある）。しかし，実態に即した施策のためには，都市部を含めた地域において，交通圏や生活・通勤圏から法的サービスの潜在的利用者と供給機関との関係位置の空間的把握が必要となるであろう。

　繰り返しになるが，本書では，地域社会において法的支援供給を行う諸機関の作用を総合的に分析するために，「ネットワーク」という語を用い記述と説明を行った。それは，地域社会の住民による法的支援探索は個々の住民が行うものであるが，その対象は孤立的に存在・作用する法的支援供給者ではなく，複数のそれらの供給者からなる相互に関連する総体（ネットワーク）であると考えることによる。本書で通じて行った検討から示唆されるのは，地域住民による法的支援獲得行動は，個々の供給者への接近と接触によって完結するものではなく，その法的支援そのものの獲得にいたって完結するものということである。このことは，法的支援供給者が地域社会に存在するか否かではなく，その接触によって，そのネットワークを構成するさまざまな供給主体からのサービス供給またはその可能性が高まることが重要だということを意味する。つまり，法的支援とは，そうしたネットワークを通じて流通するものととらえるのが適切だということである。

　法的サービスの供給構造は，司法過疎問題として司法改革の中で次第に強く意識されるようになってきたが，問題を適切に考えていくには比較的長期にわ

終 章　総合法律支援の実効化に向けて

たる視点が必要である（樫村 2007 a）。法律専門家や法的サービスの適切な供給配置には，司法過疎地をはじめ地域社会におけるさまざまな支援プログラムおよび法的支援供給の諸制度の結合について，さらなる経験的研究が必要であることは間違いない。

〈引用文献〉

Adler, P. A. and Adler, P. (1987) *Membership Role and Field Research*. Newbury Park, Sage Publications.
Arensberg, C. M. (1954) "The Community Study Method" *The American Journal of Sociology*, No. 2, 109-124.
Barnes, J. A. (1954) "Class and Committees in a Norwegian Island Parish" *Human Relation*s, vol. 7, No. 1, 39-58.
Berreman, G. (1962) *Behind Many Masks*. Monograph 4. Society for Applied Anthropology. Cornell University Press.
Blau, P. M. and Schwartz, J. E. (1984) *Crosscutting Social Circles : testing a macrostructural theory of intergroup relations*. Academic Press.
Boissevain, J. (1974) *Friends of friends : networks, manipulators and coalitions*. Blackwell.〔ボワセベン,ジェレミー (1986) 岩上真珠・池岡義孝 (訳)『友達の友達——ネットワーク,操作者,コアリッション』未來社.〕
Bott, E. (1955) "Urban Families: Conjugal Roles and Social Networks" *Human Relation*s, vol. 8 No. 3, 345-384.
Bott, E. (1957) *Family and Social Network : roles, norms, and external relationships in ordinary urban families*. . Tavistock Publications.
Bott, E. (1971) *Family and social network : roles, norms, and external relationships in ordinary urban families ; preface by Max Gluckman*. Tavistock Publications.
Burt, R. S. (2001) "Structural Holes versus Network Closure as Social Capital" in Nan Lin, Karen Cook, and Ronald Burt (Eds.). Social Capital: Theory and Research, 31-56, Aldine de Gruyter.
Caplan, G. (1974) *Support Systems and Community Mental Health*. Behavioral Publications.〔キャプラン,G. (1979)(近藤喬一訳)『地域ぐるみの精神衛生』星和書店.〕
Coleman, J. S. (1988) "Social Capital in the Creation of Human capital" *American Journal of Sociology*, 94 : S 95-S 120.〔コールマン (2006)(金光淳訳)「人的資本の形成における社会関係資本」野沢慎司編・監訳『リーディングス　ネットワーク論——家族・コミュニティ・社会関係資本』勁草書房.〕
Darby, M. R. and Karni E. (1973) "Free Competition and the Optimal Amount of Fraud" *Journal of Law and Economics*, vol. 16, 67-86.
Economides, K. (1982) "Legal Services and Rural Deprivation" 15 *Bracton Law Journal*, 41-78.
Economides, K. (2003) "Devon Law Bus" *Legal Action*, May 2003, 9-10.
Emerson, R. M. , Fretz, R. I. and Shaw, L. L. (1995) *Writing Ethnographic Field-

引用文献

notes. The University of Chicago Press.〔エマーソン R., フレッツ, R., ショウ, L. (1998)『方法としてのフィールドフィールドノート』佐藤郁哉・好井裕明・山田富秋訳, 新曜社〕

Fischer, C. S. (1982) *To Dwell among Friends: Personal Networks in Town and City*. University of Chicago Press.〔フィッシャー, クロード・S (2002)(松本康・前田尚子訳)『友人のあいだで暮らす——北カリフォルニアのパーソナル・ネットワーク』未來社.〕

Fischer, C. S. (1984) *The Urban Experience*. Harcourt Brace and Company.〔フィッシャー, C. S. (1996)(松本康・前田尚子訳)『都市的体験——都市生活の社会心理学』未來社.〕

Freeman, L. and Wellman, B. (1995) "A Note on the Ancestral Toronto Home of Social Network Analysis" *Connections*, 18 (2): 15-19.

Geertz, C. (1962) "The Rotatin Credit Association: A Middle Rung in Development" Economic Development and Cultural Change 10: 240-63.

Gluckman, M. (1955) *The Judicial Process among the Barotse of Northern Rhodesia*, 2 d ed, Manchester University Press.

Goffman, E. (1953) *Communication Conduct in an Island Community*. Ph D. Dissertation (Unoublished), Univeristy of Chicago.

Goffman, E. (1963) *Behavior in Public Places: Notes on the Social Organization of Gatherings*. The Free Press.〔E. ゴッフマン (1980) 丸木恵祐・本名信行訳『集まりの構造——新しい日常行動論を求めて』誠信書房.〕

Granovetter, M. S. (1973) "The Strength of Weak Ties" *American Journal of Sociology*, 78, 1360-1380.

Granovetter, M. S. (1982) "Strength of Weak Ties: A Network Theory Revisited" Marsden, Peter and Lin, Nan, *Social Structure and Network Analysis*, Sage, 105-130.

Greenhouse, C. J., Yngvesson, B. and Engel D. M. (1994) *Law and Community in Three American Town*. Cornell University Press.

Helson, H. (1964) *Adaptation-Level Theory*. Harper and Row.

Hirsh, B. J. (1979) "Psychological Dimensions of Social Networks: A Multimethod Analysis" *American Journal of Community Psychology*, 7, 263-277.

Junker, B. H. (1960) *Field Work: An Introduction to the Social Sciences*. University of Chicago Press.

Kapferer, B. (1969) "Norms and the manipulation of relationships in a work context" In Mitchell J. C. (ed), *Social networks in urban situations: Analyses of Personal Relationship in Central African Towns*, Manchester University Press.

Keys, F. (1958) "The Correlation of Social Phenomina with Community Size" *Social Forces* 36, 311-325.

Mayhew, L. and Reiss, A. J. (1969) "The Social Organization of Legal Contacts" Vol 34, No. 3, *American Sociological Review*, 309-318.

Merry, S. E. (1984) "Rethinking Gossip and Scandal" in *Toward a General Theory of Social Control. Vol. 1, Fundamentals*, Academic.

Mitchell, J. C. (Ed). (1969) *Social Networks in Urban Situations : Analyses of Personal Relationships in Central African Towns*. 51-76. Manchester University Press.〔バーンズ, J. A.「ネットワークと政治過程」ミッチェル, J. C.（編）（三雲正博ほか訳）(1983)『社会的ネットワーク——アフリカにおける都市の人類学』国文社 43-73 頁。〕

Monroe, K. B. (1973) "Buyer's Subjective Perceptions of Price" *Journal of Marketing Research*, 10, 70-80.

Monroe, K. B. and Petroshius, S. M. (1980) "Buyer's Perceptions of Price : An Update of the Evidence, in Perspectives in Consumer Behavior, 3rd ed., Robertson, T. and Kassarjian, eds., Foresman Company, 43-55.

Nelson, P. (1970) "Information and Consumer Behavior" *Journal of Political Economy*, vol. 78, 311-329.

Nelson, P. (1974) "Advertising as Information" *Journal of Political Economy*, vol. 82, 729-754.

Schatzman, L. and Straus, A. (1973) *Field Research : Strategies for a Natural Sociology*. Prentice-Hall.

Semple, E. C. (1911) *Influences of Geographic Environment*. Holt.〔センプル, E. C. (1979) 金崎肇訳『環境と人間』上・下巻, 古今書院。〕

Simmel, G. (1950) *The Sociology of Georg Simmel*. Free Press.

Spradley, J. P. (1980) *Participant Observation*. Harcourt Brace Jovanovich College Publishers.

Stigler, G. J. (1961) "The Economics of Information" *the Jounral of Political Economoy*, vol. 69. No. 3. 213-225.

Tolsdorf, C. C. (1976) "Social Networks, Support, and Coping : An Exploratpy Study" *Family Process*, 15, 407-417.

Walters, C. G. and Paul, G. W. (1970) *Consumer Behavior. An Integrated Framework*.〔ウォルターズ, C. G. & ポール, G. W. (1974)『体系消費心理学』佐々木土師二監修・社会行動研究所訳, R 出版。〕

Warren, C. A. B. (1988) *Gender Issues in Field Research*. Sage Publications, Inc.

Warren, C. A. B. and Hackney J. K. (1988) *Gender Issues in Ethnography, 2nd Edition*. Sage Publications, Inc.

Wellman, B. (1979) "The Community Question : The Intimate Networks of East Yorkers" *American Journal of Sociology*, 84, 1201-1231.

Yoshioka, S. (2007) "Seeking Legal Advice in Rural Areas of Japan : The Recent

引用文献

Changes in Legal Networks" *Kobe University Law Review* No. 41, 17-36.
Zeithmal, V. A. and Graham, K. L. (1983) "The Accuracy of Reported Reference Prices for Professional Services" *Advances in Consumer Research*, Vol. 10, 607-611.

青木道代 (2004)「価格に対する消費者情報処理の考察」三田商学研究47巻3号177-193頁.
安食和宏 (1988)「豪雪山村における住民の生活行動――山形県西川町大井沢地区を例として」東北地理40巻3号171-180頁.
阿部昌樹 (2005)「自治体ADRの意義と課題」自治体学研究第91号14-19頁.
阿部昌樹 (2006)「法テラスの設立に向けて 第4回 司法過疎の解消に向けて」法律のひろば59 (8) 56-57頁.
阿部昌樹 (2007)「司法過疎がもたらすもの」(大阪市立大学) 法学雑誌54巻1号1-27頁.
鰺坂学 (1994)「都市移住者の就業構造」「文献解題」松本通晴・丸木恵祐編『都市移住の社会学』83-102頁.
安仁屋政昭・玉城隆雄・堂前亮平 (1979)「共同店と村落共同体」南東文化創刊号47-186頁.
綾部恒雄 (2003a)『文化人類学のフロンティア』ミネルヴァ書房.
綾部恒雄 (2003b)「多文化主義と国民国家――グローバル化の中の文化相対主義と普遍主義」『文化人類学のフロンティア』31-62頁, ミネルヴァ書房.
有賀喜左衛門 (1957)「ユイの意味とその変化」民族学研究第21巻第4号217-224頁.
飯考行 (2007)「北東北の弁護士業務と法的ニーズの間」法社会学67号91-108頁.
石川明 (1996)「弁護士偏在問題について」法学研究69巻1号33-42頁.
石川雄一 (2005)「離島地域における日常生活圏の変化と本土主要都市の結びつき」平岡昭利編著『離島研究Ⅰ』海青社25-40頁.
石田武臣 (2006)「司法過疎対策における日本司法支援センターの役割・ひまわり基金公設事務所との関係」自由と正義57巻4号48-50頁.
石原昌家 (1979)「"どっこいムラは生きている"――擬似共同体社会としての郷友会組織」青い海80号.
石原昌家 (1982)「宜野湾郷友会」青い海118号.
石原昌家 (1986)『郷友会社会――都市のなかのムラ 地域科学叢書Ⅴ』ひるぎ社.
市南文一・星伸一 (1983)「消費者の社会経済的属性と買物行動の関係――茨城県茎崎村を事例として」人文地理35巻3号193-209頁.
伊藤慎弌 (2006)「第一線職員研究の一試論」社会科学77号1-16頁.
伊波普猷〔1911〕(2000)『古琉球』岩波文庫.
岩井紀子・保田時男 (2007)『調査データ分析の基礎――JGSSデータとオンライン集計の活用』有斐閣.

引用文献

岩隈道洋（2004）「地域司法計画の現状と課題」杏林社会科学研究 20 巻 3 号 27-45 頁.

岩瀬徹（2008）「法テラスの現状と課題」法学教室 330 号 17-22 頁.

ヴァン＝マーネン，J.（1999）（森川渉訳）『フィールドワークの物語——エスノグラフィの文章作法』現代書館.

浦光博（1992）『支えあう人と人：ソーシャルサポートの社会心理学』サイエンス社.

大城将保（1993 a）「小宇宙としての『シマ共同体』」牧野昇・会田雄次・大石慎三郎監修『江戸時代人づくり風土記 47：沖縄』256-257 頁，農村漁村文化協会.

大城将保（1993 b）「地縁意識と血縁意識」牧野昇・会田雄次・大石慎三郎監修『江戸時代人づくり風土記 47：沖縄』272-276 頁，農村漁村文化協会.

大村肇（1959）『島の地理：島嶼地理学序説』大明堂.

岡山リーガル・ネットワーク研究会（2006）『地域社会とリーガル・ネットワーク——その可能性と現在』商事法務.

大杉昇（1987）「山村における高齢者の生活行動とその空間的パターン——広島県戸河内町の事例」地理科学 42 巻 2 号 82-95 頁.

太田晃弘（2007）「法テラスを活力のある制度にするために」自由と正義 58 巻 11 号 80-81 頁.

太田晃弘・長谷川佳予子・吉岡すずか（2012）「常勤弁護士と関係機関との連携　司法ソーシャルワークの可能性」総合法律支援論叢第 1 号 104-145 頁.

太田勝造（2001）「弁護士は利用しやすいか？」和田仁孝・太田勝造・阿部昌樹『交渉と紛争処理』292-315 頁，日本評論社.

太田勝造（2002）「消費者契約とゲーム論——消費者取引秩序は自生的に創発しうるか？」ジュリスト 1200 号 159-164 頁.

大友篤（1997）『地域分析入門・改訂版』東洋経済新報社.

岡橋秀典（1987）「瀬戸内海島嶼部における人口流出と都市の同郷団体」内海文化研究紀要第 15 号 15-26 頁.

岡橋秀典（1990）「広島県における農村からの人口流出と都市の同郷団体」内海文化研究紀要第 18・19 合併号 127-159 頁.

沖縄県（1974）『沖縄県史第 7 巻各論編 6 移民』.

沖縄国際大学南島文化研究所（1982）『波照間島調査報告書』（地域研究シリーズNo. 3）.

沖縄国際大学南島文化研究所（1983）『シンポジウム　離島の現状と課題——島からのメッセージ』.

小倉昌樹（2006）「基調講演『法テラス』について」（2006 年 1 月 14 日，広島：広島大学法科大学院　公開シンポジウム「法律相談を身近に」）.

小野博司（1961）「島嶼の地理学的研究における方法論的諸問題」『辻村太郎先生古稀記念地理学論文集』古今書院.

恩田守雄（2006）『互助社会論』世界思想社.

樫村志郎（1989）『もめごとの法社会学』弘文堂.

引用文献

樫村志郎（2000）「法律相談と弁護士法72条」月刊司法改革8号19-23頁.
樫村志郎（2002）「法律相談制度の可能性」自由と正義45巻2号5-11頁.
樫村志郎（2004）「『相談の語り』とその多様性」和田仁孝・樫村志郎・阿部昌樹『法社会学の可能性』212-235頁, 法律文化社.
樫村志郎（2005）「司法改革の視点　司法過疎とその視点」法社会学63号　161-185頁.
樫村志郎（2006）「『司法過疎』とは」何か：大量調査と事例調査を通じて」林信夫・佐藤岩夫編『法の生成と民法の体系』417-462頁, 創文社.
樫村志郎（2007a）「過疎地の司法アクセスと司法書士」月報司法書士2007年1月号2-11頁.
樫村志郎（2007b）「『司法過疎』の歴史と現在」法学セミナーNo.636号27-31頁.
樫村志郎（2009）「『司法過疎』の現状と課題──地方社会における司法需要とサービス探索に即して」月報司法書士2009年7月号2-10頁.
樫村志郎・菅原郁夫（2003）「弁護士過疎地域における法律相談センターおよび公設事務所の機能に関する実態調査報告書」（日本弁護士連合会委託調査報告書，2003年9月30日提出）.
釜井英法（2008）「都市型公設事務所の挑戦　弁護士を待つ人々の中へ（3）都市型公設事務所　日々の闘い」法学セミナー639号58-61頁.
神谷浩夫（1982）「消費者空間選択の研究動向」経済地理学年報28巻1号1-18頁.
亀井真紀（2007）「初代二代目所長弁護士となって：交代型公設事務所プロジェクトの第1号」日本弁護士連合会編『ひまわり基金法律事務所だより，第1集，弁護士過疎解消に挑む』16-26頁, 現代人文社.
金平輝子（2007）「インタビュー　法サービスの社会インフラを築く『法テラス』」都市問題98巻1号34-45頁.
鹿又伸夫（1991）「弱い紐帯の強さ：社会関係のネットワーク」小林淳一・木村邦博編『考える社会学』100-114頁ミネルヴァ書房.
川島武宜（1954）「志摩漁村の寝屋婚・自由婚について」東洋文化15・16合併号1-54頁.
川島武宜（1983）『川島武宜著作集・第10巻』岩波書店.
環境庁（1980）『環境白書　昭和55年版』大蔵省印刷局.
九学会連合対馬共同調査委員会（1954）『対馬の自然と文化』古今書院.
九学会連合奄美大島共同調査委員会（1959）『奄美の自然と文化』古今書院.
九学会連合佐渡共同調査委員会（1964）『佐渡の自然と文化』古今書院.
九学会連合沖縄調査委員会（1976）『沖縄：自然・文化・社会』弘文堂.
熊谷尚夫ほか（1980）『経済学大辞典3』東洋経済新報社.
クレイン, J. G. & アグロシー, M. V.（1994）『人類学フィールド入門』（江口信清訳）昭和堂.
黒田由彦（2000）「沖縄の地域住民組織──那覇市の自治会組織を中心に」情報文化研究第11号97-120頁.

引用文献

古口章（2004）「司法ネットの構想について」ジュリスト1262号44-49頁.
古口章（2005）『総合法律支援法／法曹養成関連法』商事法務.
国土交通省都市・地域整備局（2002）国土審議会第1回離島振興対策分科会議事録.
国土交通省都市・地域整備局（2006）国土審議会第3回離島振興対策文科会配布資料「離島の現況について」.
国土交通省都市・地域整備局離島振興課監修・財団法人日本離島センター（1996）『離島振興ハンドブック』国立印刷局.
国民生活センター（1985）『現代日本の山村生活　東北・中国山村の15年』時潮社.
小島武司（1989）『調停と法：代替的紛争解決（ADR）の可能性』中央大学出版部.
小谷朋弘（1988）「弁護士アクセスにかんする社会学的研究」広島法学11巻2号97-122頁.
小林多寿子（1986）「都市のなかの『ふるさと』——京阪神芝会の一日」年報人間科学，第7号17-35頁.
財団法人日本離島センター（2004）『離島振興ハンドブック』国立印刷局.
桜井厚（2002）『インタビューの社会学』せりか書房.
桜井厚（2005）「ライフストーリー・インタビューをはじめる」桜井厚・小林多寿子編著『ライフストーリー・インタビュー　質的研究入門』11-52頁せりか書房.
座談会（1958）「家事調停の実情と科学化」法律時報30巻3号314-328頁.
座談会（1975）「弁護士過疎を考える」自由と正義26巻1号14-37頁.
座談会（2007）「小笠原サポート専門家グループによる『小笠原くらしの法律税務相談』」法学セミナー636号54-60頁.
座談会（2009）「地域連携を考える」月報司法書士2009年10月号22-36頁.
佐藤郁哉（1992）『ワードマップ　フィールドワーク　書を持って街へ出よう』新曜社.
佐藤郁哉（2002）『フィールドワークの技法　問いを育てる,仮説をきたえる』新曜社.
佐藤郁哉（2006）『定性データ分析入門　QDAソフトウェア・マニュアル』新曜社.
佐藤岩夫（2008）「地域の法律問題と相談者ネットワーク——岩手県釜石市の調査結果から」『社会科学研究』第59巻第3・4号109-145頁.
佐藤克哉（2009）「絆の島から［佐渡ひまわり基金法律事務所］」自由と正義2009年12月号96-99頁.
佐藤幸治（2002）『日本国憲法と「法の支配」』有斐閣.
佐藤毅（1985）「解説　初期ゴッフマンとその自己論」ゴッフマン, E.（佐藤毅・折橋徹彦訳）『出会い』199-237頁,誠信書房.
佐藤鉄男（2004）「地域社会と弁護士」和田仁孝・佐藤彰一『弁護士活動を問い直す』255-271頁,商事法務.
里村美喜夫（2009）「『法テラス』って,な〜に？」月報司法書士443号26-32頁.
司法アクセス検討会（2003a）第13回司法アクセス検討会議事録（2003年3月10日）.
司法アクセス検討会（2003b）第14回司法アクセス検討会議事録（2003年4月15日）.
司法アクセス検討会（2003c）第22回司法アクセス検討会資料「司法ネットについ

引用文献

て（概要）」(2003年12月25日).
司法アクセス検討会 (2005)「司法制度改革の成果と今後の展望〈第3回〉（座談会）司法制度改革の成果を振り返る」法律のひろば2005年5月号62-72頁.
司法制度改革推進本部 (2003a) 司法制度改革推進本部顧問会議第9回議事録 (2003年2月6日).
司法制度改革推進本部 (2003b) 司法制度改革推進本部顧問会議第10回議事録 (2003年4月14日).
司法制度改革推進本部 (2003c) 司法制度改革推進本部顧問会議第12回議事録 (2003年7月30日).
司法制度改革推進本部 (2004) 司法制度改革推進本部顧問会議第15回議事録 (2004年1月27日).
島田隆司 (1990)『通販がスーパー市場を追い抜く日』ぱる出版.
白井美由里 (2006)『このブランドに，いくらまで払うのか』日本経済新聞社.
菅原郁夫 (2005)「弁護士過疎地域における法律相談センターおよび公設事務所の機能に関する実態調査」法政論集207号27-96頁.
菅原郁夫・岡田悦典 (2004)〔日弁連法律相談センター面接技術研究会〕『法律相談のための面接技法』商事法務.
末本誠 (2000)「現代沖縄社会教育の地域基盤に関する実証的研究」『東アジア社会教育研究NO.5』東京・沖縄：東アジア社会教育研究会.
鈴木宏 (1986)『都市化の研究』恒星社厚生閣.
住田昌弘 (1994)「自治体法律相談アンケート分析から弁護士過疎と法曹人口問題を考える」自由と正義45巻7号14-25頁.
須山聡 (2005)「奄美大島，名瀬の郷友会──組織の機能と空間的性格」平岡昭利編著『離島研究Ⅰ・Ⅱ』41-57頁, 海青社.
須山聡 (2006)「島嶼地域の計量的地域区分」平岡昭利編著『離島研究Ⅰ・Ⅱ』9-22頁, 海青社.
瀬下満義 (2002)『弁護士のいない島から 闘う士業，新しい法律資格者をめざして』鳥影社.
田岡直博 (2005)「公設事務所のこれから：宮古ひまわり基金法律事務所」自由と正義2005年4月号42-48頁.
田岡直博 (2008)「司法過疎解消に向けた弁護士会の取り組み」月報司法書士2008年4月号8-13頁.
高野隆 (2000)「論説 弁護士の数は市場に任せろ」月刊司法改革2月号61-65頁.
高橋勇悦 (1995)「都市社会の構造と特質──那覇市『自治会組織を中心に』」山本英治・高橋明善・蓮見音彦編『沖縄の都市と農村』東京大学出版会179-219頁.
高室成幸 (1992)『地域支援コーディネート手引き』法研.
田島康弘 (1988)「郷友会母村形成の研究──鹿児島県瀬戸内海町の場合」鹿児島大学教育学部研究紀要人文社会科学編第40巻25-46頁.

引用文献

田島康弘（1989）「奄美出身者の動向と東京における Segregation の形成──喜界島小野津の例を中心に」鹿児島大学教育学部研究紀要人文社会科学編第 41 巻 67-91 頁.

田島康弘（1994）「奄美大島名瀬市における郷友会の実態」鹿児島大学教育学部研究紀要人文社会科学編第 46 巻 11-30 頁.

田中成明（2006）『法への視座転換をめざして』有斐閣.

田辺裕（1971）「地域構造の階層性と階級性」東京大学教養学部人文科学紀要人文地理学Ⅲ 52 号 39-54 頁.

棚瀬孝雄（1977）「弁護士の大都市集中とその機能的意義」判例タイムズ別冊 3 号 45-92 頁.

谷口太規（2007）「地域のセーフティネット構築を目指して」自由と正義 58 巻 10 号 72-73 頁.

谷口太規（2008）「かわいらしげもなく，仕事中」ひまわり No. 12（関東弁護士会連合会），6-8 頁.

谷口太規（2008）「公設事務所に，育つ」法学セミナー 644 号 54-57 頁.

谷口太規（2010）「公益弁護士論──法と社会のフィールドワーク　第 3 回地域ネットワークの一員となる」法学セミナー 668 号 54-57 頁.

玉城隆雄・稲福みき子（1991）「沖縄における郷友会と地域社会に関する研究（1）──方法論を中心に」83-109 頁.

玉野井芳郎・金城一雄（1978）「共同体の経済組織に関する一考察──沖縄県国頭村字奥区の共同店を事例として」商経論集第 7 巻第 1 号.

田村浩（1927）『琉球共産村之研究』岡書院.

田邨正義（1975）「いわゆる弁護士大都市偏在について」自由と正義 26 巻 1 月号 38-43 頁.

辻村太郎・山口貞夫（1935 a）「日本群島付近に於ける島嶼の分類および分布（1）」地理学評論 11，703-728 頁.

辻村太郎・山口貞夫（1935 b）「日本群島付近に於ける島嶼の分類および分布（2）」地理学評論 11，794-808 頁.

堂前亮平（1997）『沖縄の都市空間』古今書院.

戸谷修（1995）「那覇における郷友会の機能」山本英治・高橋明善・蓮見音彦『沖縄の都市と農村』221-240 頁，東京大学出版会.

とっとり県政だより（2003）518 号，鳥取県.

戸所隆（1981）「近郊都市化地域における大型店の進出と購買行動の変化──草津地域を例に」人文地理 33 巻 3 号 210-230 頁.

冨田さとこ他（2010）「福祉と司法の連携──佐渡島での，福祉と司法の出会いから実践まで」新潟社会福祉士実践報告第 9 号，22-36 頁，社団法人新潟県社会福祉士会

中泉真樹（2003）「信用財市場における最適価格規制について」国学院経済学 51 巻 2 号 101-125 頁.

長岡壽一（2000）「法律相談センターの展開と弁護士・弁護士会の変容」日本弁護士

引用文献

　連合会編『21世紀弁護士論』有斐閣.
長岡壽一（2002）「法律相談の現状と課題」現代のエスプリ 415 号 41-49 頁.
中久保正晃（2004）「司法過疎の状況について——鹿児島県」CDAMS 主催第 3 回「司法過疎と法律サービス」に関する研究会, 2004 年 4 月 10 日報告, 神戸大学.
中島香織（2009）「つながる支援, つなげる支援」自由と正義 60 巻 9 号 64-65 頁.
中野雅博（1975）「壱岐における生活圏」『離島診断』藤岡謙二郎・浮田典良編, 地人書房, 202-210 頁.
名和田是彦（2003 a）「特集の企画にあたって」1-4 頁.
名和田是彦（2003 b）「地域社会の法社会学的研究の理論枠組の試み」『地域の法社会学（法社会学 59 号）』5-21 頁, 日本法社会学会.
西口敏弘（2007）『遠距離交際と近所づきあいと——成功する組織ネットワーク戦略』NTT 出版.
西田章（2007）『弁護士の就職と転職』商事法務.
日外アソシエーツ（1991）『島嶼大事典』日外アソシエーツ株式会社.
日本司法支援センター（2007）『平成 18 年度業務実績報告書』http://www.houterasu.or.jp/content/18_jigyo_houkoku.pdf（2013/03/01 アクセス）.
日本司法支援センター（2008）『平成 19 年度業務実績報告書』http://www.houterasu.or.jp/content/19_jigyo_houkoku.pdf（2013/03/01 アクセス）.
日本調停協会連合会（2002）『四訂　調停委員必携（家事）』(財)日本調停協会連合会.
日本弁護士連合会（2002）自由と正義 53 巻 13 号「臨時増刊　日本の法律事務所' 2000——弁護士業務の経済的基盤に関する実態調査報告書」
日本弁護士連合会（2003）『弁護士白書 2003 年版』.
日本弁護士連合会（2004）『弁護士白書 2004 年版』.
日本弁護士連合会（2005）『弁護士白書 2005 年版』.
日本弁護士連合会（2006）『弁護士白書 2006 年版』.
日本弁護士連合会（2007 a）『ひまわり基金法律事務所だより, 第 1 集, 弁護士過疎解消に挑む』現代人文社.
日本弁護士連合会（2007 b）『弁護士白書 2007 年版』.
日本弁護士連合会（2008 a）「津々浦々にひまわりの花——ひまわり基金法律事務所のご案内」.
日本弁護士連合会（2008 b）「弁護士ゼロ地域」解消記念シンポジウム, 2008 年 7 月 13 日, 於：弁護士会館.
日本弁護士連合会（2008 c）『弁護士白書 2008 年版』.
日本弁護士連合会（2009）『弁護士白書 2009 年版』.
日本法社会学会（2003）『地域の法社会学』（法社会学 59 号）有斐閣.
日本民俗学会（1975）『離島生活の研究（柳田國男指導）』国書刊行会.
野沢慎司（2006）「著者紹介・文献解題　エリザベス・ボット」野沢慎司編・監訳『リーディングス　ネットワーク論　家族・コミュニティ・社会関係資本』92-95 頁,

勁草書房.
服部高宏（2006）「法と福祉の地域的ネットワークの可能性と意義」岡山リーガル・ネットワーク研究会『地域社会とリーガル・ネットワーク——その可能性と現在』69-80頁, 商事法務.
濱野亮（2001）「イングランドにおけるコミュニティ・リーガル・サービスの創設（二・完）——法律相談システム統合化の側面を中心に」立教法学59号45-158頁.
濱野亮（2006 a）「アクセス拡充における日本司法支援センターの役割」ジュリスト1305号29-37頁.
濱野亮（2006 b）「地域に密着した柔軟で主体的な司法ネットの展開に向けて——現場で構築するネットワークの重要性について」リーガル・エイド研究12号1-21頁.
濱野亮（2007 a）「弁護士のプラクティスとその変貌」法学セミナー636号21-26頁.
濱野亮（2007 b）「日本における司法ネットのあり方」『市民と司法——総合法律支援の意義と課題』143-177頁, 法律扶助協会.
濱野亮（2007 c）「総合法律支援における司法書士の役割」月報司法書士2007年7月号25-30頁.
林上（1979）「岐阜地域における小売業の地域的分布と消費者の購買行動」経済地理学年報25巻1号32-45頁.
林田真心子（2001）「社会規範を生み出す地域の共同性と地域団体の役割——沖縄県における地域犯罪に対抗するシマ社会の意識の分析を通して」九州教育学会研究紀要第29巻219-226頁.
東江平之（1991）『沖縄人の意識構造』タイムス選書Ⅱ6, 沖縄タイムス社.
平恒次（1957）「琉球村落の研究」琉球大学文理学部紀要人文科学, 第2号.
平岡昭利（2003）『離島研究Ⅰ』海青社.
平岡昭利（2005）『離島研究Ⅱ』海青社.
藤岡謙二郎・浮田典良（1975）『離島診断』地人書房.
藤原博（1994）「弁護士適正配置を求めて」自由と正義45巻7号52-55頁.
堀田力（2009）「法曹有資格者活用の意義」法律のひろば2009年8月号4-6頁.
堀内政司（1994）「東北弁護士会連合会における弁護士偏在問題に対する取り組みについて」自由と正義45巻7号33-37頁.
前田裕司（2008）「北千住パブリック法律事務所の設立経緯と目的」法学セミナー646号60-63頁.
前田豊・加藤文郎・渥美雅康・山崎博（2002）「特集 地域司法計画 各地の取り組みについて」自由と正義53巻6号38-47頁.
松原治郎（1978）『コミュニティの社会学』東京大学出版会.
松本三加（2004）「弁護士過疎地域におけるリーガルサービスの現状と課題」リーガル・エイド研究9号17-35頁.
松本通晴（1968）「西陣機業者の地域生活——とくに西陣機業を規定する地域生活の特質について」人文学第109号1-31頁.

引用文献

松本通晴 (1971)「都市における『擬制村』の問題——その予備的考察」評論・社会科学創刊号 34-58 頁.
松本通晴 (1985 a)「都市の同郷団体」社会学評論第 36 巻第 1 号 35-47 頁.
松本通晴 (1985 b)「都市の中の離村者」現代社会学 11-1, 109-116 頁.
松本通晴 (1994)「都市移住と結節」松本通晴・丸木恵祐編『都市移住の社会学』1-28 頁, 世界思想社.
間部俊明 (2006)「地域司法計画から見た日本司法支援センター」自由と正義 57 巻 4 号 27-31 頁.
丸木恵祐・山本正和 (1991)「離島出身者の出郷と都市への定住過程——甑島「瀬々野浦」集落の事例」金城学院大学論集社会科学編第 33 号 113-138 頁.
丸島俊介 (2008)「都市型公設事務所の挑戦　弁護士を待つ人々の中へ (1) プロローグ——担う役割と新鮮な活力」法学セミナー 637 号 56-59 頁.
見田宗介・栗原彬・田中義久 (1994)『社会学事典』弘文堂.
箕浦康子 (1999)『フィールドワークの技法と実際　マイクロエスノグラフィー入門』ミネルヴァ書房.
宮内久光 (2005)「座間味島の観光地化と県外出身者の存在形態」平岡昭利編著『離島研究Ⅱ』海青社 71-92 頁.
三宅伸吾 (1995)『弁護士カルテルギルド化する在野法曹の実像』日本経済新聞社.
宮澤仁 (1996)「離島における消費者購買行動の一考察——長崎県五島列島岐宿町の事例」経済地理学年報 42 巻第 1 号 44-57 頁.
宮澤節生 (1992)「法社会学と法人類学」湯浅道男・小池正行・大塚滋『アジア法叢書 16　法人類学の地平』58-68 頁, 成文堂.
宮永耕 (2009)「地域連携～社会福祉の援助から」月報司法書士 2009 年 10 月号 2-11 頁.
宮本常一 (1960)『日本の離島・第 1 集』未来社.
宮本常一 (1966)『日本の離島・第 2 週』未来社.
宮本常一 (1984) 宮本常一著作集「30・民俗のふるさと」未来社.
宮本康昭 (2007)「司法支援制度の立法過程」現代法学第 14 号 185-225 頁.
村山眞維・濱野亮 (2003)『法社会学』有斐閣.
村山眞維 (2009)「わが国における弁護士利用パターンの特徴——法化社会における紛争処理と民事司法：国際比較を交えて」法社会学 70 号 23-46 頁.
本林徹・大出良知・土屋美明・明賀英樹 (2008)『市民と司法の架け橋を目指して——法テラスのスタッフ弁護士』日本評論社.
森川眞規雄 (1987)「離島出身者の生活史——鹿児島県薩摩郡下甑村瀬々野浦の事例」評論・社会科学第 33 号 145-158 頁.
森川眞規雄 (1991) "The Migration and Adaptation of Remote Islanders in Osaka" 評論・社会科学第 41 号 22-43 頁.
森田京子 (2007)『子どもたちのアイデンティティー・ポリティクス：ブラジル人のいる小学校のエスノグラフィー』新曜社.

引用文献

森田正剛（1994）「弁護士偏在の原因に関する一考察と金沢弁護士会の対応」自由と正義45巻7号26-32頁.

守屋明（2006）「「地域的リーガル・ネットワークの課題──まとめにかえて」岡山リーガル・ネットワーク研究会編『地域社会とリーガル・ネットワーク──その可能性と現在』98-111頁商事法務.

守屋明（2007）「行政と連携すべきリーガル・サービス」法学セミナー636号32-36頁.

安田雪（1997）『ワードマップ ネットワーク分析 何が行為を決定するか』新曜社.

安田雪（2001）『実践ネットワーク分析 関係を説く理論と技法』新曜社.

山城千秋（2001）「拡がる共同体─郷友会─の形成とシマ意識の構図」九州教育学会研究紀要第29巻155-162頁.

藪内芳彦（1972）『現代地理学シリーズ 島──その社会地理』朝倉書店.

矢野暢（1993）『講座 現代の地域研究 地域研究の手法』弘文堂.

吉岡すずか（2009）「地域社会における〈法的支援ネットワーク〉──その形成・維持のダイナミズム」,法社会学71号58-73頁.

吉岡すずか（2010）「スタッフ弁護士の可能性──関係機関との連携における実践」自由と正義61巻2号, 103-110頁.

吉岡すずか（2012）「弁護士の職域 他士業との協働の実践から」法社会学76号205-218頁.

吉岡良治（1994）「弁護士偏在の現状と課題」自由と正義45巻7号, 5-13頁.

米田憲市（2004）「島嶼における『法＝社会』研究の課題」奄美ニューズレター No. 10, 19-24頁.

米田憲市（2007）「法律家と組織・共同体のダイナミズム──来るべき社会構造の「礎」になろう！」法学セミナー636号37-41頁.

李禧淑（2002）「求職ネットワークにみる在日コリアンの社会経済的変容」地理学評論 75-4, 183-194頁.

離島実態調査委員会（1974）『離島──その現況と対策』全国離島協議会.

リプスキー，マイケル（1986）『行政サービスのディレンマ』（田尾雅夫・北大路信郷訳）木鐸社.

琉球新報社（1980）『郷友会』琉球新報社.

臨時司法制度調査会（1964）『臨時司法制度調査会意見書』.

六本佳平（1986）『法社会学』有斐閣.

六本佳平（2000）「地域における法の担い手の将来像」NBL 695号10-23頁.

ロフランド, J. & ロフランド, L.（1997）『社会状況の分析：質的観察と分析の方法』（遠藤雄三・宝月誠訳）恒星社厚生閣.

脇田喜智夫（2002）「地域に根ざした, 生きた司法へ」自由と正義53巻6号22-29頁.

和田仁孝（1982）「現代都市社会における紛争処理と法──裁判外紛争処理と戦略的法使用1-3・完」『法学論叢』111 (2): 67-96頁, 111 (6): 58-88頁, 112 (3): 72-97頁.

あ と が き

　2011 年 3 月に東日本大震災が発生，福島原子力発電所事故が併発し，未曾有の甚大な被害から，被災者・被災地支援は法的なものを含め長期化を余儀なくされている。阪神大震災の際に教訓となってはいたが，有事には法律専門家や他の士業単独による支援が現実として機能しないこと，また，有事では，従前の協働体制がいわば応用的な実践として機能可能であるかが試されるということが，もはや疑いの余地のないものとなった。被災地の再生・復興において社会資源の再生・相互連結強化が進められているが，災害大国と評される我が国では，有事の支援に備えるためにも，異・多業種間ネットワーク構築や協働の必要性といったことが以前にも増して重視され，同時に，人的つながりの再評価，支援のあり方そのものが問われるようになってきた。もっとも，さまざまな支援の現場においてネットワークが必要であることは，福祉領域をはじめ各専門支援分野においてかねてから指摘されてきたことである。しかし，例えば，ネットワーク研究では，既に作り上げられたネットワークを主たる対象とすることから，ネットワークの形成と維持にかかわる実態は殆ど明らかになっていない。いかなる条件のもとに，どのような機能を果たすネットワークが生じるのか，また，逆に壊れてしまうのかといったネットワークの生成淘汰のプロセスについての理論は非常に少ない。本書を通じて呈示する重要な示唆の一つに，支援とは個別の支援の統合作用であり，総体（"ネットワーク"）として捉える必要があるということがある。つまり，地域社会の住民による法的支援探索は，個々の住民が行うものであるが，その対象は，孤立的に存在・作用する法的支援供給者ではなく，複数の供給者からなる相互に関連する総体（"ネットワーク"）であると考えるのである。本書は，法社会学研究による学術書であるが，支援とつながりということが以前にも増して問われるようになったこの時代に，広く人々に考察や議論の材料を提供できないかということを意識して書かれたものでもある。

　ここからは，本書をなすまでに諸分野でお世話になった方々にこの場を借り

あとがき

て御礼を申し上げたい。まず，何よりも，J市の地域社会の法的支援供給者の皆様，市民の皆様に心から感謝申し上げたい。さまざまな事情から，ここでは一人ひとりお名前を挙げることはできないが，よそ者としてやってきた筆者を受け入れ，その話に耳を傾け，協力をして下さった方々の個々の理解と結集がなければ，研究を開始することさえかなわなかった。また，さまざまな専門職の方々が支援の現場で，人を助けるとはどういうことなのか，そのありさまをまざまざと見せて下さり，ありのままを聞かせて下さった。その中で，心の通じ合う交流や激励を頂戴した方々も少なくない。本書は，研究課題へのリプライとして筆者から呈示させて頂くものである。皆様のご想像していたものやご期待にどこまで応えられているか正直わからないが，仮に，理解に困難があるのであれば，今後も真摯に思考を重ね，対話を続け，研究者として応答することをやめないということをもって，皆様から頂戴した御恩を返させて頂きたいと思う。

　次に，研究の世界でお世話になった諸先生方に御礼を申し上げたい。第一に，本研究に着手する契機を下さり，一貫してご指導下さった神戸大学の樫村志郎教授に，最大の感謝の念を捧げたい。樫村先生の下で法社会学という学問を学ばせて頂いた時間は，生涯忘れることのできない貴重なものである。オリジナリティに富むご講義に刺激を受けたほか，生のデータから研究上の問題を独自に設定し，思考や議論を重ね，自身の研究となるものを確立していくプロセスは創造的な喜びに満ち溢れていた。そのような世界があることを教えて頂いたことに，心より感謝申し上げたい。博士論文を纏めあげるまでの道のりは，決して平坦なものではなく，分析方法，データの解釈，論理の組み立て方に考え悩み，時には費やされる時間に終わりが見えず，途方にくれることもあった。このような苦しみの末に博士論文を纏めることがかなったのは，樫村先生のご指導のお蔭にほかならない。ご指導で培った知性，専門性，経験をもとに，研究をはじめ諸分野において貢献できるよう今後も一層努力していくことで学恩を返させて頂きたい。

　高橋裕先生には，本書のもととなる博士論文の審査委員を務めて頂き，書籍化にあたって具体的なご助言とご指導を頂いた。阿部昌樹先生には，本書の調査対象地をはじめとした司法過疎地への訪問調査へ同行させて頂き，調査の基

あとがき

礎的な方法論から作法まで現場でご教示を頂いた。また，本研究を継続し成果を纏め上げるまでのプロセスで一貫してあたたかい励ましを頂いた。宮澤節生先生からは，神戸大学の大学院入学時にお会いして以降，学問への挑戦的な姿勢について刺激を与え続けて下さった。そして，本書のもととなる原稿をご覧下さり，出版への道筋の端緒を作って頂いた。佐藤岩夫先生には，本書のもととなる原稿を丁寧にご覧頂いたうえで，書籍化への力強い後押しを頂いた。さらに，問題となる点を明確に示してくださりつつも，その判断については私を一人の研究者としてみとめ委ねるという，指導者としてのあり方を鏡に映すかのごとく見せて下さった。村山眞維先生は，明治大学の研究所に快く迎えて下さり，東京での研究環境を整え，機会とご助言を惜しみなく与え続けて下さった。また，実務界で研究者として仕事をしつつ研究を進めることを支持して下さり，ともすれば近視眼的になりやすいところをグローバルで先進的な観点から，研究と研究者人生の両者についてご教示を頂いた。菅原郁夫先生には，名古屋大学という新しい環境を与えて頂き，ご指導とご支援を頂いた。とりわけ本書が完成に近づく段階では，環境面と精神面からサポーティブでかけがえのない存在となって下さった。棚瀬孝雄先生には，〈連携〉に関する拙稿をご覧頂いたうえで熱いエールを頂戴した。そのことは望外の喜びで何よりも研究の励みとなり，今後も果敢にフィールドで調査を実行し記述説明を行っていこうという原動力となった。その他にも，数多くの諸先生方にお世話になったことから，本書をなすまで研究を継続することがかなった。心から感謝を申し上げたい。

　次に，実務界でお世話になった皆様に御礼を申し上げたい。第一に，研究員として筆者を迎えて下さった日本弁護士連合会と情報統計室に厚く感謝申し上げたい。椛島裕之前事務次長，谷眞人前室長，相川裕室長，鈴木康仁先生，三宅幸江さん，信国三矢子さんには，言葉で尽くしがたい豊かな学びの時間と家族的で心温まる雰囲気で伸び伸びと仕事をさせて頂いた。日本弁護士連合会での仕事は，皆様の高い士気に包まれ，研究関心を絶えず湧き起こしてくれるものであり，また，諸先輩方，友人として今後もお付き合いを続けさせて頂きたい方々との出会いに支えられる恵みに溢れたものだった。心から感謝申し上げたい。

あとがき

　第二に，2010年7月から2011年11月まで筆者を研究者として迎えて下さった日本司法支援センター本部に感謝申し上げたい。岩井重一参与，田中晴雄部長，松本麗前課長，赤羽史子課長，砦真希前課付には，研究者として職場に迎えて頂き，主体的に仕事に向かうことを認めて下さった。専門員で弁護士の池永知樹先生には，スタッフ弁護士や〈連携〉研究の契機を頂いた。さまざまな土地を一緒に訪問し，数多くのスタッフ弁護士，ジュディケア弁護士，関係機関へのインタビューをご一緒した時間は，かけがえのないデータとなって保存されている。そのほかにも，本部常勤弁護士総合企画課の藤原正嗣補佐，神長幸男補佐，島貫剛補佐，小笠原正悦係長，吉田友香さん，尾崎久美子さん，森川優香さん，田谷光基さん，三好香苗さん，齊藤正基さん，堀内淳子さんには，いつも温かく迎え接して頂いた。日本司法支援センターで，さまざま出身母体やプロフェッションから結集した人々が，総合法律支援の理念のもとに新しく造られた組織の中で，それぞれの使命や目的を遂行しようと奮闘しているさまはしみじみとした感動を覚える時間だった。関係者の皆様に心より感謝申し上げたい。

　全国の過疎地から都市部の赴任地において，待ったなしで追われる忙しさの合間を縫って，熱心にお話を聞かせて下さった弁護士の先生方にも，敬意を表すと共に調査協力への御礼を申し上げたい。とても全ての方々のお名前を挙げることはできないが，ここでは，田岡直博先生，太田晃弘先生，谷口太規先生，冨田さとこ先生，横堀真美先生，中島香織先生のお名前を挙げさせて頂く。

　最後に，厳しい出版事情の折にもかかわらず，本書の刊行をお決め下さった信山社に改めて心より厚く御礼申し上げたい。編集担当者の今井守さんには，未熟な筆者を常に励まし導いて頂いた。心より感謝申し上げたい。

　本書は，上記までで掲げたさまざまな方々との出会い，異なる世界を架橋するつながりの中で頂いたご支援から，成立することができた。深い感謝の気持ちと共に，この本を刊行させて頂きたい。

　　2013年3月

　　　　　　　　　　　　　　　　　　　　　　　　　　　吉岡すずか

索　引

◆ あ 行 ◆

アカウント …… *18, 110, 131, 140-142, 146, 149-151, 156-157*
生ける法 ……………………………… *43-44*
インフォーマント …………………… *43, 134-135*
ヴァン＝マーネン（Van Maanen, J.）…… *40-41*
エスノグラフィー ……………………… *11, 34*
エマーソン（Emerson, R. M.）………… *41-42*

◆ か 行 ◆

価格研究 ……………………………… *164, 168-170*
カテゴリー …………………………………… *41*
カプフェラー（Kapferer, B.）……………… *136*
川島武宜 ……………………………………… *44*
聞き取り ……………………………………… *36-39*
協　働 ………………………………… *22, 102, 103, 206*
郷友会 ………………………………………… *183-191*
金銭貸借 ……………………………… *63, 94-95*
空　間 ………………………………… *13, 33, 159, 192-194*
グラックマン（Gluckman, M.）………… *135, 137*
グラノヴェッター（Granovetter, M. S.）
　　　　　　　　　　　　　　　……… *136-137*
警　察 ………………………………… *73-75, 123*
広　告 ………………………………………… *175-176*
公式的ネットワーク ………………………… *111-114*
高次の財 ……………………………………… *161-163*
購買圏域 ……………………………………… *160-162*
互助慣行 ……………………………… *13, 181-188, 195*
ゴッフマン（Goffman, E.）……………… *31, 127*
コミュニティ ………………………………… *192*
コミュニティ外部 …………………………… *61, 149*
コールマン（Coleman, J. S.）…………… *137-138*
コンステレーション　→配置

◆ さ 行 ◆

サービス購買行動研究 ……………………… *159-162*
裁判所 ………………………………………… *68-73*
参与観察 ……………………………………… *39-40*
司法アクセス ………………………………… *6-8*
司法過疎 ……………… *45, 49-53, 56-60, 163, 203, 207*
司法書士 ……………………………………… *75-76*

司法ネット ……………………… *6-10, 198-201*
シマ社会 ……………………………… *128, 138-147*
地　元 ………………………………… *83, 151, 153*
社会福祉 ……………………………… *107, 204-206*
社会福祉協議会 ……………………………… *64-68*
市役所 ………………………………………… *62-64*
情報の共有・交換 …………………… *22, 100-101*
情報の経済学 ………………………………… *168*
知り合い ……………………………………… *127*
　──の本島（から）の弁護士 …… *13, 149-157*
人権擁護委員 ………………………… *36, 77-80*
信用財 ………………………………… *162, 166, 176*
生活圏域 ……………………………………… *159-160*
センプル（Semple, E. C.）………………… *29-30*
総合法律支援 ………………………… *4, 6-9, 55, 197-198*
相互作用 ……………………………… *21-22, 99-100, 117*
相互扶助 ……………………………………… *181-191*
相　続 ………………………………………… *37*
相談の有料／無料 …………………… *123, 164-178*
ソーシャル・サポート ………………… *15, 137*

◆ た 行 ◆

滞在型調査　→エスノグラフィー
多重的関係 …………………………………… *132-138*
地　域 ………………………………… *32-33, 159*
地域学 ………………………………………… *159*
地域司法計画 ………………………… *54-56, 203-204*
地域社会 ……………………………… *45, 127*
地　縁 ………………………………………… *35*
紐　帯 ………………………………… *132, 136-137, 192-194*
調査方法 ……………………………………… *34-40*
地理学 ………………………………………… *30*
地理的特性 …………………………………… *32*
つなぎ ………………………………… *12, 101-103, 118*
DV ……………………………………… *75, 78, 84, 144-145*
同郷の結合 …………………………………… *183-187*
同席観察 ……………………………………… *38-40*
都市部 ………………………………… *4, 58-59*

◆ な 行 ◆

投げ返し ……………………………………… *22, 102*
日本司法支援センター ……………… *4, 197, 199, 201*

索　引

日本弁護士連合会 ……………… 173-174, 191
認知度 ………………………… 38, 62, 68, 97
ネットワーキング活動 ……… 11, 20-22, 99-105
ネットワーク ……………………… 10, 14-18
ネットワーク結合度 …………… 130, 135, 143
ネットワーク分析 …… 16-17, 118, 129-130, 137

◆は　行◆

配置（コンステレーション）
　　　………………………… 18-19, 103, 176
バーンズ（Barns, J. A.）……… 16-17, 31, 129
非公式的ネットワーク ……………………… 109
ひまわり基金法律事務所 ………… 38, 52, 92-99
フィッシャー（Fischer, C. S.）… 162, 192-194
フィールドノーツ ………………… 11, 40-42
文化人類学 ………………………………… 31, 35
弁護士の大都市集中 ……………………… 46-48
弁護士偏在 ………………………………… 45-53
法社会学研究 ……………… 33, 43-44, 56-60
法曹人口 ……………………………………… 58
法的サービス ……………………………… 162-164
法的支援 ………………………………………… 3, 20
法的支援供給 …………………………………… 4, 20
法的支援ネットワーク ……… 10, 19-22, 61, 87,
　　　　　　　　　　　　　 99, 108-110, 118-125

法務局 ………………………… 36, 77-80
法律相談 ……… 62, 87-92, 96-97, 117, 123-125
法律相談センター …………………… 87-92
ボット（Bott, E.）…… 16, 129-130, 135, 141
ボワセベン（Boissevain, J.）……………… 136

◆ま　行◆

民族誌 ……………………………………… 41-42
メンバー（成員）…………… 41-42, 99, 103,
　　　　　　　　　　 131, 135, 142, 145, 202
模　合 ………………………………… 32, 187-188

◆や　行◆

安田雪 ………………………… 17, 21, 110, 119
ユイ ………………………………… 32, 181-182
ユイマール ……………………………… 181-183
よそ者 ……………………………………… 132, 135

◆ら　行◆

来所経緯 ……………… 87-92, 96-99, 116-118
離　島 …………………………………… 5, 23-33
連　携 ……………………………………… 3, 21-22
　——の意義・効果 …………………… 105-107
　——の態様 ……………………… 21-22, 100-105
　——のフロー（方向性）……… 22, 102-105

228

〈著者紹介〉

吉岡 すずか（よしおか　すずか）

　2010年　神戸大学大学院法学研究科博士後期課程修了，博士（法学）
　現　在　名古屋大学大学院法学研究科特任准教授

〈主要著作〉
「弁護士の職域――他士業との協働の実践から」法社会学76号（2012年），「常勤弁護士と関係機関との連携――司法ソーシャルワークの可能性」（共著）総合法律支援論叢第1号（2012年），「スタッフ弁護士の可能性――関係機関との連携における実践」自由と正義 Vol.61 No.2（2010年），「地域社会における〈法的支援ネットワーク〉――その形成・維持のダイナミズム」法社会学71号（2009年），"Seeking Legal Advice in Rural Areas of Japan: The Recent Changes in Legal Networks" *Kobe University Law Review* No.41（2008年）．

学術選書
87
法社会学

❀ ❀ ❀

法的支援ネットワーク
――地域滞在型調査(エスノグラフィー)による考察――

2013(平成25)年3月30日　初版第1刷発行

著　者　　吉岡すずか
発行者　　今井　貴　渡辺左近
発行所　　株式会社　信 山 社
〒113-0033　東京都文京区本郷6-2-9-102
Tel 03-3818-1019　Fax 03-3818-0344
info@shinzansha.co.jp
笠間才木支店　〒309-1600　茨城県笠間市才木515-3
笠間来栖支店　〒309-1625　茨城県笠間市来栖2345-1
Tel 0296-71-0215　Fax 0296-72-5410
出版契約2013-5887-5-01010　Printed in Japan

Ⓒ吉岡すずか，2013　印刷・製本／亜細亜印刷・渋谷文泉閣
ISBN978-4-7972-5887-5 C3332. P 248/321. 300 b.005 法社会学
5887-0101：012-045-015《禁無断複写》

JCOPY 〈(社)出版者著作権管理機構委託出版物〉
本書の無断複写は著作権法上での例外を除き禁じられています。複写される場合は，そのつど事前に，(社)出版者著作権管理機構（電話03-3513-6969，FAX 03-3513-6979，e-mail: info@jcopy.or.jp）の許諾を得て下さい。また，本書を代行業者等の第三者に依頼してスキャニング等の行為によりデジタル化することは，個人の家庭内利用であっても，一切認められておりません。

◇学術選書◇

1. 太田勝造　民事紛争解決手続論（第2刷新装版）
2. 池田辰夫　債権者代位訴訟の構造（第2刷新装版）
3. 棟居快行　人権論の新構成（第2刷新装版）
4. 山口浩一郎　労災補償の諸問題（増補版）
5. 和田仁孝　民事紛争交渉過程論（第2刷新装版）
6. 戸根住夫　訴訟と非訟の交錯
7. 神橋一彦　行政訴訟と権利論（第2刷新装版）
8. 赤坂正浩　立憲国家と憲法変遷
9. 山内敏弘　立憲平和主義と有事法の展開
10. 井上典之　平等権の保障
11. 岡本詔治　隣地通行権の理論と裁判（増補版）
15. 岩田　太　陪審と死刑
16. 石黒一憲　国際倒産 vs.国際課税
17. 中東正文　企業結合法制の理論
18. 山田　洋　ドイツ環境行政法と欧州（第2刷新装版）
19. 深川裕佳　相殺の担保的機能
20. 徳田和幸　複雑訴訟の基礎理論
21. 貝瀬幸雄　普遍比較法学の復権
22. 田村精一　国際私法及び親族法
23. 鳥谷部茂　非典型担保の法理
24. 並木　茂　要件事実論概説　契約法
25. 並木　茂　要件事実論概説Ⅱ　時効・物権法・債権法総論他
26. 新田秀樹　国民健康保険の保険者

信山社

◇ **ブリッジブック法システム入門**（第2版）
　　　―法社会学的アプローチ　　宮澤節生・武蔵勝宏・上石圭一・大塚浩
◇ **法過程のリアリティ**―法社会学フィールド　宮澤節生
◇ **議員立法の実証研究**　武蔵(谷)勝宏
◇ **現代日本の立法過程**―一党優位制議会の実証研究　武蔵(谷)勝宏

◇ **企業活動の刑事規制**―抑止機能から意味付与機能へ　松原英世
◇ **少額訴訟の対話過程**　仁木恒夫
◇ **自治体エスノグラフィー**
　　　―地方自治体における組織変容と新たな職員像　明石照久
◇ **デュルケム理論と法社会学**　巻口勇一郎
◇ **電子的個人データ保護の方法**　橋本誠志

◇ **谷口安平著作集　1～5巻**（全6冊）

──────**信山社**──────

来栖三郎著作集 (全3巻)
A5上製箱入り

Ⅰ 総則・物権
法律家・法の解釈・財産法・財産法判例評釈(1)

Ⅱ 契約法
契約法・財産法判例評釈(2)

Ⅲ 家族法
家族法・家族法判例評釈

― ― ―

安達三季生・久留都茂子・三藤邦彦・
清水　誠・山田卓生　編
来栖三郎先生を偲ぶ

― ― ―

我妻洋・唄孝一編
我妻栄先生の人と足跡

信山社

◆ドイツの憲法判例Ⅰ〔第2版〕
ドイツ憲法判例研究会 編　栗城壽夫・戸波江二・根森健 編集代表
・ドイツ憲法判例研究会による、1990年頃までのドイツ憲法判例の研究成果94選を収録。ドイツの主要憲法判例の分析・解説、現代ドイツ公法学者系譜図などの参考資料を付し、ドイツ憲法を概観する。

◆ドイツの憲法判例Ⅱ〔第2版〕
ドイツ憲法判例研究会 編　栗城壽夫・戸波江二・石村修 編集代表
・1985～1995年の75にのぼるドイツ憲法重要判決の解説。好評を博した『ドイツの最新憲法判例』を加筆補正し、新規判例を多数追加。

◆ドイツの憲法判例Ⅲ
ドイツ憲法判例研究会 編　栗城壽夫・戸波江二・嶋崎健太郎 編集代表
・1996～2005年の重要判例86判例を取り上げ、ドイツ憲法解釈と憲法実務を学ぶ。新たに、基本用語集、連邦憲法裁判所関係文献、1～3通巻目次を掲載。

◆フランスの憲法判例
フランス憲法判例研究会 編　辻村みよ子 編集代表
・フランス憲法院（1958～2001年）の重要判例67件を、体系的に整理・配列して理論的に解説。フランス憲法研究の基本文献として最適な一冊。

◆ヨーロッパ人権裁判所の判例
戸波江二・北村泰三・建石真公子・小畑郁・江島晶子 編集代表
・ボーダーレスな人権保障の理論と実際。解説判例80件に加え、概説・資料も充実。来るべき国際人権法学の最先端。

信山社

◇ある日、あなたが陪審員になったら―フランス重罪院の仕組み

日本人誰もが必見！日本型陪審制へフランスからの貴重な体験録

陪審員経験者・重罪院裁判長・弁護士・検事の十八人の貴重な「生の声」！

【イラスト】C・ボヴァレ
【インタビュー】O・シロンディニ
【訳】大村浩子＝大村敦志

本書は、陪審員になったことのある「普通の」市民たちと裁判官・検察官・弁護士たちの証言を集めている。対立する主張の衡量、事実の認定と疑いの介在、確信、真実とウソ‥‥。稀有な体験談。

本体￥3,200（税別）

信山社